ANTÔNIO ABUJAMRA
RIGOR E CAOS

SERVIÇO SOCIAL DO COMÉRCIO
Administração Regional no Estado de São Paulo

Presidente do Conselho Regional
Abram Szajman
Diretor Regional
Luiz Deoclecio Massaro Galina

Conselho Editorial
Aurea Leszczynski Vieira Gonçalves
Rosana Paulo da Cunha
Marta Raquel Colabone
Jackson Andrade de Matos

Edições Sesc São Paulo
Gerente Iã Paulo Ribeiro
Gerente Adjunto Francis Manzoni
Editorial Clívia Ramiro
Assistente: Thiago Lins
Produção Gráfica Fabio Pinotti
Assistentes: Ricardo Kawazu, Thais Franco

ORGANIZAÇÃO
Marcia Abujamra

ANTÔNIO ABUJAMRA
RIGOR E CAOS

© Marcia Abujamra, 2023
© Edições Sesc São Paulo, 2023
Todos os direitos reservados

Preparação **Silvana Vieira**
Revisão **Silvana Cobucci, André Albert**
Projeto gráfico, diagramação e capa **Érico Peretta**

Dados Internacionais de Catalogação na Publicação (CIP)

Antônio Abujamra: Rigor e caos / Organização: Marcia Abujamra. – São Paulo: Edições Sesc São Paulo, 2023. – 328 p. il.: fotografias

Inclui linha do tempo e depoimentos
ISBN: 978-85-9493-280-8

1. Teatro Brasileiro. 2. Dramaturgia. 3. Antônio Abujamra. 4. Biografia. 5. Cinema. 6. Televisão. I. Título. II. Abu. III. Abujamra, Marcia.

CDD 869.925

Ficha catalográfica elaborada por Maria Delcina Feitosa CRB/8-6187

Edições Sesc São Paulo
Rua Serra da Bocaina, 570 – 11º andar
03174-000 – São Paulo SP Brasil
Tel. 55 11 2607-9400
edicoes@sescsp.org.br
sescsp.org.br/edicoes
 /edicoessescsp

APRESENTAÇÃO

Cultura é tudo aquilo que o homem criou para tornar o mundo vivível e a morte afrontável.
Aimé Césaire

Habitualmente, assim começava o longevo programa de entrevistas *Provocações*, com o recitar de excertos de poemas ou de textos de autores célebres. Tais palavras, proferidas por Antônio Abujamra – respectivo apresentador e diretor –, demonstravam tanto sua excelente interpretação e erudição, como a precisão das escolhas realizadas, desde o conteúdo abordado até a relação das declamações com seus convidados.

Abu, como era carinhosamente chamado por quem o conhecia e o admirava, portava-se como o grande incitador que foi, evidenciando características que moldavam sua persona pública: inteligência, sagacidade e humor peculiar. Experimentou os palcos e os bastidores, atuando como diretor e ator, explorando as facetas e intersecções possíveis em cada posição. Sua vivência extrapolou os espaços cênicos teatrais, com marcante presença na televisão e no cinema.

Tive o privilégio de ter sido uma das pessoas por ele entrevistadas, em uma sessão que validou, para mim, a maestria dramática que o envolvia para além dos palcos, local que há muito tempo frequentava e para o qual muito contribuiu. Na condução do famoso programa, sua atuação provocativa estava em harmonia com a atmosfera reflexiva e intimista ali estabelecida, com as derradeiras perguntas destinadas aos seus convidados que tanto o personificaram.

Ter ouvido Abu recitar a epígrafe acima, do pensador e poeta decolonial martinicano Aimé Césaire, antecedendo minha entrevista, é um dos momentos com ele que muito me orgulham. São conexões que revelam o quanto partilhamos, em nossas respectivas áreas de trabalho, o amor à cultura e o reconhecimento de sua importância para o pleno desenvolvimento da sociedade. Como dito na ocasião, "cultura gera mudança de comportamento", afirmação que se tornava ato nas ações de Abujamra, cujo interesse social e político aliava-se ao fazer dramatúrgico, refletindo nos grupos teatrais que fundou (Grupo Decisão e Companhia Os Fodidos

Privilegiados), na sua atuação em cena, como gestor cultural ou na identificação com o dramaturgo alemão Bertold Brecht, para quem o pensar sobre si e sobre o mundo tornava-se uma experiência artística.

Com inegável contribuição para a história da dramaturgia do país, ao assumir o Teatro Brasileiro de Comédia (TBC), Abu garante, no início dos anos 1980, entre outros resultados, a preservação do edifício, por meio do seu tombamento como bem cultural de interesse histórico-arquitetônico de São Paulo. Novamente, aqui, os nossos caminhos se aproximam e se entrecruzam nos movimentos de valorização da cultura e de preservação da memória artística nacional, pois décadas após o tombamento do TBC o prédio é assumido pelo Sesc para que se torne uma de suas unidades: aberta aos diferentes públicos, vivenciando sua história e ocupando seus espaços.

Ao nos depararmos com saberes distintos e sentimentos inabituais, temos nosso repertório sociocultural ampliado, favorecendo processos de interação e convivência. Como citado por Abujamra em um de seus programas, Brecht, ao finalizar um de seus poemas, diz: "Nada deve parecer impossível de mudar". Tenhamos, portanto, na rica diversidade cultural a alternativa educativa à brutalidade e à barbárie a que comportamentos obscurantistas podem nos levar, enquanto sociedade.

Que a vida e obra deste marcante provocador nos inspire boas mudanças.

Danilo Santos de Miranda
Diretor do Sesc São Paulo (1984 a outubro de 2023)
Texto escrito em junho de 2023

11   **Antônio Abujamra, seus passos e suas marcas**
     Marcia Abujamra

39   **Abu de cabo a rabo**
     Edélcio Mostaço

67   **Antônio Abujamra e o Grupo Decisão**
     Paula Sandroni

81   **Abujamra e o teatro épico**
     Sérgio de Carvalho e Sara Mello Neiva

115 **Abujamra e o projeto do TBC nos anos 1980**
     Antonio Herculano

153 **Abujamra, o teatro e a revolução**
     Tania Brandão

203 **Rua Alcindo Guanabara, 17, ou o corpo vivo do teatro**
     André Dias

243 **Um fodido privilegiado**
     João Fonseca

267 **Antônio Abujamra, orquestrador de histórias**
     Mauro Alencar

Depoimentos

- **20** Vera Holtz
- **23** João Carlos Couto
- **35** Jefferson Del Rios
- **58** Johana Albuquerque
- **68** Maria Thereza Vargas
- **94** Antunes Filho
- **112** Hugo Barreto
- **113** João Carlos Martins
- **118** Antonio Fagundes
- **181** Alcides Nogueira
- **182** José Roberto Sadek
- **184** Iara Pietricovsky
- **200** Miguel Hernandez
- **237** Susana Schild
- **239** Cláudia Abreu
- **240** Felipe Hirsch
- **265** Gregório Bacic

Homenagens

- **284** Silvio de Abreu
- **287** José Celso Martinez Corrêa
- **291** Ugo Giorgetti
- **293** Marcia Abujamra

- **298** **Linha do tempo**
- **322** **Sobre os autores**
- **327** **Crédito das imagens**

Antônio Abujamra em *A voz do provocador*, 1998

ANTÔNIO ABUJAMRA, SEUS PASSOS E SUAS MARCAS

Marcia Abujamra

Antônio Abujamra foi um diretor de teatro e televisão, e ator de teatro, cinema e televisão.

Sua grande paixão foi o teatro. Dirigiu mais de 120 espetáculos, em muitos dos quais também atuou. Grandes sucessos, como *Morte acidental de um anarquista*, com Antonio Fagundes, *Um orgasmo adulto escapa do zoológico*, com Denise Stoklos e Miguel Magno, ambos de Dario Fo, *O casamento*, de Nelson Rodrigues, e *Exorbitâncias*, com seu grupo carioca Os Fodidos Privilegiados, e também fracassos retumbantes, como *As fúrias*, de Rafael Alberti, com Ruth Escobar, Cleyde Yáconis e Stênio Garcia, *Tartufo*, de Molière, com Glauce Rocha e Jardel Filho, *José, do parto à sepultura*, de Augusto Boal, só para mencionar alguns.

Sucessos ou fracassos, esses espetáculos constituem uma sólida trajetória de mais de cinquenta anos dedicados ao teatro que marcou diretores de diferentes gerações, como José Celso Martinez Corrêa e Felipe Hirsch, entre outros, e também formou muitos outros diretores e atores. Sua marcação geométrica, seu gesto antinaturalista, o humor cruel e debochado estavam sempre presentes nas encenações de Abujamra. Eram sua marca. Segundo o crítico de teatro Sábato Magaldi, ele era "um diretor que teimava em demolir os valores estabelecidos".

Da televisão brasileira, sabemos que ela foi criada com a decisiva participação de muitos artistas de teatro – Ademar Guerra, Antônio Ghigonetto, Antunes Filho, Roberto Vignati, Emilio Fontana, Silvio de Abreu, Nydia Licia e o próprio Abujamra, entre outros. Ele dirigiu novelas, teleteatros, casos especiais e os mais diferentes programas – de infantis, como *Bambalalão*, a *Hamleto*, de Giovanni Testori, passando por Nelson Rodrigues, com *A serpente* e *Senhora dos afogados*, *O estranho mundo de Zé do Caixão*, Tchékhov, Ionesco e muitos outros autores brasileiros, latino-americanos e europeus. Dirigiu, ainda, episódios que muitos consideram obras-primas, como *Maysa: Estudos* (1975). Dizia ele: "Na televisão eu esqueci o racional. E abracei o rascunho".

João Cabral de Melo Neto e Antônio Abujamra na Espanha

João Cabral é a pessoa mais importante na poesia brasileira. Estive na casa dele em Marselha por 28 dias. Aprendi mais poesia do que em cinquenta anos de universidade brasileira. [...] Ali a minha cabeça começou a dar uma mudada. A minha cabeça começou a estudar o concreto. Com João Cabral era indispensável ser concreto. Não tinha mais paixão, amor, saudade. Tinha cabra, pedra, João Cabral. É isso que vai me interessar no caminho da minha vida. [Antônio Abujamra]

Entrevista ao programa *Caros amigos*, da TV PUC, São Paulo, set. 2001. Disponível em: <www.youtube.com/watch?v=kY-XJz70tIM>. Acesso em: 10 out. 2022.

Como ator de tevê, "Abujamra fez papéis marcantes", diz o consultor e pesquisador de teledramaturgia Mauro Alencar:

> [...] como Totó Adib, marido da escandalosa Lalume Abdala-Adib (Marilena Cury), ambos em divertida participação especial na novela *Sassaricando* (Globo, 1987-88), ou o enigmático conselheiro da máfia italiana Marco Iago em *Poder paralelo* (Record, 2009-10). Mas seu maior sucesso em televisão foi o bruxo Ravengar de *Que rei sou eu?* (Globo, 1989), o manipulador dos destinos do Reino de Avilan.[1]

Em cinema, atuou em diversos filmes e ganhou o Kikito de melhor ator por *Festa* (1989), de Ugo Giorgetti.

*

Os primeiros trabalhos de Abujamra são com o Teatro Universitário em Porto Alegre (RS), de 1955 a 1958, dirigindo *O marinheiro*, de Fernando Pessoa (1955), *À margem da vida* (1956) e *O caso das petúnias esmagadas* (1957), ambos de Tennessee Williams, *A cantora careca*, de Eugène Ionesco (1958), *Um gesto por outro*, de Jean Tardieu (1957), e *Woyzeck*, de Georg Büchner (1958).

Em 1958, leva sua encenação de *A cantora careca* para o Festival de Teatro dos Estudantes de Recife, no qual é premiado com uma passagem para a Europa e logo consegue uma bolsa para estudar língua e literatura espanhola em Madri. Ao final da bolsa, de mochila nas costas, decide viajar pela África. Vai ao Marrocos, Argélia, Tunísia, Egito e, dali, para a Síria e Hamana, a cidade de sua mãe, no Líbano. Depois de dois meses de viagem, cansado e sem dinheiro, Abujamra chega a Marselha e faz contato com João Cabral de Melo Neto, à época cônsul brasileiro na cidade que, "com a generosidade que só os grandes poetas têm", o recebe em sua casa e acaba por ter papel decisivo em suas escolhas como diretor.

Por intervenção do poeta, Abujamra recebe uma bolsa para estagiar no Théâtre National Populaire (TNP) com Jean Vilar, em Paris. Porém, ao assistir à montagem de *Os três mosqueteiros*, dirigida por Roger Planchon, que havia sido assistente de Vilar, ele se apaixona pela

---

1 Cf. texto de Mauro Alencar no presente volume, p. 281-2

irreverência e vitalidade vistas em cena e consegue transferir seu estágio, trocando o Palais de Chaillot, sede do TNP, pelo Théâtre de la Cité, em Villeurbanne, subúrbio industrial de Lyon. Nessa cidade, Planchon realizava seu trabalho num teatro de 1.200 lugares e levava suas peças às fábricas, onde os operários poderiam ter contato com o teatro, fazendo assim um trabalho de formação de plateia e seguindo o processo de descentralização do teatro iniciado por Vilar.

> E fui ficar em Paris, numa outra bolsa que o João Cabral tinha conseguido, pra acompanhar Jean Vilar. Mas eu vi uma peça de um diretor jovem chamado Roger Planchon e disse: opa! Talvez o meu caminho seja o deste diretor e não desta perfeição, desta maravilha que era o Jean Vilar, que era uma grande inteligência, uma grande postura de forma, conteúdo, mas não era a minha cabeça na época. Eu voltei depois pro Vilar, depois de ter feito minha desbundada com Roger Planchon.[2]

Abujamra segue depois para Berlim, onde estagia no Berliner Ensemble de Bertolt Brecht. Lá acompanha o processo de ensaios da remontagem da peça didática *A mãe – A vida revolucionária de Pelagea Wlassowa* (segundo o romance de Máximo Górki), escrita por Brecht em 1931. Quando volta, traz na bagagem uma forte identificação com o trabalho desenvolvido por essa companhia e também com a leitura que Planchon faz do diretor alemão.

Em São Paulo, Abu, como ficou conhecido, inicia sua carreira profissional passando por três conjuntos teatrais: o Teatro Cacilda Becker, com que monta *Raízes*, de Arnold Wesker, em 1961, peça que marca os vinte anos de carreira da atriz Cacilda Becker e sua própria estreia profissional; o Teatro Oficina, onde dirige *José, do parto à sepultura*, de Augusto Boal, em dezembro do mesmo ano; e o Novo Teatro, primeira chancela do Teatro Ruth Escobar, grupo com o qual realiza *Antígone América*, de Carlos Augusto Escobar, em abril de 1962.

Em seguida, funda o Grupo Decisão juntamente com Antônio Ghigonetto, Berta Zemel, Wolney de Assis, Emílio Di Biasi e Lauro César Muniz.

---

2 Antônio Abujamra *apud* Paula Sandroni, *Primeiras provocações: Antônio Abujamra e o Grupo Decisão*, dissertação (mestrado em Artes Cênicas) – Escola de Teatro da Universidade Federal do Estado do Rio de Janeiro, Rio de Janeiro, 2004, p. 14.

Antônio Abujamra, Glauce Rocha e Jardel Filho

Os maiores êxitos do Grupo Decisão foram sua peça de estreia, *Sorocaba, senhor*, uma adaptação de *Fuenteovejuna*, de Lope de Vega, em 1963; *O inoportuno* (*The Caretaker*), que fez a estreia de Harold Pinter em palcos brasileiros, em 1964; e *Electra*, de Sófocles, a primeira montagem profissional dessa tragédia no Brasil, com Glauce Rocha e Margarida Rey, em 1965.

Os espetáculos do grupo, cujo nome foi inspirado na peça *A decisão*, de Bre cht, eram montagens para ser encenadas nos sindicatos de operários na periferia de São Paulo, com debates ao final de cada apresentação – uma tentativa de aproximação política do público com o grupo. Naqueles anos de pré-golpe e logo de ditadura, pensavam que se poderia passar adiante um certo engajamento político.

Foi com o texto de Pinter que o Decisão foi ao Rio de Janeiro, e, embora continuasse com base em São Paulo, Abujamra também trabalhou muito por lá, inclusive dirigindo uma famosa *Electra* com Glauce Rocha, que provocou um dos muitos conflitos com a censura daquele tempo. No Rio, Abu dirigiu também um de seus notáveis fracassos, um *Tartufo* (1966), com Jardel Filho e Glauce Rocha, "no qual o diretor insistia nas marcas geométricas que foram suas favoritas por algum tempo, e que ele defendia apaixonadamente, mesmo que o resultado não fosse exatamente o sucesso que ele sonhava", como escreve Barbara Heliodora.[3]

A influência de Planchon em diferentes diretores brasileiros era vista pelo crítico Décio de Almeida Prado de maneira não exatamente favorável: "não há mal que um encenador brasileiro vá a Paris", dizia ele, "desde que não assista a um espetáculo de Roger Planchon".[4] E como "vítimas de Planchon" citava os encenadores Antunes Filho, Flávio Rangel e "a terceira vítima", enumera ele, "a mais deliberada e consciente, a mais entrincheirada em razões estéticas e políticas julgadas inexpugnáveis, Antônio Abujamra".[5] A crítica se refere a *José, do parto à sepultura*, segundo trabalho de Abujamra, realizado depois de *Raízes*. Nesses primeiros espetáculos, já vemos algumas de suas marcações antinaturalistas, muito provavelmente em busca de opor-se ao realismo daquele momento; a marcação geométrica mencionada por Barbara Heliodora certamente era uma delas. Zé Celso Martinez Corrêa lembra do convite feito a Abu para que encenasse no Oficina esse texto de Boal:

> Tua direção, Abu, se deu perfeitamente com este teatro. E mais: radicalizou com o que você trazia de formalmente mais belo e contemporâneo, nos atores, atrizes, com seus figurinos coloridos, nas marcações, desenhando no "Teatro Sanduíche" coreografias com pessoas que criavam arquiteturas cênicas meyerholdianas. No elenco, olha só: Myriam Muniz, Fauzi Arap, Etty Frazer, Chico Martins, Ronaldo Daniel, Emílio de Biasi, Wolfgang, Geraldo Del Rey.
> Era novo, era magnífico.
> Mas, lembra?
> Ninguém foi assistir. O público, nesta época, era viciado em realismo, e a peça teve de sair de cartaz.

---

3 Barbara Heliodora, "Abujamra, uma notável figura movida a talento e paixão", *O Globo*, 13 set. 2012. Disponível em: <https://oglobo.globo.com/cultura/abujamra-uma-notavel-figura-movida-talento-paixao-6076250>. Acesso em: 10 out. 2022.
4 Décio de Almeida Prado, *O teatro brasileiro moderno*, São Paulo: Perspectiva, 1996, p. 226.
5 *Id., ibid.*

O Hamlet, 1982. Primeiro plano: Miguel Magno (personagem: Gertrudes/Ofélia). Atrás: Katia Suman, Armando Azzari, Fernanda Abujamra, Zenaide, Denise Stoklos, Emílio Di Biasi, Yeta Hansen e Armando Tiraboschi (coro)

Iara Pietricovsky em O *Hamleto*, 1984

Mas teve seu renascimento no "Teatro de Entidades" de Oswald de Andrade no sucesso de *O rei da vela*.[6]

O não realismo nas montagens de Abujamra aparece, por exemplo, na maneira como encenava a morte de uma personagem. Em seu livro autobiográfico, Emílio Di Biasi conta que, em *José, do parto à sepultura*, "na cena da minha morte eu estava deitado com os braços erguidos, falando e abaixando os braços até morrer".[7] Essa descrição remete diretamente à marcação feita por Abu nas cinco versões que realizou do *Hamleto* de Giovanni Testori.[8] Em pé, os atores levantavam os braços e, sempre lentamente, iam descendo-os até que o corpo todo pendesse para a frente. Essa era a sua maneira de encenar a morte. O interessante é acompanhar a transformação por que passa essa marca. Em 1961, o ator estava deitado e falando. Nos cinco *Hamleto* para o teatro, assim como na adaptação feita para teleteatro (1985), os atores estavam de pé e faziam o gesto em silêncio. Em *Um certo Hamlet*, espetáculo que fez com seu grupo carioca Os Fodidos Privilegiados, a atriz Vera Holtz, que interpretava Gertrudes e Ofélia, ao descer os braços para fazer a sua morte, debochadamente sacudia o corpo no meio desse sóbrio movimento, provocando risos na plateia. Com humor, Abujamra criticava as suas próprias marcações, a sua história com elas.

Outra de suas marcas recorrentes era o ato de sentar. Nenhum de seus atores, fosse o espetáculo que fosse, simplesmente sentava-se em uma cadeira ou banco. Eles iam descendo o corpo e, antes

Marybeth Ward, Antônio Abujamra e Roberta Levine. As duas atrizes fizeram parte do elenco de *Hamleto*, que foi apresentado em 1986 no Theater for the New City, em Nova York

---

6 Carta de José Celso Martinez Corrêa publicada em 29 abr. 2015, após a morte de Abujamra.

7 Erika Riedel, *Emílio Di Biasi: o tempo e a vida de um aprendiz*, São Paulo: Imesp, 2010, p. 93.

8 *L'Ambleto*, de Giovanni Testori, peça de 1972. As cinco encenações são *O Hamlet* (SP, 1982, elenco masculino e coro de homens e mulheres), *O Hamleto* (SP, 1984, elenco feminino), *Hamleto* (NY, 1986, elenco feminino), *Um certo Hamlet* (RJ, 1991, elenco feminino) e *Hamlet é negro* (RJ, 2002, elenco de atores e atrizes negros).

O Abujamra sempre falava que quando você começar a gostar das vitrines, é hora de viajar.
Conhecer o movimento do Mundo.
Saber tudo, para depois, não usar Nada.
Era isto que nos inspirava o Mestre Abu.
Ele nos conduzia até a borda dos Abismos da existência cansada.
E eis que o abismo clama. Dali para diante, não me peçam coerência.
Os portais são imensos. Para os que gostam de Abismos, é preciso ter asas. O Abu fica tatuado no nosso corpo como a ruptura da pele provocada pelo surgimento das asas. O mais profundo é a pele.
Um mestre conduz para dentro da cena, cria couraças, abre espaços, inventa o impossível. É dessa forma que a humanidade se serve de um Gênio. Para ultrapassar o limite sem ferir.
Nós somos feitos da matéria dos sonhos, disse o Bardo.
Não me conta, faz.
Para mim, isto foi o Abu.

Vera Holtz
atriz

Vera Holtz (deitada), Suzana Faini, Deborah Catalani, Rafaela Amado e Cláudia Abreu em *Um certo Hamlet*, 1991

de alcançarem o apoio, faziam uma parada no ar para, só depois, se sentarem. O gesto que quebra um movimento cotidiano imprimia, assim, um estranhamento.

Um coreógrafo de seus espetáculos, como ele mesmo se autodeclarava, Abujamra conferia a todos eles uma plasticidade deliberadamente construída.

> Minha geração é do pós-guerra, brechtiana, que sabe que a emoção vai nos estrepar. A emoção estraga a criação. É preciso ser frio e científico. O deslumbramento é a pior coisa que pode existir no processo de criação. Como diz Hamlet, "onde há emoção não existe competência: o estar preparado é tudo!". E não é que não se saiba usar a emoção. Sou capaz de falar a uma plateia de jovens e fazer eles me amarem.

"A emoção é fácil", dizia ele. Mas, escolheu as que queria trabalhar em cena. Seu talento para construir fatos teatrais que provocavam o riso, por exemplo, era impressionante. Ele sabia quando o público ia rir, e os atores que trabalharam com ele aprenderam que ele de fato sabia e faziam o que era pedido. Era um riso que interrompia uma determinada emoção, um riso que criticava o que estava acontecendo em cena ou fora dela, enfim, um riso de distanciamento. O assombro e a surpresa – fosse pelo assunto tratado em cena, pela marcação, pela interpretação, pelo gestual ou pela combinação de tudo isso – também eram reações frequentes. É o que Abujamra chamava de "a arte do espectador: o diretor deve deixar que a plateia tenha uma visão crítica sobre a cena que se passa diante de seus olhos, e não que seja levada por emoções baratas".[9]

A arte do espectador pode ser entendida como uma de suas leituras sobre o efeito do distanciamento, que nas palavras de Brecht seria "retirar do acontecimento tudo o que parece o óbvio, o conhecido, o natural e lançar sobre eles o espanto e a curiosidade".[10] O resultado desejado é fazer o espectador pensar e se perguntar sobre aquilo que está vendo, deixando assim de ter uma participação apenas passiva ao assistir a um espetáculo.

---

9 Paula Sandroni, *op. cit.*, p. 20-1.

10 Bertolt Brecht *apud* Gerd Bornheim, *Brecht: a estética do teatro*, Rio de Janeiro: Graal, 1992, p. 243.

As marcas que começam em suas primeiras encenações o acompanham ao longo da vida. Falar diretamente com a plateia, criando cumplicidade, é outra que também está sempre presente em seus espetáculos, e da qual alguns atores se aproveitaram especialmente bem. Sobre *Muro de arrimo* (1975), de Carlos Queiroz Telles, monólogo interpretado por Antonio Fagundes, diz a crítica Ilka Marinho Zanotto: "Com um simples fixar a plateia, olhos nos olhos, com expressão maliciosa, conquista-lhe a cumplicidade. Fagundes não só encarna Lucas como 'mostra' estilizadamente que está encarnando Lucas, do qual ressalta brechtianamente a alienação não desprovida de astúcia".[11]

Manter o elenco todo em cena, sentado em bancos, fazendo com que diálogos sobre uma personagem que estaria fora de cena fossem feitos na sua presença, era outra de suas recorrentes marcas como encenador. São muitas, e Abujamra recorria a algumas delas quase que obsessivamente.

O talento de cada ator e a apropriação que fazia dessas marcações, assim como os acasos e encontros próprios de cada processo de ensaio, eram capazes de mudar e dar nova vida a elas. Ricardo de Almeida e Miguel Magno em *O Hamlet* (1981), Denise Stoklos em *Habeas corpus* (1986), escrita por ela própria, e *Um orgasmo adulto escapa do zoológico* (1983), de Dario Fo, Nicette Bruno em *Gertrude Stein, Alice B. Toklas e Pablo Picasso* (1996), de Alcides Nogueira, João Carlos Couto em *A revolução* (1983), de Isaac Chocrón, são alguns dos atores que explodiram o rigor gestual presente nas encenações.

E quando Abujamra vai para o Rio de Janeiro participar da novela *Que rei sou eu?* (1989), de Cassiano Gabus Mendes, ele cria Os Fodidos Privilegiados (1991), grupo que existe até hoje. Começa aí um dos mais produtivos e criativos momentos em sua vida profissional e, com o grupo, faz espetáculos marcantes. Espetáculos que tinham o mesmo rigor obsessivamente trabalhado por ele, mas que transbordavam em alegria, transgressões e lindas interpretações. Basta lembrar de Vera Holtz e Cláudia Abreu em *Um certo Hamlet* (1991), de Charles Möeller e Luís Carlos Arutin em *Exorbitâncias* (1995), de Guta Stresser e Dani Barros em *O casamento* (1997). Eu sei, estou pecando por não mencionar dezenas de outros intérpretes incríveis que participaram desses espetáculos – foram 60 atores e atrizes em cena em *Exorbitâncias*

---

11 Ilka M. Zanotto, "Na simplicidade, a força da peça de Queiroz Telles", *O Estado de S. Paulo*, 25 nov. 1975, p. 14.

Quando nós ensaiávamos A revolução, você me disse uma frase que daria um rumo completamente diferente ao meu trabalho de ator e, por que não dizer, à minha vida, você disse: "fora desse palco é o abismo, você só tem esse pedaço de chão para ser feliz". E eu, nós ensaiávamos no Teatro de Arena do TBC, e eu fui muito feliz.

João Carlos Couto
ator e produtor cultural

João Carlos Couto em *A revolução*, 1983

e 25 em *O casamento*. Afinal, como disse Jefferson Del Rios sobre Abujamra, "em teatro, uma de suas maiores qualidades foi a de orquestrar elencos numerosos conseguindo rendimento harmônico de todos".[12]

Era comum Abu começar os ensaios de um novo espetáculo dizendo ao elenco que "o ator deve ser sabido, ler e estudar sobre tudo, conhecer o movimento do mundo. Eu quero um ator científico".[13] E citava Brecht: "tudo que o ator nos dá, no domínio do gesto, do verso etc., deve denotar acabamento e apresentar-se como algo ensaiado e concluído. Deve criar uma impressão de facilidade, impressão que é, no fundo, a de uma dificuldade vencida".[14] Citação que era frequentemente seguida pelo exemplo de Cacilda Becker, por quem tinha profunda admiração, pois dizia que, ao dar um passo para a direita, Cacilda levava toda a direita com ela, e que, ao fazer um gesto, deixava claro que havia milhares de outras possibilidades de fazer esse gesto, mas que ela tinha optado por aquela uma. Uma atriz "que atuava sem rede de segurança".[15]

Parece contraditório? Um ator científico sem rede de segurança? Pois é.

Abujamra pedia do ator coisas bastante específicas: para começar um ensaio, texto previamente decorado sabendo que era passível de constantes mudanças – realmente constantes e muitas vezes inesperadas, pois ele era capaz de mudar radicalmente várias cenas de um espetáculo na véspera da estreia –, o estudo de um gestual consciente e marcações precisas e antirrealistas.

Ao mesmo tempo, estabelecia um espaço de criação para que o ator se expressasse livremente e de maneira pessoal. A associação dessas características – marcação rigorosa, exigências no preparo do ator para sua interpretação e o estímulo a uma criação pessoal – é que garantiu interpretações e espetáculos sublimes e irreverentes como os que mencionei. Digo mesmo, espetáculos performativos. "Como diretor", dizia ele, "procuro armar esquemas para que os atores existam em suas próprias formas".

---

12 Jefferson Del Rios, "Antônio Abujamra, o provocador, era no fundo um homem de afetos". *O Estado de São Paulo*, 28 abr. 2015.

13 Paula Sandroni, *op. cit.*, p. 19.

14 Bertolt Brecht, *Estudos sobre teatro*, São Paulo: Perspectiva, 1978, p. 83.

15 Paula Sandroni, *op. cit.*, p. 21.

No final de 1979, Abujamra assume o Teatro Brasileiro de Comédia (TBC). Lá ele cria o Projeto Cacilda Becker e o Núcleo de Repertório TBC, recebe produções independentes e, com quatro salas em atividade, faz daquele um espaço vivo e ativo. Nesse período, trabalha e consegue o tombamento do TBC com João Carlos Martins, na época secretário de Cultura do estado de São Paulo.[16] Logo depois, assume o Teatro Igreja, onde são apresentados espetáculos marcantes como *Depois do expediente*, de Franz Xaver Kroetz, com Ileana Kwasinski e direção de Francisco Medeiros. E é no Teatro Igreja que estreia seu primeiro monólogo como ator, *O contrabaixo* (1987), de Patrick Süskind, dirigido por Clarisse Abujamra.[17] A partir daí, passa a atuar também em televisão e cinema e nunca mais sai do palco e das telas.[18]

*

E quem foi o ator Antônio Abujamra? Um ator brechtiano? Um ator performativo? Um carisma?

Depois de estrear em *O contrabaixo*, ele passa a atuar também em televisão e, a partir de 1989, em cinema. Durante os três primeiros anos desde a estreia em *O contrabaixo*, ele vai descobrindo que ator quer e pode ser. Em 1988 e 1989, participa dos espetáculos *A secreta obscenidade de cada dia*, de Marco Antonio de la Parra, *A cerimônia do adeus*, de Mauro Rasi, e *Encontrar-se*, de Pirandello, todos com direção de Ulysses Cruz. Segue atuando até 2011 em muitos espetáculos, todos dirigidos por ele próprio. A única outra diretora com quem trabalhou foi Daniela Thomas, em *Da gaivota* (1998).

Ulysses Cruz conta que Abu era um ator "obediente", que respeitava rigorosamente as marcas, discutia possibilidades para as cenas, experimentava o que era proposto e, caso não

---

16 A pedido de Abujamra, a logomarca do TBC foi desenvolvida por Emilie Chamie.

17 Apesar de Antônio Abujamra ter atuado em alguns espetáculos infantis e adultos no início de sua carreira em Porto Alegre e de ter participado como ator da novela *Minas de prata* (1966), de Ivani Ribeiro, sua trajetória é essencialmente construída como diretor. Por esse motivo entendo que ele começa a atuar a partir de *O contrabaixo*, em 1987, quando escolhe ser ator. Ele próprio diz que "só veio a ser ator 40 anos depois de dirigir". De qualquer maneira, é seu primeiro monólogo.

18 Esta primeira parte do texto foi parcialmente publicada em artigo para a revista *Sala Preta*, v. 18, n. 2, São Paulo, 2018.

estivesse satisfeito com o resultado, oferecia novos caminhos, sempre respeitoso com a sua visão. Cruz lembra que depois de um ensaio de *A cerimônia do adeus*, em que contracenava com Cleyde Yáconis e Marcos Frota, Abu lhe disse: "ah, você é um diretor". Essa percepção, essa confiança que demonstrou foi o que certamente o levou a fazer outros dois trabalhos com ele.[19]

Em uma entrevista por ocasião da estreia do espetáculo, quando perguntado se agora, em sua segunda experiência como ator, ele estava mais à vontade, menos nervoso, Abu diz: "Não, o 'à vontade' não sei se é uma coisa que me interessa muito. O 'à vontade' me parece uma má interpretação. Eu quero estar na forma que a gente decidir que se deva estar".[20] Uma resposta que nos leva diretamente a como ele se referia ao trabalho de Cacilda Becker quando fazia dela um exemplo para seus atores. Diz ainda que queria se divertir, como ator queria se divertir, deixar de lado o diretor racional, intelectual, e simplesmente se divertir. "Existe uma zona escura no palco que o ator usa e o diretor não sabe que existe. O diretor fala, fala, mas quem tem que resolver é o ator. Uma zona escura em que o diretor não entra. É ali que eu quero ficar. Com a minha irresponsabilidade, com a minha não seriedade, meu ódio, meu cansaço."

Experimentos. Escolhas. Ensaio. Trabalho.

Fazendo a personagem Ravengar na novela *Que rei sou eu?* (1989), seu grande sucesso na telenovela, ele certamente descobre como se divertir. Nesse mesmo ano, atua no longa *Festa* (1989), de Ugo Giorgetti, seu grande parceiro no cinema. E logo depois, em 1991, cria Os Fodidos Privilegiados, passando então a formar atores, atrizes, diretores, cenógrafos, iluminadores e produtores em consonância com o que praticava como diretor, produtor e ator. Juntos – grupo e ele – vão descobrindo como se colocar em cena. Não apenas no palco, mas também na cena política e artística do Rio de Janeiro e do Brasil. Os espaços vão se abrindo, a identidade do grupo vai se definindo, e a identidade de Abujamra como ator também se afirma. É nesse período que ele encena alguns de seus mais significativos espetáculos: *Um certo Hamlet*, *Phaedra*, *Exorbitâncias*, *O casamento*, *A serpente*, entre outros.

---

19 Conversa-entrevista com Ulysses Cruz em 10 jun. 2022.

20 Entrevista concedida por Abujamra a Maurício Kubrusly para a Rede Globo. Disponível em: <https://g1.globo.com/ultimas-noticias/video/antonio-abujamra-interpreta-jean-paul-sartre-na-peca-a-cerimonia-do-adeus-4141056.ghtml>. Acesso em: 10 out. 2022.

A essa altura, Abujamra já havia descoberto que era um ator que apresentava a si mesmo ao interpretar as personagens e garantia que sua visão de mundo, do texto, da cena estivesse sempre explicitamente presente e integrada a sua experiência pessoal. Essa característica passa a orientar também o trabalho que fazia com o grupo, e ele oferece a seus atores e atrizes a possibilidade de descobrirem que podiam fazer o mesmo: colocarem-se pessoalmente em cada personagem. Foi o que garantiu interpretações tão marcantes como as que já mencionei.

Essa *possibilidade* ecoa o que ele dizia sobre a apropriação que fazia de muitos pensamentos dos mais diferentes autores. Abujamra expressava cada um deles com tamanha propriedade e oportunidade que todos que se relacionaram com ele não apenas ouviram e amaram um ou muitos desses pensamentos, como passaram a vida acreditando que eram dele. Um verdadeiro antropófago. "Tudo que foi bem escrito ou dito é meu", dizia ele, "posso usar o que eu quiser".

Essa característica que ele desenvolve e aprimora o leva em 1998 a criar *O veneno do teatro*, um espetáculo autobiográfico onde conta suas histórias, trajetória e influências. Um espetáculo absolutamente pessoal, que teve depois mais duas versões com características próprias. Em *provocador@* (2001), por exemplo, existe uma forte crítica aos políticos e ao sistema político brasileiro que leva o público todo a gritar, junto com os dois atores em cena, Marcos Corrêa e Cláudio Tizo: "todo governo é filho da puta!". Mas, nas três versões, Abu se coloca pessoalmente, responde a perguntas do público e até brinca quando, depois de contar muitas histórias curiosas e divertidas sobre o teatro e a televisão brasileiros, dirige-se ao

A crescente presença do monólogo com forte caráter biográfico e pessoal na cena teatral a partir dos anos 1970 é vista como um fenômeno essencialmente norte-americano por pensadores, críticos e jornalistas que buscaram identificar as mudanças que os diferentes artistas trouxeram para a antiga forma do monólogo. Reservadas as diferenças de visão sobre um ou outro ponto, todos concordam que esse "novo" monólogo acontece como revelador e crítico das condições político-sociais do momento, fazendo do artista um cronista poético de sua vida e de seu tempo. O interesse atual pela performance autobiográfica – o interesse na forma como o eu (*self*) é construído em cena, como se mostra aos outros, como é capaz de romper os limites entre realidade e ficção, e como se relaciona com as forças sociais e culturais – deu a esses trabalhos novos significados e uma nova gama de sentidos. Um movimento importante para o surgimento e afirmação de vozes até então silenciosas e silenciadas, como a das mulheres, da comunidade LGBTQIA+, dos negros, indígenas. Trabalhos conhecidos como autoperformance e que vêm ganhando novos desdobramentos como a autoficção. No Brasil, essa forma de trabalhar a cena acontece com força a partir dos anos 2000.

Antonio Calloni e Antônio Abujamra em *A secreta obscenidade de cada dia*, 1988

público e pergunta: "Querem saber mais?", e, diante do "Sim!" sempre uníssono da plateia, diz: "Pois então vão estudar, vão ler, não me encham".[21]

Com seu bem-sucedido programa de entrevistas, *Provocações* (TV Cultura), ele encontra outra maneira de se relacionar com o público, sempre falando poemas e colocando pensamentos importantes para ele e para a realidade político-social do Brasil naquele momento. Foram quinze anos do programa no ar (2000-2015), com grande repercussão entre públicos de diferentes idades, raças, gêneros e condições sociais.

*

Aqui vocês encontrarão análises do trabalho de Antônio Abujamra em cada uma das áreas em que atuou, dos grupos que criou e dos espaços que dirigiu/administrou. Todas através da lente de profissionais que conheceram e estudaram suas realizações.

"Abu de cabo a rabo", de Edélcio Mostaço, nos dá um panorama geral da trajetória do artista e da situação do Brasil que, a partir dos anos 1950, vê o nascimento de importantes coletivos teatrais.

"Antônio Abujamra e o Grupo Decisão", de Paula Sandroni, fala sobre a formação e as conquistas do grupo criado por ele junto com Antônio Ghigonetto, Berta Zemel, Emílio Di Biasi, Lauro César Muniz e Wolney de Assis. Um grupo que, como disse o crítico Yan Michalski citado no artigo de Sandroni, "deveria ter um lugar na história do teatro brasileiro ao lado dos conjuntos Teatro de Arena e Teatro Oficina, devido à 'personalidade artística' do diretor [Abujamra]".

Sérgio de Carvalho e Sara Mello Neiva, em "Abujamra e o teatro épico", trazem uma análise ampla e acurada da influência do teatro épico-dialético nos trabalhos de Abujamra, situando com clareza como surgiu e como se manifesta em sua trajetória e seus espetáculos.

"Abujamra e o projeto do TBC nos anos 1980", de Antonio Herculano, é um importante registro do que aconteceu no período em que Abu dirigiu as quatro salas desse teatro, os muitos projetos desenvolvidos, as centenas de espetáculos lá apresentados e, também, um

---

21 Fiz a produção, organizei e acompanhei as viagens de *A voz do provocador* (nome da segunda versão do espetáculo e a que ele mais apresentou) por quatro capitais do país: Recife, Belo Horizonte, Brasília e Fortaleza, no projeto CCBB Circulação. A reação da plateia era sempre essa, e também essa era a resposta de Abu.

pouco de sua atuação no Espaço Cultural Mazzaropi. O começo da utopia do TBC para Abu foi bastante particular, e quem nos conta como foi possível para ele assumir aquele teatro é Hugo Barreto em "Partir! Não importa pra onde".

Sobre o rico e fértil período de Abu no Rio de Janeiro, Tania Brandão nos brinda com "Abujamra, o teatro e a revolução", um texto que traça a história da direção teatral no Brasil e nos permite entender melhor a radicalidade do caminho de Abu na liderança de Os Fodidos Privilegiados, companhia teatral criada por ele em 1991. Já André Dias nos traz "Rua Alcindo Guanabara, 17, ou o corpo vivo do teatro", que conta sobre a criação do grupo, os espetáculos apresentados durante os dez anos em que Abujamra esteve à frente da companhia e os anos que se seguiram sob a direção de João Fonseca. Em "Um fodido privilegiado", é o próprio João Fonseca quem nos dá um depoimento sobre sua formação e experiências como diretor ao lado de Abujamra, o que nos permite vislumbrar como se dava a direção de Abujamra, tanto do espetáculo como dos atores. Também o pequeno artigo/depoimento de Susana Schild sobre o 31 de janeiro de 1991, dia em que o grupo foi criado, diz muito sobre o espírito que animava os integrantes.

Mauro Alencar, em "Antônio Abujamra, orquestrador de histórias", faz mais do que identificar a trajetória de Abu como diretor e ator de televisão, pois revela a origem dos programas desenvolvidos por redes que já não existem, como Excelsior, Tupi, TV Rio e Manchete, e também pelas que hoje conhecemos: SBT, Globo, Record. Identificando mudanças e tendências importantes em cada uma delas, faz um relato analítico sobre a criação e o desenvolvimento da televisão brasileira.

São textos que se completam, às vezes se contradizem, todos integrando um grande mosaico que nos ajuda a formar uma imagem de quem foi Antônio Abujamra. Uma, não! Como bem disse o cineasta Ugo Giorgetti no final de seu depoimento sobre Abu: "Durante mais de trinta anos lidei com essa personagem e ainda não sei nada dela. [...] pode ser, no entanto, que encontre sua definição mais precisa nos versos de Mário de Andrade, essa outra grande personagem despedaçada: 'Eu sou trezentos, sou trezentos-e-cincoenta/ mas um dia afinal eu toparei comigo...'".

*

Rigor e caos – Antônio Abujamra começou com uma exposição feita no Sesc Ipiranga em 2018-2019, para a qual reuni um grande e rico material em fotos, vídeos, filmes, séries, programas de televisão e depoimentos. Este livro é um desdobramento dela. Com ele, fica resolvido o problema que Jefferson Del Rios e Maria Thereza Vargas tiveram, pois queriam escrever sobre Abu, mas ele nunca quis se envolver com essas iniciativas.

Meu muito obrigada a cada um dos que carinhosa e criteriosamente escreveram artigos ou deram depoimentos para este livro. Cada texto tem um sabor particular e todos trazem muitas informações necessárias.

Quero agradecer, ainda, aos amigos Marcello Montore, Tereza Menezes, Tuna Dwek e Luciana Cardoso, por lerem esta minha apresentação de Abu, e a Alcides Nogueira, que leu e sugeriu um nome para ela. Agradeço muito a Paula Sandroni pela enorme ajuda na identificação das fotos d'Os Fodidos Privilegiados. E a José da Costa e Cassiano Quilici, meu afetuoso obrigada pelo apoio em um delicado momento na feitura do livro.

Por fim e muito importante, agradeço ao Sesc, na figura do Prof. Danilo Miranda (salve, Danilo!), à equipe do Sesc Ipiranga pela exposição e à equipe das Edições Sesc pela publicação deste livro. Uma parte importante da história moderna e contemporânea da televisão, do cinema e do teatro brasileiros ganha, assim, visibilidade e pode estimular futuras pesquisas.

Esta publicação é nossa homenagem e reconhecimento pela valiosa contribuição de Antônio Abujamra ao meio artístico. Com ela, afirmamos a necessidade cada vez mais presente em nosso país de marcar e reconhecer as diferenças, assim como de preservar o espaço livre para expressões múltiplas e para o diálogo franco e aberto.

Exposição Antônio Abujamra – *Rigor e caos*, Sesc Ipiranga, 2018/2019

Exposição Antônio Abujamra – Rigor e caos, Sesc Ipiranga, 2018/2019

Durante anos tentei convencer Antônio Abujamra a me contar sua vida, pessoal e artística, e ele sempre desconversou. Eu argumentava que só podia ser superstição de árabe. Abujamra ria e não dizia nada. Com isso, ele – e eis um problema – é o único diretor teatral da sua geração sem biografia ou um livro com o resumo de suas concepções estéticas e o histórico das grandes encenações do artista que, já de início, dirigiu Cacilda Becker. Carreira absolutamente consagrada pelo alto nível literário nas peças e na inventividade para o palco. O que não o impedia de repetir, sempre, que tinha mais fracassos do que sucessos na profissão. Fixou esse mantra defensivo e inexplicável, assim como jamais comentou uma crítica favorável ou com reservas. Jamais quis igualmente lembrar de ter sido crítico na juventude. Era um esquecimento divertido em nossos pequenos jogos de indiretas. Manteve inalterada a *persona* do provocador, do cético, quase cínico às vezes, quando no fundo era um homem de afetos, o que se notava aqui e ali. Comentou sobre o filho que a atriz Glauce Rocha perdera numa gravidez malsucedida com a compaixão de irmão (*Abu* quer dizer "pai" em árabe). A maravilhosa Glauce, com quem Abujamra fez *Electra*, de Sófocles, em 1965, no Rio, debaixo da perseguição da censura que colocou até polícia no teatro. Nestas horas desaparecia o "provocador".

Jefferson Del Rios
Jornalista e crítico teatral

Texto publicado em 28 abr. 2015, antes do lançamento de *Antonio Abujamra – Calendário de pedra*, de Ida Vicenzia, em 2019.

ALIMENTOS

Um diretor de teatro, desde que tenha decidido ser um diretor de teatro, pensa, evidentemente, em seu *Hamlet*.

Por favor, não nos venham dizer que o *Hamlet* é assim ou assim ou assim ou assim. Podemos fazer o que quisermos com ele.

Shakespeare sempre será maior, sempre melhor.

A escolha momentânea deste *Hamlet*, de Giovanni Testori, é um alimento que se fazia necessário para um grupo de pessoas de teatro que se reuniram e decidiram pela brutalidade e sutileza que aparece nessa peça.

Quando Peter Brook esteve no TBC, durante o Projeto Cacilda Becker, falamos muito sobre o teatro elisabetano e ele dizia sempre do acessível que eram esses espetáculos para todas as pessoas, mesmo sendo de classes diferentes. Falava da grosseria, da maior grosseria, até a ideia mais difícil, mais oculta. E ele já havia escrito que, naquela época, a ideia mais oculta era percebida pela mais popular das ideias.

E nosso tempo está exigindo esse popular (palavra já tão gasta), pois estamos numa época em que se perdeu a faculdade de refletir e a brutalidade está em primeiro plano em quase todos os níveis, incluindo o plano da esperança.

E, portanto, o tema mais brutal de todos os que foram elaborados em todas as épocas foi muito bem visto por esse poeta italiano que mistura a palavra mais sensível e requintada com um pouco de Dercy Gonçalves. E dentro de toda essa brutalidade, um feixe de nervos, *Hamlet*, um idealista que se converte em cínico, conforme Brecht.

A questão não é mais ser ou não ser, mas calar ou não calar, tolerar ou não tolerar. Por isso, este *Hamlet* (faremos outros) mergulha na ação, deixando o exibicionismo ao lado do caos de intrigas, da anarquia total, matando enlouquecidamente, sem moral nenhuma, autoextermínio que só o teatro elisabetano e o nosso tempo poderiam produzir: a sensibilidade dos jovens no meio dos temas mais brutais que eles têm que presenciar.

Acabemos com o falso respeito aos textos clássicos. O grande significado deles é combinar a inocência, a violência e o engajamento. E a criação de Shakespeare pôde descobrir, com Giovanni Testori, uma outra peça, num ambiente de audácia incrível, filtrando nosso momento e colocando em questão a eternidade do julgamento sobre o significado que tem o homem.

Antônio Abujamra
Programa de *O Hamlet*

O Hamlet, 1981. Primeiro plano: Ricardo de Almeida (Hamlet). Atrás: Armando Tiraboschi, Fernanda Abujamra, Armando Azzari, Denise Stoklos, Emílio Di Biasi, Yeta Hansen, Miguel Magno

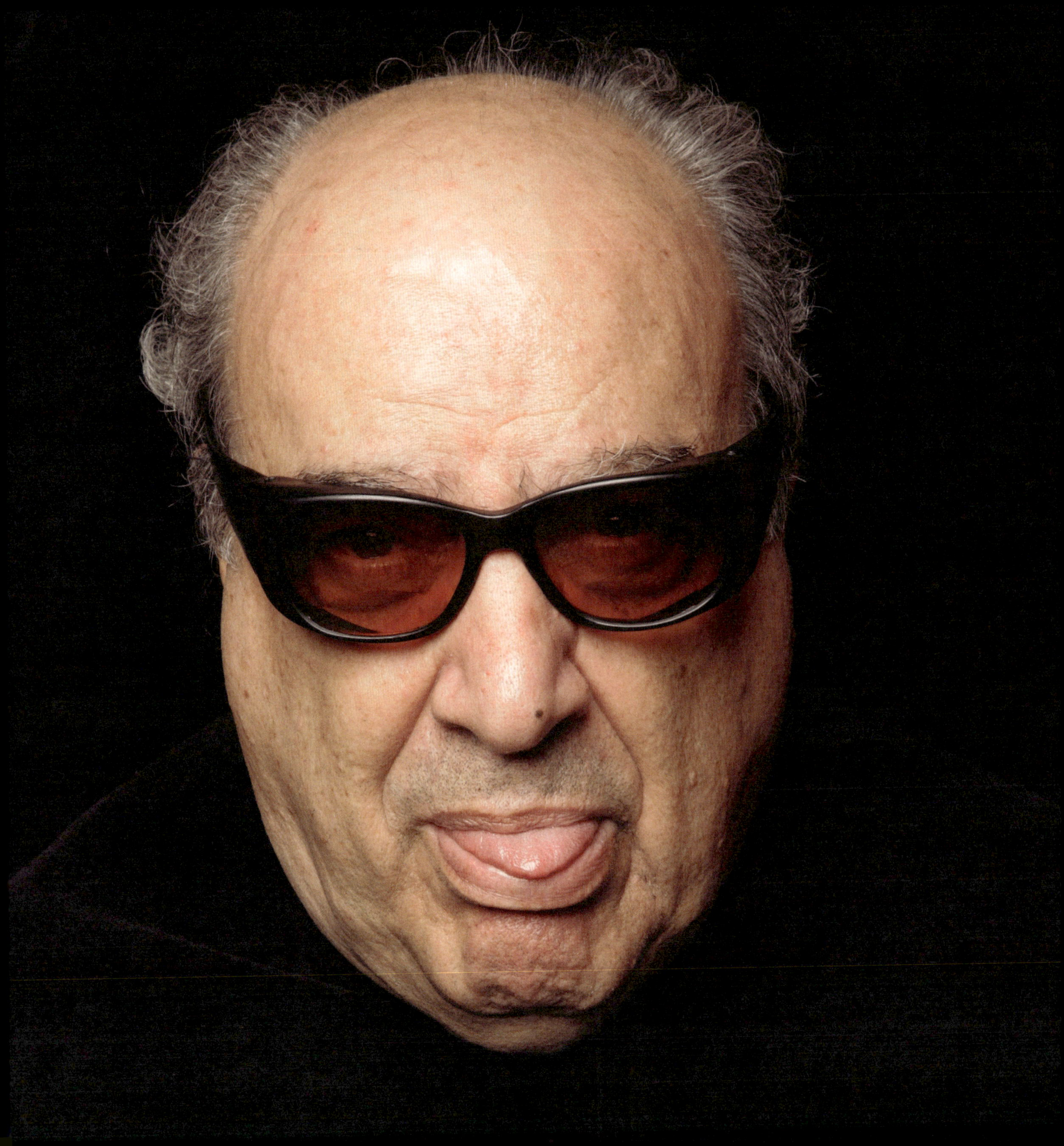

ABU DE CABO A RABO

Edélcio Mostaço

Antônio Abujamra não foi um rebelde, mas um transgressor. O primeiro quer mudar as estruturas, desarticular instituições, passar uma borracha no já existente e recomeçar tudo de novo; enquanto o segundo opta por desafiar e afrontar os sistemas – especialmente os morais e normalizadores – em benefício da burla, empregando o sarcasmo e mesmo atingindo o escândalo.

Nascido em 15 de setembro de 1932 em Ourinhos, Abu, como era carinhosamente chamado por todos aqueles que o cercavam, foi diretor de teatro, ator e apresentador de tevê. Tornou-se conhecido pela irreverência de seus comentários, por suas encenações anticonvencionais e pelo humor ácido e crítico em relação aos conservadorismos sociais.

Sobre sua infância e juventude circulam poucas informações, mas ao final da adolescência ele rumou para Porto Alegre, onde cursou jornalismo e filosofia na Pontifícia Universidade Católica do Rio Grande do Sul (PUC-RS), em 1957, local onde ajudou a fundar o Teatro Universitário, debutando como ator em *Assim é, se lhe parece*, de Pirandello.

A seguir, inicia-se como crítico teatral e, paralelamente, faz suas primeiras incursões como ator e diretor até 1958, nas montagens de *O marinheiro*, de Fernando Pessoa, *À margem da vida* e *O caso das petúnias esmagadas*, de Tennessee Williams, *A cantora careca* e *A lição*, de Eugène Ionesco, e *Woyzeck*, de Georg Büchner. A seu lado estavam Fernando Peixoto, Lineu Dias, Paulo José, entre outros, que enfrentavam o conservadorismo dos dois outros mais conhecidos e antigos coletivos de amadores da cidade: o 5 de Setembro e o Grupo dos 16.

Já mordido pelo teatro e deixando o jornalismo de lado, Abujamra embarca em 1959 para a França, com uma bolsa de estudos fornecida por aquele país, para estagiar com Roger Planchon em Villeurbanne, ocasião em que foi seu assistente em duas produções: *Henrique IV*, de William Shakespeare, e *Almas mortas*, de Nikolai Gógol. Segue com o diretor francês Jean Vilar, participando da encenação de *A resistível ascensão de Arturo Ui*, de Bertolt Brecht, em Paris. Ambos os encenadores esposavam as teses de um teatro popular, sob o manto da estética brechtiana.

Abujamra, após Paris, também estagia no Berliner Ensemble e faz um curso de letras e literatura espanhola em Madri.

Sua estreia profissional como encenador em São Paulo ocorre em 1961, quando dirige *Raízes*, de Arnold Wesker, com Cacilda Becker liderando o elenco. Na sequência aceita a direção de *José, do parto à sepultura*, nos primórdios do Teatro Oficina, texto ralo e panfletário de Augusto Boal, um fiasco que só permaneceu na memória de seus integrantes. Em 1962, liga-se a Ruth Escobar e encena *Antígone América*, de Carlos Henrique Escobar, marido da atriz.[1]

Façamos uma breve pausa para entender o pano de fundo que circunda esse conjunto de incursões. Em 1955 subiu à Presidência do país o mineiro Juscelino Kubitschek, à frente de um ambicioso plano de metas que pretendia realizar cinquenta anos em cinco, alavancando a economia e ampliando enormemente os serviços essenciais à população. A seguir, a sofrida região nordestina passou a ser priorizada, com a atuação de João Goulart e seu ministro Celso Furtado, quando os planos de governo eram gestados no Rio de Janeiro por um organismo universitário então criado, o Instituto Superior de Estudos Brasileiros (Iseb), onde vicejaram e foram divulgadas as teses do desenvolvimentismo. Tais princípios, proposições e motivações rapidamente contaminaram os meios políticos e universitários, gerando vivos debates e posicionamentos. E o Teatro Universitário gaúcho

Cacilda Becker em *Raízes*, 1961

1 Texto de pesquisa realizado por este autor para assessorar a redação da *Enciclopédia Itaú Cultural*, em 1999.

refletiu, bem como os grupos paulistas Arena e Oficina, essa mesma onda progressista de entusiasmo que varria o Brasil.

No setor teatral, ainda imperava a dominância artística do Teatro Brasileiro de Comédia (TBC), criado em 1949, com suas realizações renovadas e um decidido espírito comercial comandando seus rumos artísticos e administrativos. A partir de 1955, começam a se formar as chamadas companhias pós-TBC, reunindo egressos daquele núcleo, que seguiam, em linhas gerais, os mesmos moldes da matriz, marcando quer São Paulo, quer o Rio de Janeiro como centros de produção cênica com ressonância nacional. Para se estruturar, o TBC importara diretores italianos, muito eficientes, que rapidamente dominaram o mercado. Como é o caso de Ruggero Jacobbi, um homem decididamente progressista e alinhado ao Partido Comunista que, dadas suas ideias, abandonara a companhia paulista.

E foi exatamente ele que o Teatro Universitário chamou a Porto Alegre, em 1955, para proferir palestras que tiveram por títulos: "Situação do teatro no Brasil", "A expressão dramática" e "A função dos amadores e pequenos teatros". As preleções de Jacobbi foram assimiladas pelos estudantes, que, envolvidos pelo entusiasmo desenvolvimentista que atravessava o país, promoveram verdadeiro terremoto cultural na cidade, encenando seis espetáculos em sequência, nas várias salas existentes, inclusive no austero Teatro São Pedro. Antônio Abujamra esteve em cada uma delas.

Em 1959, o Teatro de Arena fez uma excursão ao Rio de Janeiro para apresentar *Eles não usam black-tie* ao público carioca. Em função dos contatos efetivados com estudantes, sindicatos e associações de bairros, o público rapidamente começou a se modificar, bem como as relações travadas com elementos ligados ao Iseb. Dessa sinergia sociopolítica artística e inovadora surgiu o Centro Popular de Cultura (CPC), unindo esforços da União Nacional dos Estudantes (UNE), do Iseb e do Arena, comandado por Oduvaldo Vianna Filho, com o objetivo de promover uma verdadeira revolução cênica no Brasil, através das viagens que empreendia aos estados acompanhando a UNE volante. Foram os acadêmicos que se lançaram em novos formatos artísticos, fortemente influenciados pelo *agit-prop*, em produções que equacionavam os agudos problemas do país, como o imperialismo norte-americano, a reforma agrária, o gargalo que o ingresso na universidade apresentava ao grosso da população, a revolução cubana, a fome, a miséria e a exploração a que estava exposta a massa de trabalhadores.

Dada sua origem como dissidência do Teatro de Arena, o CPC não fundou um núcleo em São Paulo, deixando ao antigo coletivo a tarefa de politizar o público. Quando Antônio Abujamra voltou à capital paulista, em 1961, encontrou um ambiente muito diferente daquele que deixara ao partir.

Ruth Escobar, face a essa guinada para o teatro político, coloca-se à frente de outro empreendimento ousado e cria o Teatro Popular Nacional (TPN), sob a direção artística de Abu. O projeto era espantoso: o arquiteto e cenógrafo Wladimir Pereira Cardoso, então marido da empresária, transformou um caminhão jamanta em palco, por meio da abertura de uma das laterais. Banquinhos de lona formavam a plateia móvel, de acordo com cada praça ou rua onde estacionava, a quilômetros do centro da cidade, levando teatro à população mais periférica do maior centro industrial do país. Pode-se dizer que o TPN sintetizou as ideias que ajudaram a formar o teatro de Villeurbanne, o CPC, o teatro de Meyerhold, o Berliner Ensemble – além do gesto matricial advindo de La Barraca, o núcleo estudantil volante criado por García Lorca na Espanha antes da guerra civil. E Antônio Abujamra, no comando artístico do empreendimento, montou em 1964 *A pena e a lei*, de Ariano Suassuna, com a necessária irreverência para arrancar gargalhadas críticas daquele novo público.

Com o golpe civil-militar de 1964, a empreitada encontrou forte oposição para prosseguir, encenando mais um recital de poesias e um espetáculo infantil antes de encerrar suas atividades.

Em 1962, Abujamra associa-se a Antônio Ghigonetto e Emílio Di Biasi, e fundam o Grupo Decisão, com a intenção de disseminar o teatro político com base na visada brechtiana. A primeira produção é *Sorocaba, senhor*, uma adaptação de *Fuenteovejuna*, de Lope de Vega. Ainda em 1963, estreiam *Terror e miséria do Terceiro Reich* e *Os fuzis da Sra. Carrar*, ambos de Brecht, levando aos bairros periféricos de São Paulo um repertório voltado para a mobilização política e a discussão da realidade nacional. No ano seguinte, o grupo monta *O inoportuno*, de Harold Pinter, seu primeiro sucesso, e transfere-se para o Rio de Janeiro, onde o espetáculo chama a atenção, abrindo portas para seus realizadores.

Agora radicado no Rio, o Grupo Decisão decide apresentar, com direção de Abujamra, em 1965, *Electra*, de Sófocles, produção prestigiada pela crítica e pelo público, tendo como protagonista a atriz Glauce Rocha. Segundo o crítico Yan Michalski, as encenações de Abujamra são, nessa época, subversivas e apaixonadas:

Fauzi Arap e Sérgio Mamberti em *O inoportuno*, 1964

Sem ter um perfil ideológico ou estético tão definido quanto o do Teatro de Arena ou do Oficina, por exemplo, o Grupo Decisão chegou, por momentos, a ter uma importância quase comparável à desses dois destacados conjuntos, graças, principalmente, à personalidade artística de Abujamra, artista inquieto e eclético, capaz de criar para cada uma dessas peças uma concepção cênica polêmica, mas sempre marcada por uma linguagem de uma radical modernidade, influenciada pela experiência europeia do diretor.[2]

Naquela cidade e no mesmo ano, Abujamra dirige *O berço do herói*, de Dias Gomes, interditada pela censura no dia do ensaio geral. Dois anos à frente, com a nova Constituição e o recrudescimento da censura, ele lança o dramaturgo Bráulio Pedroso, com o texto *O fardão*. Nos anos seguintes, dedica-se ao Teatro Livre, empresa de Nicette Bruno e Paulo Goulart, realizando montagens ambiciosas, como *Os últimos*, de Máximo Górki (1968), ou *As criadas*, de Jean Genet (1968), e produções de âmbito comercial, algumas com grande êxito de bilheteria. Dirige *O cão siamês ou Alzira Power* (1970) e *Longe daqui, aqui mesmo* (1972), ambas as peças de autoria de Antônio Bivar. A primeira constitui-se em grande sucesso de crítica e público, propiciando à atriz Yolanda Cardoso uma prodigiosa performance. Em 1975, a censura proíbe na estreia outra direção de Abu, *Abajur lilás*, de Plínio Marcos, que destacava Walderez de Barros como cabeça do elenco. No mesmo ano, aliando-se ao que se convencionou chamar de teatro de resistência, ele dirige Antonio Fagundes no monólogo *Muro de arrimo*, de

Programa de *O berço do herói*, 1965

[2] Yan Michalski, *O teatro sob pressão: uma frente de resistência*, 2. ed., Rio de Janeiro: Zahar, 1989.

Tereza Rachel, Milton Moraes e Sebastião Vasconcelos em *O berço do herói*, 1965

Nicette Bruno e Paulo Goulart em *Dona Rosita, a solteira*, 1980

Walderez de Barros em *Abajur lilás*, 1975

Antonio Fagundes em *Muro de arrimo*, 1989

Carlos Queiroz Telles, paradoxo entre as duras condições de vida de um operário da construção civil e suas ilusórias expectativas de um futuro melhor, e recebe o Prêmio Molière pela direção de *Roda cor de roda*, de Leilah Assumpção. Em 1980, retoma a parceria com Nicette Bruno e Paulo Goulart dirigindo *Dona Rosita, a solteira*, de Federico García Lorca.

O país, contudo, continuava ladeira abaixo. Os altos juros cobrados pelo capital internacional para financiar o que foi designado como "milagre econômico" agora batiam à porta. Uma inflação crescente, aliada ao arrocho salarial imposto sobretudo às classes trabalhadoras, aumentava muito o descontentamento com o regime militar. Iniciativas como as Diretas Já, grande mobilização com o objetivo de devolver à sociedade seu poder de escolher os governantes, ganham força; bem como aumenta muito o poder mobilizador da população, sobretudo através dos novos partidos políticos que surgiram desde os primeiros anos da década.

Com a expansão das redes de tevê acelerada pelas iniciativas militares desde a década anterior, o veículo ganha forte impulso. Antônio Abujamra foi um dos principais diretores da antiga TV Tupi e teve atuação destacada e inovadora, como ao dirigir *O estranho mundo de Zé do Caixão* ou novelas como *Os imigrantes*, um grande sucesso na época. Na primeira metade dos anos 1980, ele se engaja no projeto de recuperar artisticamente o então decaído Teatro Brasileiro de Comédia (TBC). Inaugura novas salas e implanta um movimento que faz vir à luz alguns novos autores e diretores, com destaque para *Os órfãos de Jânio*, de Millôr Fernandes, e *Hamleto*, de Giovanni Testori, sendo esta última dirigida por ele em São Paulo, bem como no Rio de Janeiro e em Nova York, para o Theater for the New City.

Naquela cidade, Abu conheceu o teatro desconstrutivo de Gerald Thomas, que fazia sucesso no Café La MaMa, e, sabendo de seu desejo de montar um espetáculo sobre Carmem, a

Irene Ravache e Lilian Lemmertz em *Roda cor de roda*, 1975

poderosa personagem que mobilizava vários criadores na Europa, colocou-o em contato com Antonio Fagundes e Clarisse Abujamra, na época casados. Estreado como atração alternativa às segundas-feiras no Teatro Procópio Ferreira, *Carmem com filtro* adveio um sucesso, consagrando Thomas no país. Este criou, na sequência, a Companhia de Ópera Seca, veículo para diversas montagens que ajudaram a mudar a face da cena no Brasil.

Antenado ao que de mais ousado e fértil circulava pela cena internacional, Abu esteve na raiz, portanto, do impulso que reanimou o teatro praticado naquela década, conhecido como polarizado pelos diretores e que, além de Thomas, viu despontar nomes como Bia Lessa, Márcio Aurélio, Ulysses Cruz, Gabriel Villela, entre tantos outros que fixaram seu perfil através de poderosas criações.

À frente do TBC, Antônio Abujamra montou *Morte acidental de um anarquista*, de Dario Fo (1982), e *A serpente*, de Nelson Rodrigues (1984). Um dos maiores sucessos de sua carreira, *Um orgasmo adulto escapa do zoológico,* de Dario Fo (1983), traz um solo virtuosístico que projeta a atriz Denise Stoklos para uma carreira internacional e é aplaudido em vários festivais fora do Brasil.

Encerrado o projeto do TBC, Abujamra dirige, para a Companhia Estável de Repertório (CER), de Antonio Fagundes, a superprodução *Nostradamus*, de Doc Comparato, outro grande êxito de bilheteria.

Ao final da década, a ditadura não mais se sustentava e abriu-se um caminho para os civis retornarem à cena política. Através de uma nova Constituição, promulgada em 1988, e a eleição indireta de um novo presidente, o Brasil finalmente livrava-se dos militares e se encaminhava rumo à ordem democrática. O afrouxamento da censura permitiu a encenação de muitos textos represados em anos anteriores, e o país respirava novos ares, cansado dos anos de chumbo.

À margem da vida, 1988. Antoine Rovis, Nicette Bruno, atrás Paulo Goulart Filho

Antônio Abujamra em *O contrabaixo*, 1987

Aos 55 anos de idade, Abujamra repensa sua carreira artística, surpreendendo a todos com uma memorável guinada: ele decide voltar ao ofício de ator. Em dois anos, atua em duas telenovelas e três peças, sendo premiado pelo desempenho no monólogo *O contrabaixo*, de Patrick Süskind (1987). Um ano depois, está à frente de outra colaboração com Nicette Bruno e Paulo Goulart, *À margem da vida*, de Tennessee Williams, além de encarnar Jean-Paul Sartre no texto de Mauro Rasi *A cerimônia do adeus*, em 1989.

O crítico Macksen Luiz alegou, a respeito de Abujamra, que o deboche vulgar, em suas mãos, se torna algo paradoxal, algo como um "morde assopra", suscitando reações adversas na plateia:

> Antônio Abujamra faz questão de chocar, de provocar reações pelo exagero. Não tem qualquer pudor em ser vulgar até o limite da banalidade. O deboche é alçado como linguagem, o que em mãos menos experientes poderia redundar apenas em gratuidade e agressão. Tanto um quanto outro estão presentes em *Um certo Hamlet*, mas a personalidade teatral de Abujamra parece justificar esses aspectos através de formato cênico tradicional. [...] Abujamra, como bom frasista, não perde a oportunidade de provocar. É dele a definição de que *Um certo Hamlet* é 'profano, perverso e ultrajantemente engraçado'. Todos esses adjetivos funcionam para o bem e para o mal na sua montagem. A preocupação em ampliar cada um deles até o exagero faz com que, muitas vezes, o diretor caia na mera vulgaridade. A provocação se transforma em efeito. Tudo se combina para que o espectador não tenha dúvidas sobre de quem (ou contra o quê) o espetáculo trata. Shakespeare não está ausente: é o substrato da encenação. Popularizado, subvertido, pulverizado, Hamlet emerge numa leitura pessoal, que provoca repulsa ou adesão. Não há meios-tons possíveis. Ao aceitar a chave de Antônio Abujamra, o espetáculo flui com algumas surpresas e com um namoro firme com o melhor do estilo besteirol. A mistura não chega a ser tão explosiva quanto parece desejar o diretor, mas se legitima no fundamento teatral do diretor.[3]

---

3 Macksen Luiz, "Hamlet para brasileiro ver", *Jornal do Brasil*, Rio de Janeiro, 16 jun. 1991.

Ileana Kwasinski, Antonio Fagundes, Sérgio de Oliveira, Serafim Gonzalez, João José Pompeo e Tácito Rocha em *Morte acidental de um anarquista*, 1982

Antonio Fagundes em
Nostradamus, 1986

Pela direção de *Um certo Hamlet*, Abujamra recebe, em 1991, outro Molière. A peça, uma nova versão para o texto de Testori, marcou a estreia da companhia Os Fodidos Privilegiados, por ele fundada naquele ano para ocupar o Teatro Dulcina, no Rio de Janeiro. À frente do novo grupo, dirige regularmente espetáculos na década de 1990, dividindo mais tarde essa tarefa com João Fonseca.

No programa do espetáculo *O inspetor geral*, montado em 1994 no Teatro Popular do Sesi, em São Paulo, a crítica Maria Lúcia Pereira referiu-se aos métodos e estilos do diretor:

> Sou chamada pelo sonhador enlouquecido Antônio Abujamra para escrever o diário de encenação do seu *Inspetor geral*. Chego aos ensaios ainda na fase de leitura de mesa, e deparo com um texto reformulado... Noto várias inserções de textos, que vou sendo informada serem de Pessoa, Guimarães Rosa, Joyce etc... No cotejo com o original, contudo, vejo que este em nada perdeu. Lá estão a estrutura, o espírito, a crítica corrosiva das instituições numa sociedade solapada pela corrupção... Vou observando como este homem cáustico, o frasista temível, opera o seu *métier*. [...] Encontro um homem delicado, porém firme, chamando a todos por carinhosos diminutivos... Vou conviver, durante dois meses, com poucas crises, administradas com sabedoria por este homem que consegue ser paradoxalmente sarcástico e carinhoso. Vejo-o construir e destruir cenas e marcações, alterar textos, acrescentar e suprimir falas. Vou vendo erigir-se uma construção ensandecida em suas dimensões grandiosas. [...] Vejo erguer-se uma encenação moderna. Que se aproveita da experiência dos antecessores, que valoriza tanto a visualidade quanto a palavra, num sábio equilíbrio... Quem é esse diretor? Veja o espetáculo. Entenda o desabrido temperamento do Abu, compreenda como a arte pode ser anárquica e revolucionária.[4]

Com o coletivo Os Fodidos Privilegiados, Abujamra ganhou o Prêmio Shell de melhor direção de 1998, pela adaptação do romance *O casamento*, de Nelson Rodrigues.

---

4 Maria Lúcia Pereira, "Quem é esse diretor?", em: *O inspetor geral*, São Paulo, 1994. Programa do espetáculo apresentado no Teatro Popular do Sesi.

No mesmo ano, viaja para Monte Carlo, onde, ao lado de celebridades como Claudia Cardinale, Annie Girardot e Yehudi Menuhin, participa do júri do Festival Mundial de Televisão, sendo o único latino-americano convidado. No último ano daquela década, novamente voa para os Estados Unidos, após ganhar uma bolsa de estudos oferecida pela Fundação Fulbright para estudar na Marshall Mason & Co.

Abujamra trabalha também, ativamente, como diretor e ator de televisão, em novelas, especiais, programas educativos e teleteatros, e no limiar do novo milênio está à frente de um programa de entrevistas na TV Cultura, *Provocações*.

Estreado em 6 de agosto de 2000, em um estilo audacioso de fazer perguntas, *Provocações* foi exibido às terças-feiras, às 22h30, com reapresentação na madrugada de quarta para quinta-feira. Um impressionante time de personalidades, criadores, artistas, anônimos interessantes, gente de todas as camadas da sociedade integrou o rol de *provocados* pela verve de Tio Tó. O último programa foi ao ar em 21 de abril de 2015, destacando o humorista Eduardo Sterblitch como convidado.

Antônio Abujamra foi encontrado morto em sua casa na semana seguinte, no dia 28, pela sua cuidadora. Segundo o médico da família, no momento do óbito ele estava dormindo. A provável causa foi infarto do miocárdio.

Elenco de
O inspetor geral,
1994

Abujamra... Antônio Abujamra, o terrível, o temido, amado, idolatrado, jogador, frasista de primeira. Abujamra era um homem, um diretor que amava estar com pessoas, gostava de multidões de artistas em volta dele, tinha uma *entourage* – até porque estava sempre atrás de um trabalho não só para ele, mas para toda a sua geração. Quando eu, jovem ainda, comecei meus primeiros passos fazendo assistência de direção, fui assistente dele em *O inspetor geral* no Teatro do Sesi. Ali, naquela montagem, ele empregou na base de uns trinta artistas da sua geração. [...] E também atuava nesse espetáculo. Era o prefeito. E era muito belo vê-lo em cena. Ele mostrava pra gente artifícios muito simples do teatro; por exemplo, havia uma cena inicial onde precisava existir uma atmosfera de mar, e aí ele vinha e... uau, ele abria as mãos e o talco tomava conta do palco, criando aquela névoa, e imediatamente nós já nos sentíamos à beira-mar. [...] Foi um homem que marcou não só a sua geração, mas todas as outras gerações que vieram depois e todas as pessoas que, de alguma forma, passaram na vida dele.

Johana Albuquerque
Diretora e pesquisadora teatral

O inspetor geral, 1994. Fernando Peixoto e Antônio Abujamra

O inspetor geral, 1994. (à esquerda) Abrahão Farc e Antônio Abujamra. (à direita) Tácito Rocha e Antônio Abujamra. (abaixo) Chico Martins e Antônio Abujamra

Volpone, 1977.
(acima) Laerte Morrone.
(abaixo) Laura Cardoso e
Laerte Morrone.

Laura Cardoso em *Volpone*, 1977

João José Pompeo e Irene Ravache
em *Roda cor de roda*, 1975

(acima) Barbara Bruno, Nicette Bruno, Tereza Teller, Beth Goulart e Eleonor Bruno (sentada) em *Os efeitos dos raios gama sobre as margaridas do campo*, 1974

(ao lado) Paulo Goulart em *Lá*, 1969

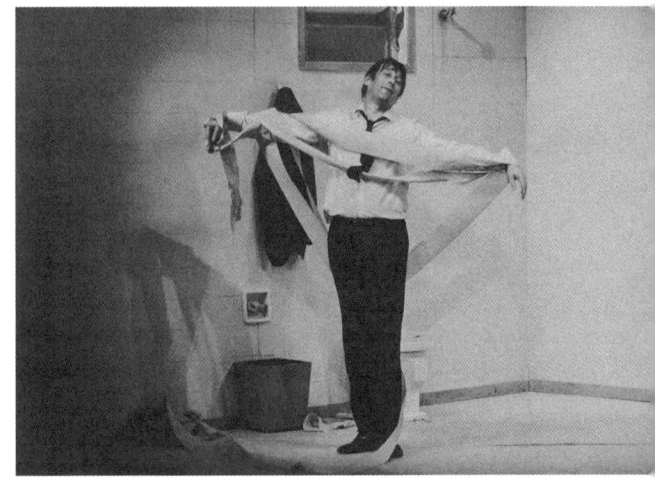

Nicette Bruno e Paulo Goulart em *Classe média, televisão quebrada*, 1978

Walderez de Barros em *Bye bye, pororoca*, 1975

Antônio Abujamra em *Provocações*.

ANTÔNIO ABUJAMRA E O GRUPO DECISÃO

Paula Sandroni

"Ocupe o seu espaço." Abujamra assim recomendava a todos os que queriam entrar ou entravam no grupo Os Fodidos Privilegiados, fundado por ele no Rio de Janeiro em 1991. Aos 20 anos de idade, fui uma dessas pessoas afortunadas; consegui ocupar meu espaço no grupo e, com o mestre, aprendi tudo o que pude sobre as profissões de atriz e diretora teatral. Alguns anos depois, a vontade de conhecer melhor o início da carreira de Abujamra me levou a estudar sobre o primeiro grupo teatral profissional fundado por ele. Neste artigo, farei um pequeno relato sobre a trajetória do Grupo Decisão.

Em 1962, às vésperas de completar 30 anos de idade, Antônio Abujamra funda em São Paulo o Grupo Decisão, ao lado dos companheiros Antônio Ghigonetto, Berta Zemel, Emílio Di Biasi, Lauro César Muniz e Wolney de Assis. Companhia que trabalhava sem sede fixa e sem salário para os artistas, o Decisão teve existência curta (1962-1966), se comparado a seus contemporâneos Teatro de Arena e Teatro Oficina. O número de produções teatrais realizadas chegou a dez, uma vitória para as condições em que surgiu: seis foram dirigidas por Abujamra, três por Antônio Ghigonetto e uma por Nelson Xavier. Inicialmente sediado em São Paulo, a partir da metade de 1964 o grupo se muda para o Rio de Janeiro, e o resultado final foi um empate: cinco peças estrearam na cidade de São Paulo e cinco no Rio. Os maiores sucessos do grupo – *O inoportuno*, de Harold Pinter, e *Electra*, de Sófocles, ambos dirigidos por Abujamra – fizeram temporadas nas duas cidades e também em Porto Alegre, onde o diretor passou a juventude e começou a fazer teatro amador.

O crítico Yan Michalski, polonês radicado no Rio de Janeiro desde a década de 1940, em um verbete sobre Abujamra escrito quase trinta anos após a fundação do grupo, avalia que o Decisão deveria ter um lugar na história do teatro brasileiro ao lado dos conjuntos Teatro de Arena e Teatro Oficina, devido à "personalidade artística" do diretor, que teria marcado os espetáculos do grupo:

Sem ter um perfil ideológico ou estético tão definido quanto o do Teatro de Arena ou do Oficina, por exemplo, o Grupo Decisão chegou, por momentos, a ter uma importância quase comparável à desses dois destacados conjuntos, graças principalmente à personalidade artística de Abujamra, artista inquieto e eclético, capaz de criar para cada uma dessas peças uma concepção cênica polêmica, mas sempre marcada por uma linguagem de uma radical modernidade, influenciada pela experiência europeia do diretor.[1]

**1961 – "Ganhar não pela surpresa, mas por evidência. Eis meu jogo."
A frase é de Aragon, citada por Abujamra no programa de *Raízes*, encenada no Teatro Cacilda Becker, sua primeira direção para o teatro profissional. Seis anos depois, Plínio Marcos estreia *Navalha na carne*. Antônio Abujamra e Plínio Marcos são figuras essenciais no teatro brasileiro.**

**Maria Thereza Vargas
Teórica e pesquisadora, pioneira na investigação histórica das artes cênicas brasileiras**

Abujamra costumava contar que, no final do ano de 1960, ao retornar para São Paulo após estagiar na França com os diretores Jean Vilar e Roger Planchon, e na Alemanha no Berliner Ensemble de Bertolt Brecht – que havia falecido poucos anos antes, em 1956 –, já era considerado o melhor diretor de teatro do Brasil, mesmo sem ter dirigido nenhuma peça profissional. Assim ele explica o fato de, em 1961, ter feito seu *début* dirigindo *Raízes*, de Arnold Wesker, para comemorar os vinte anos do Teatro Cacilda Becker. A crítica paulistana considerou a direção um equívoco, e a peça saiu de cartaz em poucas semanas.

No ano seguinte, em 1962, ele é convidado para dirigir uma peça de Augusto Boal no Teatro Oficina, e seu nome aparece no programa como um dos diretores do conjunto. O diretor José Celso Martinez Corrêa, responsável pelo convite, nos conta um pouco sobre a recepção do espetáculo em carta escrita como despedida do amigo, no dia seguinte ao falecimento de Abujamra:

Você sempre soube que foi minha "musa inspiradora" para *O rei da vela*.
No comecinho dos anos 1960, no segundo ano de vida do Teatro Oficina, convidamos você, Abu, para dirigir a ótima peça de Augusto Boal *José, do parto à sepultura*. [...]

1 Yan Michalski, "Antônio Abujamra", em: *Pequena enciclopédia do teatro brasileiro*. Material elaborado em projeto para o CNPq, Rio de Janeiro, 1989.

> Era novo, era magnífico.
> Mas, lembra?
> Ninguém foi assistir. O público, nessa época, era viciado em realismo, e a peça teve que sair de cartaz.²

Sobre a chegada de um Abujamra influenciado por Planchon e Brecht numa São Paulo em que o realismo era a grande novidade, transcrevo dois trechos da entrevista de Emílio Di Biasi a Maria Lúcia Pereira, que trazem uma visão clara dessa dicotomia:

> Ele exorbitava naquela coisa de marcações que ele tem até hoje [1986] [...]. Então era um espetáculo, no Oficina, feito todo com marcações circulares, totalmente antirrealista, louco [...]. Era uma piração na cabeça da gente, uma linguagem assim gestual, pra você romper com o realismo, e até chamar atenção pras coisas políticas que tinham na peça, com outro pique [...].
> Então ele vem pro Brasil querendo sair do realismo, aquele realismo do Teatro de Arena, ainda no teatro político brasileiro, mas com outra linguagem cênica, certo?
> Porque aí é que está: o Abujamra explode no Grupo Decisão, e o Zé Celso acho que aí encontra o seu caminho. Então eu acho que esse período, nesse meio de Arena e de Oficina, nesse período teve uma série de trocas de informações, de diretores, de grupos, que não ficaram bem explicadas, entende? Historicamente um influencia o outro. Bem, o Zé Celso fala até hoje que o mestre dele é o Abujamra, que ele tem o maior respeito por ele e tudo, né, porque estava tudo muito junto.³

---

2 José Celso Martinez Corrêa, "Abujamra I love", em: *Rigor e caos – Antônio Abujamra*, São Paulo, 2018-19, p. 29-30. Catálogo da exposição realizada no Sesc Ipiranga.

3 Emílio Di Biasi em entrevista a Maria Lúcia Pereira em 1986, consultada no Arquivo Multimeios do Centro Cultural de São Paulo em 2003 (exemplar datilografado, p. 11-12).

Em julho de 1962, Abujamra e seus companheiros fundam o Grupo Decisão. Na revista *Dionysos*, encontramos a informação de que o primeiro feito do grupo foi realizar uma pesquisa em faculdades de São Paulo sobre o interesse do público jovem por autores de teatro. O resultado diz que 65,5% acham que autor nacional interessa, 47,1% preferem autor de corrente social, e 21,1% respondem ser Gianfrancesco Guarnieri o autor nacional preferido.[4] Naquele mesmo ano, dá-se a virada do Teatro de Arena de sua fase do autor brasileiro, iniciada em 1958, para a fase da nacionalização dos clássicos, com a estreia de *A mandrágora*, de Maquiavel, em setembro.[5]

A releitura de clássicos universais seria uma aproximação entre o Arena e o Decisão, que estreia seu primeiro espetáculo em 26 de março de 1963 no Teatro Leopoldo Fróes, em São Paulo: *Sorocaba, senhor*, uma adaptação de *Fuenteovejuna*, de Lope de Vega, para o interior de São Paulo. Escrita por um dos mais célebres autores do século de ouro espanhol, a peça contava com grande elenco, 26 atores. Após enumerar diversas questões que considera problemáticas na peça e elogiar as marcações como "originais, soluções cênicas imaginosas", o crítico Sábato Magaldi, em *O Estado de S. Paulo*, termina a crítica em tom favorável à estreia do grupo:

> Uma coisa, contudo, temos de anotar a favor do espetáculo: não é banal. Se não é bom, talvez seja daquele "ruim diferente" que Manoel Bandeira atribuía aos primeiros versos de Mário de Andrade, e que sempre deixa uma porta aberta para o futuro. Diante de tanto teatro comercial, de tanta repetição servil, de tanta acomodação perante o público, o espetáculo de estreia do Grupo Decisão tem o desprendimento e elegância moral de um gesto juvenil de desafio.[6]

Dois meses e meio após a estreia de *Sorocaba, senhor*, que permaneceu em cartaz por apenas pouco mais de um mês, Abujamra dirige o segundo espetáculo do grupo: *Terror e miséria do Terceiro Reich*, de Bertolt Brecht, no mesmo Teatro Leopoldo Fróes. Entre os 24 atores do

---

4 Revista *Dionysos: Teatro de Arena*, edição especial, Rio de Janeiro: MEC/Serviço Nacional de Teatro, out. 1978, p. 19.

5 Sábato Magaldi, *Um palco brasileiro: o Arena de São Paulo*, São Paulo: Brasiliense, 1984 (Coleção Tudo é História).

6 *Id. apud* Paula Sandroni, *Primeiras provocações: Antônio Abujamra e o Grupo Decisão*, dissertação (mestrado em Artes Cênicas) – Escola de Teatro da Universidade Federal do Estado do Rio de Janeiro, Rio de Janeiro, 2004, p. 60.

elenco está a atriz convidada Glauce Rocha, uma das maiores e mais respeitadas intérpretes da década de 1960. Totalmente influenciado pelo diretor e teórico alemão, Abujamra esclarece, no programa da peça, um pouco seu estilo de direção:

> "Cada acontecimento isolado possui um gesto fundamental", disse Brecht, e foi este o caminho da direção, pedindo aos atores que representassem simplesmente, respondendo a uma função social e deixando claro que esta proposição de interpretação daria margem ao espectador de sua interpretação dos fatos. Nossos atores tiveram a tarefa maior: ousar uma forma de teatro [...] com a problemática da consciência. O gesto fundamental é o gesto social. Fazer parte quer dizer estar sabendo o que acontece em nosso tempo e das transformações que, devido ao homem, vão surgindo. A estilização do natural em nosso espetáculo não quis dizer absolutamente que se termina com o natural, mas sim, intensifica-se esse natural.

A segunda peça do Decisão segue os mesmos passos do espetáculo de estreia: pouco público e discordâncias da crítica. Décio de Almeida Prado, que nas primeiras montagens de Abujamra em São Paulo condenava sua excessiva subserviência a Brecht, dessa vez aponta a falta de coerência com o pensamento do teórico como a maior falha da direção. Porém, assim como Magaldi, termina a crítica com palavras de incentivo: "pelas ambições que tem, pelo repertório que monta, é um homem de teatro com o qual se tem prazer em dialogar, ainda que seja, como é o nosso caso, quase sempre para discordar".[7]

O trabalho seguinte do grupo foi novamente um texto de Brecht, *Os fuzis da Sra. Carrar*, dirigido por Antônio Ghigonetto – na verdade, uma remontagem do espetáculo que o diretor já encenara em 1962, em Porto Alegre.[8] A peça segue um caminho um pouco diferente das duas primeiras e inclui uma apresentação no Sindicato dos Ferroviários em Jundiaí, onde o grupo ensaiava sua quarta produção. Um artigo do jornalista Antonio Contente no jornal *Última Hora* esclarece sobre a carreira alternativa da peça:

---

[7] Décio de Almeida Prado, *Teatro em progresso: crítica teatral (1955-1964)*, São Paulo: Perspectiva, 2002.
[8] O diretor José Renato também encenara esse texto de Brecht no início de 1962, no Teatro de Arena.

> Não enveredou [o Grupo Decisão] para um teatro comercial e medíocre como a maioria do teatro brasileiro e iniciou concretamente uma popularização, apresentando nos bairros *Os fuzis da Sra. Carrar*, de Brecht. Os bairros visitados foram: Vila Clementino (Teatro João Caetano), Mooca (Teatro Arthur Azevedo), Bom Retiro (TAIB), Santo Amaro (Teatro Paulo Eiró), além de um espetáculo no Sindicato dos Ferroviários em que a apresentação foi saudada de pé pelos operários que, pela primeira vez, viam teatro. Com todo este trabalho, o Decisão contribuiu para uma nova visão de posições diante do teatro e uma crença nele como função social.[9]

Os fuzis da Sra. Carrar estreou em 30 de agosto de 1963 no Teatro João Caetano, em São Paulo, se apresentando por três noites em cada um dos teatros citados por Contente. E foi a única peça do grupo apresentada num sindicato. Não foi possível encontrar críticas sobre o espetáculo.

No mesmo ano podemos notar mais uma influência do Teatro de Arena sobre o conjunto fundado por Abujamra: o seminário de dramaturgia do Grupo Decisão, que não tinha o mesmo projeto estético-ideológico do Arena, mas funcionava como divulgação de novos textos, de jovens autores, como Mauro Rasi, e também de textos antigos inéditos, como podemos ler abaixo:

> Ainda uma curiosidade sobre os autores apresentados nos Seminários de Dramaturgia do Grupo Decisão. Em matéria do jornal *O Estado de S. Paulo* do dia 22 de fevereiro de 1964, a lista das próximas leituras de peças seguidas de debates apresenta uma peça que pouco depois se transformará num marco do teatro nacional: ao lado de *Quatro "carradas" de terras*, de Oduvaldo Vianna Filho, e *Esse ovo é um galo*, de Lauro César Muniz, está *O rei da vela*, de Oswald de Andrade. Infelizmente nenhum dos entrevistados lembra-se de como foi a recepção desta leitura nem de quem participou do debate que se seguiu.[10]

---

9 Antonio Contente *apud* Paula Sandroni, *op. cit.*, p. 66-7.
10 Paula Sandroni, *op. cit.*, p. 69.

Programa de *Electra*, 1965

Programa de *Electra*, 1965

GLAUCE ROCHA

No ano de 1963, o texto *O rei da vela* comemorava trinta anos, e sua montagem pelo Teatro Oficina, quatro anos depois, marcaria o teatro brasileiro. Talvez a frase de Zé Celso em sua carta póstuma a Abujamra – "você sempre soube que foi minha musa inspiradora para *O rei da vela*" – também se refira a essa leitura, e não só à quebra do realismo vigente em São Paulo na direção de Abu para *José, do parto à sepultura*.

Em 20 de janeiro de 1964, estreia no Teatro Cacilda Becker o primeiro sucesso de público e crítica do grupo: *O inoportuno* (*The Caretaker*), de Harold Pinter, peça mais conhecida no Brasil por sua tradução *O zelador*. Dirigido por Abujamra, o texto, que marcou a estreia do autor inglês no Brasil, foi o escolhido para comemorar o aniversário de um ano do grupo.

Ao contrário dos dois espetáculos anteriores do diretor, que contavam com mais de vinte pessoas no elenco, *O inoportuno* é uma peça de apenas três personagens, que foram interpretados por Sérgio Mamberti, Emílio Di Biasi e Fauzi Arap, este último substituído por Lafayette Galvão na temporada carioca. Décio de Almeida Prado, que combatia a linguagem cênica de Abujamra desde antes da existência do grupo, aponta, após muitas observações contrárias, um elogio no último parágrafo de sua crítica à montagem: "[...] o espetáculo de aniversário do Grupo Decisão pareceu-nos uma das mais completas experiências dramáticas realizadas em São Paulo".[11] Por sua atuação em *O inoportuno*, Sérgio Mamberti recebeu o Prêmio Saci de melhor ator de 1964, concedido pelo jornal *O Estado de S. Paulo*.

A produção estreia no Rio de Janeiro em maio do mesmo ano no Teatro Nacional da Comédia, atual Teatro Glauce Rocha, e faz tanto sucesso que o grupo decide estrear em agosto no Rio, e no mesmo teatro, a próxima peça: *O patinho torto*, de Coelho Neto, cujo título foi acrescido de "ou os mistérios do sexo", para que não remetesse ao universo infantil. A direção ficou a cargo de Antônio Ghigonetto, a produção foi assinada por Glauce Rocha e vários

11 Décio de Almeida Prado, *op. cit.*, p. 283.

atores da cidade entraram para o grupo: João das Neves, Sueli Franco e Carlos Vereza, entre outros. Ghigonetto afirma que a ajuda do diretor Amir Haddad[12] na encenação do espetáculo, embora não conste do programa, foi fundamental.[13] Depois da temporada no Rio, *O patinho torto ou os mistérios do sexo* também cumpre temporada em São Paulo, em novembro, no Teatro Brasileiro de Comédia (TBC).

Dois meses antes, outra peça do grupo havia ocupado a famosa sala da rua Major Diogo: último espetáculo do Decisão a estrear em São Paulo, *Saravá*, de Sérgio Jockyman, dirigido por Nelson Xavier, estreia no TBC em 21 de setembro de 1964 e segue temporada a partir de outubro no Teatro Leopoldo Fróes, casa que abrigou os dois primeiros espetáculos do grupo. No elenco, apenas três atores: Zéluiz Pinho, Moema Brum e Ary Toledo.

Electra, de Sófocles, com Glauce Rocha interpretando a personagem-título e Margarida Rey como Clitemnestra, foi sem dúvida o maior sucesso do Grupo Decisão. O espetáculo, cujo texto foi escolhido por Abujamra e Glauce Rocha para comemorar os dois anos da companhia, estreou em 19 de março de 1965 no Teatro do Rio (atual Teatro Cacilda Becker) e depois seguiu para São Paulo, onde cumpriu temporada de uma semana no Theatro Municipal. Foi a primeira tragédia grega a ser encenada por um diretor brasileiro,[14] e as críticas foram excelentes tanto no Rio quanto em São Paulo. O crítico Yan Michalski recorda:

> Ninguém se mexia na cadeira, ninguém se abanava, todos estavam entregues ao fascínio, à magia, à gravidade das palavras escritas há 2.400 anos atrás [*sic*]. Para nós, essa foi a primeira vez que nos foi dado ver, no Brasil, um público interessado em acompanhar uma peça clássica grega não somente por uma questão de dever cultural, ou de sofisticação, mas sim por sentir que se trata de uma arte que tem o poder de despertar, solicitar e manter a atenção do espectador.[15]

---

12 Natural de Guaxupé (MG) e radicado no Rio, o diretor Amir Haddad participou nos anos 1960 do Teatro de Arena e foi um dos fundadores do Teatro Oficina.

13 Paula Sandroni, *op. cit.*, p. 76.

14 Em 1952, o diretor italiano Adolfo Celi havia montado *Antígone*, de Sófocles, no TBC. A antológica montagem de *Édipo rei* dirigida por Flávio Rangel se dará em 1967, dois anos depois da encenação de *Electra* pelo Decisão.

15 Yan Michalski *apud* Paula Sandroni, *op. cit.*, p. 82.

Programa de *Preversão*, 1965

Devido ao sucesso, depois da curta temporada em São Paulo, *Electra* volta a se apresentar no Rio, em junho e julho, dessa vez num espaço maior, o Teatro Nacional de Comédia – o mesmo que recebera *O inoportuno* e *O patinho torto ou os mistérios do sexo*.

Preversão – poemas, operetas e peças curtas de Jacques Prevert estreia em novembro de 1965 e inicia a fase final do grupo, que é marcada por três espetáculos seguidos no Teatro Miguel Lemos, em Copacabana, no Rio. Dirigida por Abujamra, a montagem esteve em cartaz no horário alternativo da meia-noite e foi concebida em clima de cabaré: era possível comer e beber durante o espetáculo.

Estrelada por Glauce Rocha e Jardel Filho, *Tartufo*, de Molière, estreou em janeiro de 1966 e foi a última peça dirigida por Abujamra no grupo. Segundo o próprio diretor, a montagem foi um fracasso retumbante: "Eu errei todo o espetáculo, eu tentei modificar. Molière é melhor do que nós, não adianta a gente querer ser melhor que Molière".[16] *The knack, a bossa da conquista*, de Ann Jellicoe, texto inglês que estava fazendo sucesso em Londres e de lá foi trazido por Emílio Di Biasi, estreou em agosto de 1966. Dirigida por Antônio Ghigonetto, a peça obteve boas críticas e foi a última produção do Grupo Decisão.

---

16 Antônio Abujamra *apud* José Octavio Gizzo, *Glauce Rocha: atriz, mulher, guerreira*, São Paulo: Hucitec; Campo Grande: UFMS, 1996, p. 182.

Fauzi Arap, Sérgio Mamberti e Emílio Di Biasi em *O inoportuno*, 1964

Nós, Antunes, o falecido Ademar, Amir Haddad, Zé Celso, Boal, temos uma cumplicidade sem palavras. Ninguém vai falar mal do Antunes para mim, do Boal. Há uma cumplicidade entre nós. Somos uma geração de diretores. Depois de nós não aconteceu outra geração de diretores. A revolução de 64 acabou com essa possibilidade. Os diretores jovens fazem uma peça e desaparecem. A culpa não é deles, é do Brasil. Eu não vejo a primeira peça dos jovens diretores, vou ver a sexta peça, porque se tem que fazer essa opção de ir até o fundo de ser diretor. Tem-se que ir até o fundo.

ANTÔNIO ABUJAMRA

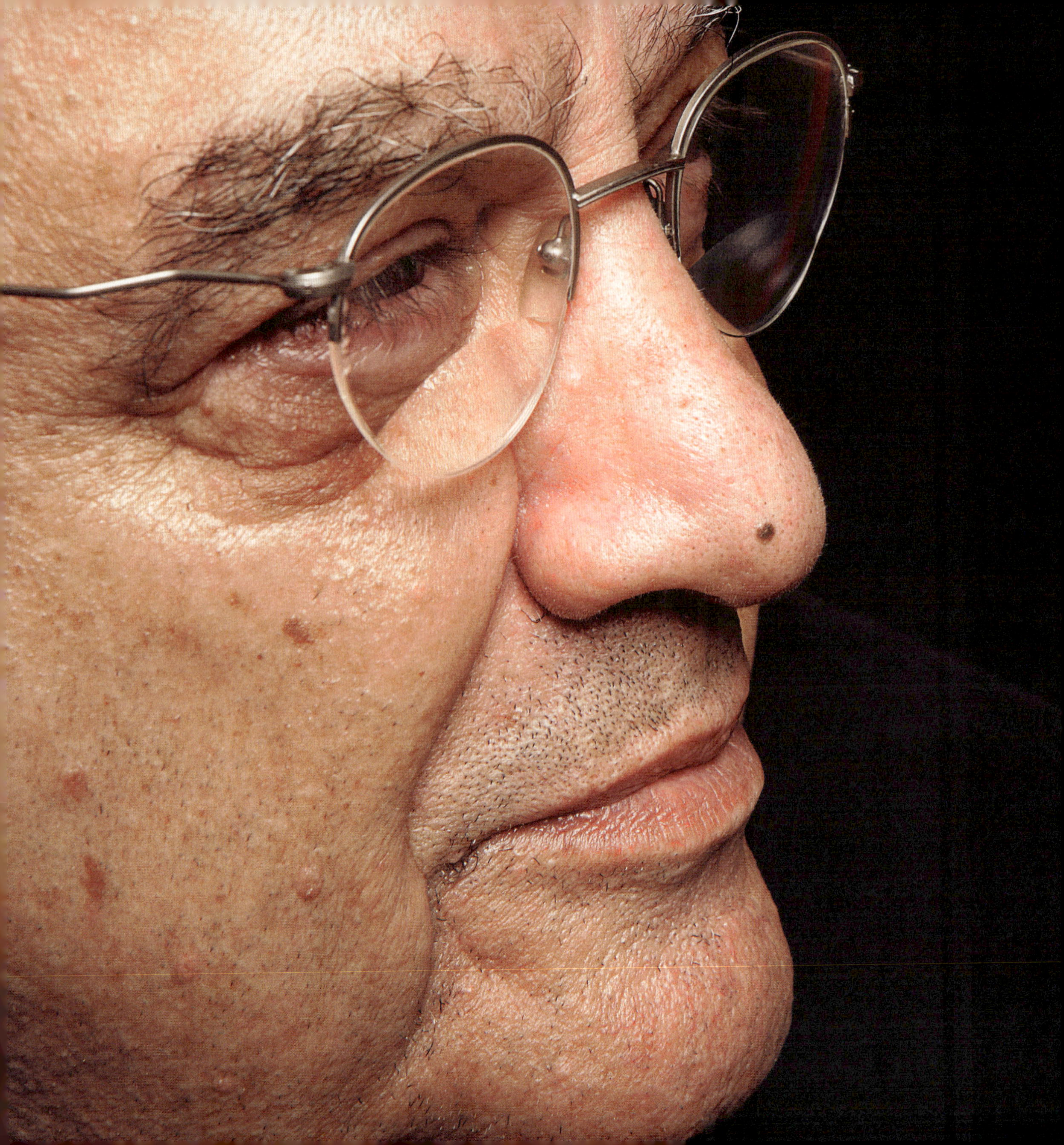

ABUJAMRA E O TEATRO ÉPICO[1]

Sérgio de Carvalho e Sara Mello Neiva

Quando Antônio Abujamra assistiu ao trabalho da Companhia do Latão, no ano de 1998, presenteou o grupo com uma fotografia de cena do espetáculo *A mãe*, de Brecht, baseado na obra do Górki. A imagem mostrava Helene Weigel no papel de Pelagea Wlassowa, à frente de atores em armas, e tinha no verso uma dedicatória enigmática, que dizia muito da atitude do presenteador. Era uma lembrança de sua visita ao Berliner Ensemble, teatro lendário de Brecht.[2] Naquele mesmo ano, ele também convidou o grupo recém-fundado a colaborar em dois eventos que organizou para o Teatro do Sesi, na avenida Paulista.[3] A atenção ao trabalho do Latão, um coletivo de jovens que dava seus primeiros passos artísticos, se deveu ao fato de ele reconhecer ali um interesse comum: o teatro épico, essa modalidade de cena em que a "narratividade" teatral é assumida, em que o drama é de certo modo desmontado, para que uma ação de aprendizagem se realize junto ao prazer estético.

Abujamra estava certo quando dizia que a "pior coisa para um artista é o gosto artístico de um professor". Sabia que a atitude professoral em arte quase sempre resulta em trabalhos ilustrativos,

Tributo ao centenário de García Lorca, 1998

1 Este texto resulta de uma conferência dada por Sérgio de Carvalho, escrita em colaboração com a pesquisadora Sara Mello Neiva.

2 A frase do verso da fotografia é explicada no fim do artigo.

3 Um desses eventos foi um tributo a Brecht, por ocasião do centenário de nascimento do poeta alemão, e o outro, um tributo a Lorca, ambos poetas de sua admiração. Eram eventos compostos por artistas de várias gerações, reunidos num grande espetáculo-colagem, uma das formas artísticas de que ele mais gostava.

explicativos, cerebrais, mesmo quando se pretende cultuar o sensorialismo, a não razão, ou chocar o burguês reacionário da plateia. Um "teatro de mensagem", seja ela qual for, costuma ser afirmativo e moralista porque crê, estupidamente, que o palco contém uma verdade superior, a ser transmitida à plateia. Por outro lado, ele também sabia que não existe teatro épico sem a contradição entre os elementos artísticos e os didáticos, algo que deve surgir como aprendizagem viva, como *atividade* comum realizada por artistas e público, para além do teatro. A ultrapassagem do esteticismo era para ele, assim, uma necessidade poética, um dever intelectual, de quem compreende que o teatro deve se situar fora da "redoma de pseudotudo" que o torna mesquinho. Dialeticamente, a ultrapassagem da arte é também artística: negativa, antiedificante, concretizadora, demolidora de estereótipos, de generalidades ideológicas. "Provocativa", se entendermos a palavra como um chamado à ação.

Quando nos perguntamos por que o trabalho de Antônio Abujamra não tem hoje o reconhecimento que merece, e por que seu nome não é mencionado na maioria das histórias recentes sobre o teatro no Brasil, observamos que as razões são muitas. Elas têm, obviamente, muito a ver com a miséria dos nossos estudos teatrais. Mas têm também relação com algo sobre o qual não se costuma falar em voz alta, uma triste inveja da celebridade, comum em ambientes artísticos que se isolaram do conjunto social e querem punir aqueles que se recusaram à especialização. O ocultamento ainda deve ser atribuído à memória seletiva dos historiadores que excluem sistematicamente as experiências de teatro politizadas que ocorreram no Brasil do século XX, como a dos Centros Populares de Cultura (CPC), do Teatro Experimental do Negro (TEN), do Movimento de Cultura Popular (MCP) de Pernambuco, entre tantas outras

Mariana Muniz em *Tributo ao centenário de García Lorca*, 1998

Antônio Abujamra dirigindo elenco do *Tributo ao centenário de Bertolt Brecht*, 1998

práticas inconformistas e radicais. Não há dúvida de que a rejeição a esses trabalhos – alguns dos mais importantes quando se trata de uma modernização de fato crítica do teatro – se liga a sua capacidade de ultrapassagem da redoma, a sua dimensão de didática politizante.

Experimentos do amadorismo e Ruggero Jacobbi
Foi em Porto Alegre que Abujamra iniciou sua vida teatral e também ali que teve seu primeiro contato com o teatro épico. Chegou à cidade no início dos anos 1950 para estudar jornalismo na universidade. Seu gosto pela poesia e pela declamação rapidamente o aproximou do teatro estudantil da cidade. A capital do Rio Grande do Sul era, àquela altura, um lugar de vida cultural ativa, diversificada ao longo da Era Vargas. Pode-se dizer que os principais avanços no sentido de uma produção mais inventiva de arte se ligavam ao trabalho dos artistas não

profissionais. Não foi só em Porto Alegre que isso ocorreu. O grande movimento do teatro amador no Brasil do século XX decorreu de uma rede de intercâmbios estabelecida desde 1938, com a fundação do Teatro do Estudante do Brasil por Paschoal Carlos Magno, com festivais, encontros, debates e premiações.[4] A cena estudantil gaúcha tinha, porém, algo a mais, o interesse particular no debate sobre o modernismo, a partir da influência do encenador Renato Vianna, que criou a Escola Dramática do Rio Grande do Sul em 1942.

Na história das transformações cênicas do século XX, os amadores ocupam um lugar central e pouco valorizado. Sua atitude experimental, a distância da eficácia produtiva, o trânsito de funções e o sentido coletivizante do trabalho têm sido responsáveis pelo surgimento de formas emergentes, diversas daquelas que se podem fazer numa relação mercantil. Também no Brasil, o movimento amador de arte foi uma força definidora da mudança histórica, na medida em que os nossos discutíveis "marcos" modernos foram todos espetáculos realizados por elencos recém-saídos da cena estudantil. Abujamra conheceu de perto esse movimento quando participou, em 1953, do curso do Teatro do Estudante do Rio Grande do Sul, então sob a responsabilidade da União Nacional de Estudantes (UNE).

Em 1954, após uma divisão no grupo, ele colaborou ativamente na criação de um núcleo de arte novo, o Teatro Universitário do Rio Grande do Sul, ao lado de artistas que mais tarde se tornaram referências do teatro brasileiro: Fernando Peixoto, Lilian Lemmertz, Luiz Carlos Maciel, Paulo José, entre outros. No livro *Teatro fora do eixo*, Fernando Peixoto registra a importância desse encontro único de talentos e disposições "furiosamente delicadas", que fez com que o recém-fundado Teatro Universitário se tornasse, em pouco tempo, uma frente avançada do movimento teatral gaúcho. Segundo a opinião de Peixoto, Abujamra não era

---

4 A emergência do Teatro do Estudante do Brasil (TEB) em 1938, no Rio de Janeiro, deve-se ao contexto político-social brasileiro durante os anos do Estado Novo. Paschoal Carlos Magno, seu idealizador e grande agitador, foi vice-cônsul em Manchester em 1933 e, pouco tempo depois, cônsul do Brasil em Londres, até 1946. Foi estimulado pela efervescência cultural que vivenciava na Inglaterra que ele criou o TEB. Paschoal era relativamente próximo do governo de Getúlio e do ministro Gustavo Capanema e, com isso, conseguiu angariar alguns recursos para seu ambicioso empreendimento amador e moderno no Brasil. O TEB teve enorme importância tanto para os teatros de estudantes que despontaram no período Brasil adentro como para os teatros profissionais modernos dos anos 1950 e 1960. Para mais referências, consultar Fabiana Siqueira Fontana, *O Teatro do Estudante do Brasil de Paschoal Carlos Magno*, Rio de Janeiro: Funarte, 2016.

só um integrante, era a própria "alma do grupo".[5] O que propunham como programa era "a criação de um repertório de qualidade e a investigação sobre problemas do teatro".[6] Entre as intenções secundárias, expostas em artigos de jornal redigidos por Abujamra e Peixoto, estava a fundação de um curso universitário de artes da cena, capaz de contribuir para a profissionalização em novas bases e cuidar da formação de encenadores.[7]

Em 1955, como parte desse plano, o grupo promove um ciclo de encontros de estudo com o italiano Ruggero Jacobbi na faculdade de filosofia. São três palestras com os títulos "Situação do teatro no Brasil", "A expressão dramática" e "A função dos amadores de pequenos teatros", pouco depois reunidas em livro.[8] Jacobbi era um dos mais cultos artistas de teatro que já haviam pisado no Brasil. Fazia parte do grupo de encenadores que deixara a Itália depois da guerra e colaborou na luta antifascista, no período de reconstrução democrática, junto do projeto de municipalização dos teatros, de inspiração nacional-popular, cuja referência mais conhecida foi o Piccolo Teatro di Milano, estabelecido em 1947, quando ele já estava no Brasil. O *slogan* do Piccolo, "teatro de arte para todos", ecoava um amplo movimento europeu de arte compreendida como direito público, como "serviço social".[9] Muito atento à cena brasileira, Jacobbi entendia que um teatro moderno brasileiro não se constituiria pela superação do atraso técnico em relação à produção dos países centrais do capitalismo; teria antes que ajustar contas com seu passado colonial, conhecer melhor as tentativas dramáticas pós-independência, num território cultural que recebeu o romantismo antes do iluminismo. Teria, enfim, que criticar a própria ideia de modernização quando ela não fosse antiburguesa, democrática e popular. Sua sensibilidade socialista, combinada a um conhecimento incomum

---

5 Cf. Fernando Peixoto, *Um teatro fora do eixo*, São Paulo: Hucitec, 1997, p. 26.

6 *Id., ibid.*, p. 50.

7 Uma das inspirações era o que vinha ocorrendo na Bahia, com o curso recém-criado e dirigido por Martim Gonçalves (cf. Fernando Peixoto, *op. cit.*, p. 116). Os textos sobre teatro de Abujamra e Peixoto foram publicados em jornais como *O Clarim*, *Folha da Tarde* e o suplemento literário do *Correio do Povo*, todos de Porto Alegre.

8 Cf. Fernando Peixoto, *op. cit.*, p. 51.

9 Sobre o trabalho de Ruggero Jacobbi no Brasil e na Itália, há dois estudos relevantes publicados no Brasil: *A missão italiana: histórias de uma geração de diretores italianos no Brasil*, de Alessandra Vannucci (São Paulo: Perspectiva, 2014), e o estudo de Berenice Raulino, *Ruggero Jacobbi: presença italiana no teatro brasileiro* (São Paulo: Perspectiva, 2002).

da arte clássica, oferecia uma visão poética e militante muito diferente daquela que se encontrava em toda parte, quando se discutia a modernização da cena brasileira.[10]

Quando chegou a Porto Alegre, Jacobbi trabalhava mais com cinema do que com teatro, após a saída do Teatro Brasileiro de Comédia (TBC), cinco anos antes, provocada pelas críticas internas a sua encenação da *Ronda dos malandros*, versão livre da *Ópera dos mendigos* de John Gay e da *Ópera dos três vinténs* de Brecht, retirada de cartaz de maneira abrupta. Em paralelo, atuava como orientador de alguns coletivos amadores – entre eles, o Teatro Paulista do Estudante –, procurando estimular a prática de um teatro popular e brasileiro politicamente empenhado. A passagem por Porto Alegre ocorreu, assim, num momento de contato regular com jovens politizados. Naquele mesmo ano de 1955, viajou à Itália, onde conheceu Bertolt Brecht.[11]

Em 1958, dois anos após a morte do poeta alemão, Jacobbi retorna a Porto Alegre para morar na cidade, onde orienta a implantação do curso de artes dramáticas, na mesma faculdade de filosofia onde fizera as palestras. Anos mais tarde, numa entrevista dada a Van Jafa, na qual menciona os anos do teatro estudantil em Porto Alegre, Abujamra relata que foi "o fundador do Teatro Universitário do Rio Grande do Sul e um dos mais ardorosos batalhadores para a formação do curso de arte dramática, na Universidade do Rio Grande do Sul, conseguindo a presença de Ruggero Jacobbi para dirigi-la".[12]

Graças a essa mobilização, o teatro épico se tornava um tema central do debate artístico na cidade, no mesmo período em que a companhia de Maria Della Costa, em São Paulo, com quem Jacobbi trabalhou por anos, preparava a estreia de *A alma boa de Setsuan*, com direção

---

10 Além de *A expressão dramática*, outras obras de Jacobbi publicadas no Brasil incluem: *Crítica da razão teatral: o teatro no Brasil visto por Ruggero Jacobbi* (org. Alessandra Vannucci, São Paulo: Perspectiva, 2005); *Goethe, Schiller, Gonçalves Dias* (Porto Alegre: Edições da Faculdade de Filosofia da Universidade do Rio Grande do Sul, 1958); *Teatro no Brasil* (São Paulo: Perspectiva, 2012).

11 Jacobbi encontrou Bertolt Brecht assistindo aos ensaios da montagem da *Ópera dos três vinténs* por Giorgio Strehler no Piccolo Teatro di Milano. Sentou-se ao lado de Brecht na plateia e lhe fez cinco perguntas, documentadas no artigo "Cinco perguntas a Bertolt Brecht", publicado na revista *Teatro Brasileiro* (n. 7, maio-jun. 1956) e reproduzido em Ruggero Jaccobi, *Crítica da razão teatral: o teatro no Brasil visto por Ruggero Jacobbi* (org. Alessandra Vannucci, São Paulo: Perspectiva, 2005, p. 218). No texto, Brecht, que gostava muito do trabalho de Strehler, comenta que seria preferível uma adaptação do texto mais condizente com a situação italiana daqueles anos pós-guerra.

12 Van Jafa, "Encontro com Antonio Abujamra (num intervalo de *Electra*)", *Correio da Manhã*, Rio de Janeiro, 5 mar. 1965, 2º Caderno, p. 2.

de outro italiano, Flaminio Bollini. As consequências disso são muitas. No recém-criado curso de artes dramáticas, o filósofo Gerd Bornheim se torna um jovem professor de teatro, trabalhando ao lado de Jacobbi. Anos depois, ele produz uma importante análise estética da obra de Brecht. Fernando Peixoto, após a mudança para São Paulo, converte-se no mais importante difusor do teatro épico no Brasil, dando sequência a um trabalho anterior feito por Anatol Rosenfeld, com influência direta no repertório do Teatro de Arena e do Teatro Oficina. E Luiz Carlos Maciel, pouco antes de sua guinada contracultural, foi o primeiro editor e tradutor dos escritos teóricos de Brecht, numa compilação famosa da Civilização Brasileira.

Apesar de participar da criação do curso em Porto Alegre, Abujamra não chegou a frequentá-lo. Em 1958, ele deixou a cidade, à procura de um trabalho profissional regular. Fernando Peixoto lamenta sua saída numa nota de jornal: "No final de dezembro, o teatro gaúcho fica desfalcado de um dos seus mais vibrantes e combativos animadores artistas: Antônio Abujamra embarca definitivamente para São Paulo".[13]

De Vilar a Planchon

Antes que pudesse se estabelecer em São Paulo, porém, Abujamra encontrou uma outra possibilidade de estudo, que iria aproximá-lo ainda mais da cena teatral de inspiração brechtiana. No mesmo ano de 1958, com o Teatro Universitário de Porto Alegre, ele apresentou a peça *A cantora careca*, de Eugène Ionesco, no Festival Nacional dos Estudantes do Recife, organizado por Paschoal Carlos Magno.[14] O prêmio de segundo lugar pela direção rendeu-lhe uma temporada de estudos de literatura em Madri. Essa viagem, tão importante em sua formação, não se limitou, contudo, aos bancos de escola de uma só cidade. Mal chegado à Europa, ele decidiu conhecer o sul da Espanha e perambular pelo norte da África, até retornar por Marselha, num percurso em que pôde tomar contato com várias culturas que podemos chamar de não dramáticas. Seu gosto pela palavra poética se ampliou, assim, no conhecimento de algumas formas de oralidade e teatralidade muito híbridas. Sabendo que o poeta João Cabral de Melo

---

13 Fernando Peixoto, *op. cit.*, p. 121.

14 O Primeiro Festival Nacional de Teatro do Estudante em Recife ocorreu entre os dias 19 a 29 de julho de 1958, organizado por Paschoal Carlos Magno. O Festival contou com a presença de dezenas de grupos de teatro estudantis e universitários de todo o Brasil. Cf. *Correio da Manhã,* Rio de Janeiro, 2 ago. 1958, 1º Caderno, p. 15.

Neto era cônsul em Marselha, Abujamra deu um passo ainda mais curioso: pediu acolhida no consulado, onde morou por quase um mês. Desse convívio com o grande poeta, aprendeu a importância da palavra não abstrata, que contagiou seu vocabulário poético: "Era indispensável ser concreto. Não tinha mais pra mim amor, paixão, saudade. Tinha cabra, pedra, João Cabral".[15]

Talvez pelo interesse comum na materialidade, João Cabral de Melo Neto conhecia bem a obra de Brecht. Sabia de sua enorme influência no movimento francês de descentralização teatral, ligado ao Théâtre National Populaire (TNP). Foi o poeta-cônsul quem conseguiu para Abujamra um estágio em Paris com bolsa de estudos, junto do mais importante líder desse movimento artístico, o diretor Jean Vilar, que desde 1951 estava à frente do TNP, instituição fundada em 1920 por Firmin Gémier. Vilar organizava, àquele tempo, um projeto de difusão cultural cujo objetivo era criar uma rede de teatros com repertório nacional e popular:

> Trata-se de trazer à parte mais viva da sociedade contemporânea, aos homens e às mulheres de tarefas ingratas e de labor, os encantos de uma arte da qual eles jamais deveriam ter sido privados, desde o tempo das catedrais e dos mistérios. Precisamos recolocar e reunir nas fileiras da comunhão dramática o pequeno lojista de Suresnes e o magistrado, o operário de Puteaux e o corretor financeiro, o carteiro dos pobres e o professor efetivo.[16]

Esse sonho de uma integração cultural desdobrava o ideal mais antigo de um Teatro do Povo francês, oriundo "diretamente das festas revolucionárias", difundido no início do século por Romain Rolland.[17] A novidade histórica, trazida pela reconstrução econômica do pós-guerra, era a possibilidade efetiva de um conjunto de teatros públicos associados ao TNP. Assim, em

---

15 Antônio Abujamra em entrevista ao programa *Caros amigos*, da TV PUC, São Paulo, set. 2001. Disponível em: <www.youtube.com/watch?v=kY-XJz70tIM>. Acesso em: 10 out. 2022.

16 Jean Vilar *apud* Jean-Pierre Sarrazac, *Crítica do teatro I: da utopia ao desencanto*, trad. Letícia Mei, São Paulo: Temporal, 2021, p. 57.

17 Romain Rolland *apud* Bernard Dort, *O teatro e sua realidade*, 2. ed., trad. Fernando Peixoto, São Paulo: Perspectiva, 2010, p. 385: "Que o palco, como a plateia, possa abrir-se à multidão, conter um povo e as ações de um povo". Ver também Romain Rolland, *Le théâtre du peuple, essai d'esthétique d'un théâtre nouveau*, Paris: Albin Michel, s.d.

bairros periféricos e pequenas cidades, foram instituídos teatros populares subvencionados pelo Estado, com o intuito de promover acesso à cultura por meio de um repertório ao mesmo tempo clássico e popular, algo que seria copiado em muitos países, inclusive o Brasil. Como consequência, surgiram também dissidências críticas em relação ao ideal integrativo de Vilar de uma união popular sem luta de classes, que encobria outras possibilidades de teatro de esquerda, como a de uma cena proletária que chegou a ter presença importante na França antes da guerra.

As apresentações em Paris da companhia de Brecht, o Berliner Ensemble, nos anos de 1954 e 1955, ampliaram a crítica estética ao movimento do TNP, cujo maior mérito era o deslocamento cultural do centro para a periferia, em busca de um novo pensamento para o teatro. Parecia necessária a configuração de novos modelos estéticos, além do simples contato com a cultura, e de novas formas de trabalho cultural. Brecht aparecia, assim, como uma inspiração nova, a ser imediatamente imitada, na medida em que oferecia modos de interação artística para uma sociedade dividida. Sua obra surgia, ainda, como modelo radical de desmontagem de um individualismo impresso na forma do drama: seu propósito era a demolição ideológica. A mais avançada frente de debates franceses sobre a obra de Brecht era uma revista notável chamada *Théâtre Populaire*, publicação até hoje insuperável e conduzida por intelectuais de primeira linha como André Gisselbrecht, Robert Voisin, Bernard Dort e Roland Barthes.

Abujamra chegou a Paris no momento mais agudo dessas discussões sobre a politização da forma nacional-popular e do teatro épico-dialético de Brecht. Sintonizado com a crítica emergente, ele logo se desinteressa do trabalho de Vilar. Diz mais tarde que ali faltava o humor necessário para uma arte que se quer popular.[18] Sai de Paris para Lyon e se muda para o distrito operário de Villeurbanne, para conhecer de perto o trabalho do mais importante jovem encenador da França de então, Roger Planchon, que dirige o Théâtre de la Cité.

Em torno de Planchon se reuniam artistas de vertentes variadas, gente que procurava aproximar experimentalismo, pensamento anticapitalista e comunicabilidade popular. Dramaturgos, músicos e cenógrafos atuavam entre a teoria e a prática, de modo coletivizado.

---

18 Antônio Abujamra, *Caros amigos*, op. cit.

O Théâtre de la Cité queria modificar a tradição modernista francesa – oriunda do Cartel, de Jacques Copeau – de um palco mais abstrato, depurado e vazio. Planchon, antes mesmo de conhecer Brecht, já praticava uma cena de sentido materialista, como escreveu Bernard Dort sobre seu *Eduardo II*, apresentado em Lyon-Charbonnières em 1953. Dort anota que o grupo tentava "combinar elementos funcionais, e não mais apenas decorativos, com materiais concretos, quase em estado bruto, que parecem arrancados da própria realidade imediata".[19]

Foi com Planchon que Abujamra aprendeu, como diz mais tarde, a fazer a *mise en scène*, a arte da encenação, fundada na *mise en place,* relativa à disposição cênica, à arte da ocupação do espaço, expressão que curiosamente se usa na gastronomia.[20] Definia ali seu gosto por marcações estilizadas, por deslocamentos estranhos, por um certo artificialismo nas marcações: o passo adiante do ator, antes da frase final, para intensificar o efeito emocional; o giro da atriz em torno do próprio eixo, durante uma fala. Esses movimentos, muitas vezes autoirônicos, tinham algo de paródias coreográficas das marcações do velho teatro do século XIX e foram depois muito praticados por Abujamra, numa combinação entre as estilizações ostensivas e o realismo crítico.

Foi também com Planchon que Abujamra conheceu a importância de uma compreensão gestual do teatro épico. O *gesto social* nasce das contradições entre o velho e o novo da história, de relações que são, ao mesmo tempo, individuais e coletivas. Configura um comportamento que é físico, social, relacional, conceito que está no centro da poética teatral brechtiana. O *gestus* é o encontro entre a realidade dramática da personagem e a atitude épica do ator, é a vivência das contradições, em processo dinâmico, mas também uma manifestação do artista que "mostra que mostra". A cena gestual toma partido com base nas contradições. Ela pode, assim, eventualmente, parecer ambígua, ou paradoxal, porque aproxima aspectos que a personagem não pode explicar por conta própria (muitas vezes inconscientes) e outros que o artista quer indicar.

Quando chegou em Villeurbanne, Abujamra acompanhou as montagens de *Henrique IV*, de William Shakespeare, e de *Almas mortas*, de Nikolai Gógol. A adaptação do romance de

---

19 Bernard Dort, *op. cit.*, p. 115.

20 Antônio Abujamra, *Caros amigos*, op. cit.

Gógol vinha sendo feita por um excelente dramaturgo politizado, que na juventude esteve ligado aos surrealistas, Arthur Adamov. Durante os ensaios, relata Abujamra, a equipe de Planchon notou que havia no elenco "um ator que não conseguia resolver uma cena". E foi Adamov quem observou que a razão da dificuldade estava no próprio método de ensaio, que enfatizava demais a dimensão demonstrativa do *gestus*. Adamov nota que ele não conseguia fazer a cena porque era um ator formado pela técnica de Planchon e que, portanto, estava habituado a apresentar ostensivamente a visão crítica sobre a personagem, um problema numa peça em que era preciso configurar antes a vivência realista do papel. Em concordância com Adamov, a equipe de Planchon sugere ao intérprete que atinja a dimensão narrativa somente após percorrer a ação dramática. Mas é Adamov quem oferece o exemplo mais nítido da importância de não julgar antes de compreender a personagem, de não comentar antes de constituir o objeto: "O capitão Ahab que persegue a baleia Moby Dick sabe que a Moby Dick tem uma transcendência metafísica. Se deus fosse um animal, seria a baleia. Entretanto, a baleia em si não sabe disso".[21] A sutil dialética entre o consciente e o inconsciente na relação ator-personagem é um dos elementos mais importantes do teatro épico.

Na cena épica praticada por Planchon, o palco é visto como dramaturgia. O ideal de uma *escrita cênica* orientava os trabalhos, para o que era necessário fazer uso de textos com mais de uma linha de ação, daí o recurso frequente a Shakespeare, com peças "infinitamente mais ricas em virtualidades teatrais".[22] Uma certa "traição" da matéria literária estava no centro desse projeto em que a teatralidade, tal como formulada por Roland Barthes, regia as preocupações da composição. Segundo Planchon, "o diretor precisa ser injusto com a escrita dramática para que possa construir algo a partir dela".[23]

Em meio aos artistas ligados a Planchon, Abujamra conheceu Arnold Wesker, dramaturgo que fazia parte do grupo chamado Angry Young Men, geração inglesa de escritores do drama social no pós-guerra, celebrizada por encenar o estrago e o sentimento de paralisia que

---

21 *Id., ibid*.

22 Bernard Dort, *op. cit.*, p. 63.

23 Roger Planchon; Bettina Knapp, "Théâtre de la Cité", *The Tulane Drama Review*, v. 9, n. 3, 1965, p. 190-3. Disponível em: <www.jstor.org/stable/1125054>. Acesso em: 11 out. 2022.

surgiam como contrafaces da expansão capitalista social-democrata. Wesker esteve próximo do trabalho de Planchon a partir de um contato no festival de Edimburgo.[24] E o primeiro espetáculo que Abujamra dirigiu quando voltou ao Brasil foi um texto dele – a peça *Raízes*, encenada em 1961 com Cacilda Becker.

A encenação de *Os três mosqueteiros,* de 1960, também acompanhada por Abujamra, exemplifica o teatralismo narrativo que estava em jogo. Arnold Wesker conta que Planchon, depois de muitos improvisos infrutíferos, pegou o romance e rasgou as páginas, distribuindo-as entre os atores, que passaram a encenar o texto de maneira narrativa e descritiva, tal como no romance. O resultado foi um sucesso cômico, com os atores vestidos com capas, segurando suas espadas e galopando em cavalos de cabos de vassoura. Um teatro épico *stricto sensu*, estruturado sobre o discurso narrativo: "Em um dos capítulos, o personagem diz algo como: 'Eu vou a Paris, vai levar três semanas até eu chegar lá'. E no momento seguinte ele diz: 'Três semanas se passaram, eu cheguei!'".[25]

Esse conjunto de possibilidades épicas, através dos deslocamentos estilizados, dos gestos sociais e da narratividade exposta, acompanhou por toda a vida o trabalho de Abujamra. Mais do que isso, a consciência da *teatralidade* se firmava em seu trabalho a partir do contato com a cena de Planchon. O reconhecimento escasso em torno da contribuição de Abujamra ao teatro no Brasil sempre destacou esse aspecto, a tentativa de "estabelecer entre nós um tipo de arte – a arte da direção, a do 'texto' da direção",[26] como se houvesse aí não muito mais do que uma transposição. Um crítico como Décio de Almeida Prado, identificado com a modernização despolitizada de Jouvet, reprovava nos anos 1960 a "má influência que Planchon exerceu sobre os diretores brasileiros", mostrando um desconforto com essa tendência de jogar *o teatro contra o drama*. Goste-se ou não do modelo, não foram poucos os encenadores brasileiros que foram a Villeurbanne como espectadores ou como assistentes, entre eles Flávio Rangel e Heleny Guariba (que estagiou com Planchon nos anos 1960). E, se ali estiveram, é porque procuravam algo mais do que a reprodução ou a simples negação do texto. Queriam, sim,

---

24 Arnold Wesker, "Roger Planchon's theater", *New Statesman*, 3 set. 1960.

25 *Id., ibid*.

26 Iná Camargo Costa, *A hora do teatro épico no Brasil*, São Paulo: Paz e Terra, 1996, p. 212.

compreender os caminhos possíveis para o teatro épico brasileiro, na medida em que nossa experiência com o drama social ainda era muito recente.[27]

O deslocamento seguinte de Abujamra foi conhecer a fonte alemã do "brechtismo" francês. Fez isso antes de voltar ao Brasil, em Berlim, em visita à companhia fundada por Brecht. No Berliner Ensemble, então dirigido por Helene Weigel, ele assistiu à mencionada remontagem da peça *A mãe* – adaptada do romance de Górki, com direção de Manfred Wekwerth, que reconstituía a encenação de Brecht de 1951 de uma peça que estreara em 1932. A atriz Helene Weigel seguia interpretando Pelagea Wlassowa, a mãe que se politiza para ajudar a militância de seu filho, ao compreender que ler e escrever também "é luta de classes". Sobre essa personagem, tal como criada pela atriz, Brecht escreveu muitos comentários, entre eles os versos famosos da "Busca do novo e do velho": "A astúcia da velha operária / que tira do mestre o seu saber / como uma mochila pesada, é nova / e tem que ser mostrada como nova".[28] Weigel dominava a arte da união contraditória entre o realismo e a poesia, entre o velho e o novo, e era capaz, como ninguém, de concretizar o gesto social de suas personagens por meio de detalhes variados, no modo de andar ou de se paralisar. Tornou-se uma referência para a visão de Abujamra sobre atuação.

Após a viagem à Alemanha, ele foi para a Inglaterra, onde acompanhou o trabalho de uma encenadora hoje pouco discutida, Joan Littlewood, que realizava em Stratford um trabalho equivalente ao de Planchon na França. Ela foi pioneira, no Reino Unido, na criação de espetáculos baseados em improvisação, com vistas a um teatro popular e politizado. Wesker foi quem os apresentou. Littlewood e Wesker tinham em comum a origem pobre, e àquele tempo compartilhavam o ideal de um teatro crítico ligado à classe operária, mas que não abrisse mão da pesquisa experimental. Em sua tentativa de contribuir para o projeto de Littlewood, Wesker observa que Planchon conseguira na França algo muito difícil na cena inglesa, um público majoritariamente de trabalhadores (65%, segundo Wesker), que enchia um teatro de 1.200 lugares todas as noites, porque o coletivo recebia do governo um apoio de 30 mil libras.

---

27 Sobre o assunto, ver Maria Lívia Nobre Goes, *Debaixo das ruas, em cima dos palcos: teatro e luta armada em São Paulo, 1968-1970*, dissertação (mestrado em Artes Cênicas) – Escola de Comunicações e Artes da Universidade de São Paulo, São Paulo, 2021.

28 Bertolt Brecht, "Busca do novo e do velho", em: *Poemas*, trad. Paulo Quintela, Lisboa: Asa, 2007, p. 286.

Antônio Abujamra e
Antunes Filho em Paris

Numa das viagens por ter ganho um prêmio de teatro, estava eu andando por Paris quando de repente ouço uma voz, "Antunes, Antunes", no meio de Saint-Germaine-de--Près. Eu olho, quem era? O Abu. O Abu me chamando. Aí ele me contou que estava feliz, contente, que no dia seguinte ia estrear em Paris uma coisa estupenda, a companhia do Berliner Ensemble do Brecht, e que iam fazer quatro espetáculos. Ah, entrei na boca, né? "Vamos nessa!" Fui nessa, eu e alguns outros amigos brasileiros, fomos todos pedir lá e conseguimos assistir os ensaios e os espetáculos todos naquele mês. Então, não tem prêmio maior do que esse que um amigo possa dar. Berliner Ensemble em Paris, só o Abujamra poderia me dar esse... prazer. Então fiquei muito grato a ele, porque me revelou a companhia que eu mais gostei até hoje na vida, que é o Berliner Ensemble. Um espetáculo estupendo. *Arturo Ui*, *Galileu Galilei*, *Mãe Coragem*, uma glória. Uma glória que o Abujamra tinha me proporcionado. Obrigado, Abujamra, por isso. Muito obrigado.

Antunes Filho
Diretor de teatro e de televisão

O Theatre Workshop de Joan Littlewood, em Stratford, por sua vez, recebia apenas mil libras do Arts Council em 1960. Uma cena politizada com atuação massiva dependia, portanto, de uma ação pública que a ajudasse a enfrentar o sistema cultural capitalista, algo muito difícil de ocorrer e que durou um breve tempo.[29]

O último momento do contato de Abujamra com o teatro épico europeu confirmava que o problema da cena crítica não era só de ordem formal. O que estava em jogo era também a necessidade de um outro *trabalho teatral*, que gerasse um palco capaz de repensar sua função social.

Assim que voltou a São Paulo, Abujamra pôs em prática seu aprendizado recente. Se não era possível realizar isso em todas as frentes, era ao menos importante mostrar novos padrões da dramática social de esquerda, tal como ele conhecera na Europa. A montagem de *Raízes*, de Arnold Wesker, peça de 1959 sobre a vida da classe trabalhadora do leste da Inglaterra, envolvia questões de linguagem e tradução, na medida em que o texto usava formas dialetais e gestos de trabalhadores da região de Norfolk. A estreia, no Brasil, foi em Santos, em maio de 1961, no Teatro da Independência, e em junho a montagem seguiu para São Paulo. Tinha como protagonista Cacilda Becker, que completava vinte anos de carreira naquele ano, e contava também com Lélia Abramo, Walmor Chagas, Fredi Kleeman, entre outros. Antes da estreia, Abujamra deu uma entrevista para o *Diário da Noite* em que ressaltou o fato de o autor ser socialista e a peça tratar de assuntos da classe trabalhadora. Explicou que Wesker fora cozinheiro e marceneiro antes de se firmar como

---

[29] Nadine Holdsworth, *Joan Littlewood*, Londres; Nova York: Routledge, 2006.

Lélia Abramo e Cacilda Becker em *Raízes*, 1961

dramaturgo e que *Raízes* dizia respeito às questões sociais mais importantes do Brasil, ainda que mostrasse aspectos da vida de lavradores ingleses.[30]

Nos termos da crítica de Décio de Almeida Prado, Abujamra procurou com o espetáculo, o tempo todo, interromper o fluxo realista, criando pausas longas e alterando, ocasionalmente, a convenção da "quarta parede", "obrigando a personagem principal a dirigir-se ao público".[31] A crítica de Van Jafa reclamava enfaticamente dessas "marcações postiças" do espetáculo. Por meio de um drama social, na mesma linha do maior sucesso de esquerda do tempo, *Eles não usam black-tie*, de Guarnieri, no Teatro de Arena, Abujamra expunha sua técnica épica e teatralista, algo que se ampliaria nos anos seguintes, no contato com dramaturgias de estrutura mais aberta.

Negação dramática em *José, do parto à sepultura*

Nos limites deste artigo, não é o caso de comentar os tantos espetáculos realizados por Abujamra na década de 1960, que constituem uma contribuição singular no campo do teatro épico brasileiro. Cabe apenas comentar alguns casos e registrar o quanto ele procurou trabalhar mais e mais com peças em que a dimensão popular ou classicizante, ligada ao Brasil ou ao passado pré-burguês da Europa, permitisse experimentos de uma *escrita cênica* autoral.

Um deles, produzido também em 1961, foi *José, do parto à sepultura*, montagem feita pelo Teatro Oficina a partir do texto de Augusto Boal, do Teatro de Arena. Os dois coletivos cênicos, os mais importantes da cidade naquela década, se encontravam num mesmo trabalho. Foi também o ano da profissionalização do Oficina e da inauguração de sua sede na rua Jaceguai, nº 520, onde estava antes o Teatro Novos Comediantes. Em 25 de agosto, Jânio Quadros renunciou, e as forças regressivas militares tentaram impedir a posse do vice, João Goulart, num prenúncio das tensões maiores de 1964. Mesmo decidido a seguir de maneira independente, o Oficina se alinhava com o espírito crítico do Arena, espaço onde atuou nos primeiros tempos. Do ponto de vista do jovem diretor, Abujamra, era a possibilidade de atuar próximo de coletivos politizados, com um texto cômico, brasileiro e contemporâneo, num espetáculo que confirmava sua profissionalização.

---

30 "Cacilda Becker vive em 'Raízes' o papel de uma jovem de 20 anos", *Diário da Noite*, São Paulo, 14 jun. 1961, p. 11.

31 Décio de Almeida Prado, *Teatro em progresso: crítica teatral (1955-1964)*, São Paulo: Martins, 1964, p. 205.

José, do parto à sepultura foi escrita como uma espécie de prolongamento da peça *Revolução na América do Sul*, obra de Boal ligada aos debates do seminário de dramaturgia do Teatro de Arena. Encenada um ano antes, foi a mais importante experiência épica do Teatro de Arena antes do golpe e uma das grandes inspirações para o teatro político do Centro Popular de Cultura (CPC). A figura central, tanto numa como noutra peça, é o Zé da Silva, trabalhador abobalhado, morto de fome, que não pode ser sujeito porque é um objeto inconsciente e ingênuo da exploração capitalista, reprodutor de ideologias dominantes, que sobrevive malandramente até onde isso é possível no Brasil. Em *Revolução na América do Sul*, o Zé da Silva é um pobre-diabo manipulado pelo populismo. Boal experimenta ali um retrato negativo, antidramático. O sofrimento não gera consciência nem movimento de superação, e sim reprodução da violência. Em *José, do parto à sepultura*, seu Zé da Silva tem uma ânsia ainda maior de se encaixar, de se adequar aos moldes que lhe são impostos, e mostra um comportamento mais destrutivo do que na outra peça. Ele trai, por exemplo, seus companheiros e dedura ao patrão o plano dos colegas de tomarem a fábrica. A peça encena também um militarismo estúpido que nunca saiu de cena na vida pública do Brasil. Um marechal das Forças Armadas, por exemplo, diz ao Zé da Silva:

> MARECHAL: José da Silva. De hoje em diante você está absolutamente proibido de pensar. Ao mais leve sinal do mais imbecil pensamento você será fuzilado. Não pense, José da Silva. Fique olhando a ponta do seu fuzil, e repetindo comigo: Devo obedecer. Devo obedecer. Devo obedecer.
> JOSÉ (*obedecendo*): Devo obedecer, devo obedecer...
> MARECHAL: Dois e dois, quanto são?
> JOSÉ: Antigamente eu acho que eram quatro, agora eu já não sei.
> MARECHAL: Ótimo. Eu sempre fui favorável às drásticas operações militares. Olha que belo exemplo. Soldado José da Silva, quem é o inimigo?
> JOSÉ: É todo mundo que o senhor mandar eu matar, nem que seja minha mãe.[32]

---

32 Texto de *José, do parto à sepultura*, consultado nos Arquivos do Instituto Augusto Boal.

Ao que tudo indica, a direção de Abujamra não apenas enfatizava a dimensão cômica e negativa do texto, mas procurava uma certa liberdade afirmativa típica, modelada por gêneros como o teatro de revista ou as entradas de circo, formas que tanto encantaram ao modernismo literário e que podiam gerar experimentos alegóricos ou épico-populares. Ele fazia uso de canções líricas e narrativas acompanhadas por coreografias feitas pelos atores. Roberto Ribeiro foi o diretor musical da montagem e transformou em música não apenas as letras previstas pela dramaturgia, que já eram muitas, mas também diálogos inteiros escritos por Augusto Boal. A sequência da inauguração da dentadura, por exemplo, foi musicada e apresentada em números dançados. Os títulos das canções são bastante sugestivos do clima geral da peça: "Canção da morte satisfeita", de Carlos Lyra, "Canção do reprodutor", "Canção de como se fabricar um cidadão perfeito", "Opereta da inauguração da dentadura", "Canção da apoteose de José" etc.[33]

Apesar da inventividade, a montagem não teve boa recepção, nem de crítica nem de público, tendo que ser substituída pela reprise da montagem anterior do Oficina, *A vida impressa em dólar*, de Clifford Odets, com direção realista de José Celso Martinez Corrêa, um dos grandes sucessos comerciais do início do grupo. O experimento com *José* deixou no grupo a sensação de um descompasso, de um trabalho de transição. O desajuste entre o projeto e o gosto do teatro de esquerda do tempo foi comentado mais tarde por Zé Celso, na ocasião da morte de Abujamra, quando publicou uma carta em que relembrava com entusiasmo o encontro em torno do texto de Boal: "Era novo, era magnífico. Mas, lembra? Ninguém foi assistir. O público, nesta época, era viciado em realismo, e a peça teve de sair de cartaz. Mas teve seu renascimento no 'Teatro de Entidades' de Oswald de Andrade no sucesso de *O rei da vela*".[34]

Zé Celso confirma, assim, que a montagem de Abujamra prenunciou um experimentalismo popular e alegórico que foi marcante na teatralidade posterior do Oficina, algo que provinha não só do antirrealismo farsesco do texto, mas da abordagem estilizada da direção,

---

33 A sequência dos títulos das canções do espetáculo foi retirada da crítica de Irene de Bojano, publicada no *Correio Paulistano* de 1º fev. 1962.

34 José Celso Martinez Corrêa, "Abujamra I love", *in: Blog do Zé Celso*, São Paulo, 28 abr. 2015. Disponível em: <https://blogdozecelso.wordpress.com/2015/04/29/abujamra-i-love/>. Acesso em: 19 out. 2022.

que transformava a peça numa espécie de burleta, imprimindo um desenho narrativo explícito nas atuações.

Numa entrevista para o jornal *Correio da Manhã*, de 1962, Abujamra procurava explicar os conceitos que orientaram sua direção, o de *gesto social* (o *gestus*) e a "procura do efeito de distanciamento", em alusão direta a Brecht.[35] Seu intuito foi apresentar em cena imagens praticáveis, aquelas capazes de mostrar o mundo como transformável. A sátira visava não ao reconhecimento confortável, mas ao incômodo diante do comportamento da cena, algo diverso do hábito da adesão ideológica.

Myriam Muniz, que se juntou ao elenco para substituir Etty Fraser, disse que *José, do parto à sepultura* usava a graça popular, "um jeito de teatro de revista, mas no fundo, a graça era arrasadora", porque a montagem soava negativa demais. E continua: "A personagem José não denunciava, nem protestava pela situação em que vivia. Ia aceitando e, ao aceitar, a peça fazia com que pudéssemos enxergar a destruição de mitos e valores, nos quais o pobre tanto acreditava: o *tipo inesquecível,* o *self-made-man,* a livre empresa". Ela sublinha que Abujamra tinha um intuito pedagógico com o trabalho: "Ouvi, na prática, pela primeira vez, a palavra *distanciamento*"[36]. O encenador buscava distinguir "o gesto social da realidade" e o fazia "na busca de uma cultura popular".[37]

Trabalho teatral no Decisão
Em 1962, Abujamra realizou o movimento necessário para que sua reflexão sobre o teatro épico não se restringisse a temas e formas, com a criação de um coletivo de trabalho. O Grupo Decisão foi formado naquele ano, com Abujamra ao lado de Antônio Ghigonetto, Lauro César Muniz, Sérgio Mamberti, Berta Zemel, Edgard Gurgel Aranha, Emílio Di Biasi, entre outros. Além da produção de um teatro socialmente engajado, o Decisão enxergava o teatro como parte de um conjunto de ações interligadas, como um coletivo de ação cultural de longo prazo. Ao lado do palco, uma frente editorial foi formada para publicar alguns dos

---

35 Em Van Jafa, "'O gesto social' e o 'Verfremdungseffeckte'", *Correio da Manhã*, Rio de Janeiro, 1º fev. 1962, 2º Caderno, p. 3.
36 Myriam Muniz *apud* Maria Thereza Vargas, *Myriam Muniz: o percurso de uma atriz*, São Paulo: Hucitec, 1998, p. 58-9.
37 Van Jafa, "'O gesto social' e o 'Verfremdungseffeckte'", *op. cit.*

"textos mais significativos da dramaturgia nacional e estrangeira",[38] no intuito de interferir no panorama teatral da cidade e contribuir para a formação de uma cultura teatral mais crítica. O grupo queria atuar fora da redoma teatral, vincular-se a outros trabalhos teatrais, com montagens associadas. Um exemplo disso foi *Antígone América*, primeira peça publicada em livro pelo grupo. O texto era de Carlos Henrique Escobar, dramaturgo e intelectual de esquerda, que Abujamra conheceu ao dirigir para a companhia de Ruth Escobar, recém-fundada. No elenco estavam alguns dos artistas que formaram o Decisão no final do mesmo ano, como Sérgio Mamberti e Emílio Di Biasi. Em janeiro de 1963, uma nota de jornal anunciava que, entre as próximas publicações da editora Decisão estava o *Pequeno órganon para o teatro*, um dos principais escritos teóricos de Bertolt Brecht, o que, muito provavelmente, seria feito com a colaboração de Luiz Carlos Maciel, que dirigira para o Teatro Universitário do Rio Grande do Sul, em 1957, *Os cegos*, de Michel de Ghelderode, com Abujamra e Fernando Peixoto no elenco.

O livro do jornalista Álvaro Machado sobre Ruth Escobar mostra que *Antígone América* fortaleceu os vínculos da atriz e de Abujamra com a esquerda paulista.[39] A montagem tinha números musicais compostos por Damiano Cozzella, colaborador do Teatro de Arena e integrante do Partido Comunista Brasileiro (PCB), e foi autorizada a ser encenada desde que sem a canção final – cuja letra era uma convocatória à revolução. O elenco tinha que finalizar o espetáculo em *bocca chiusa*, enquanto um cartaz descia do urdimento – uma ideia do Abujamra – com a frase "Letra censurada". Wolney de Assis refere-se a um "espetáculo quase geométrico",[40] em que Abujamra pedia que ele contracenasse de costas durante um diálogo com Ruth Escobar.

Sorocaba e Brecht
Sorocaba, senhor, a livre versão de Lope de Vega que lançou o projeto do Grupo Decisão, tinha mais de trinta atores em cena. Era uma montagem com elementos corais e fazia uso de um palco giratório, dividido em quatro planos. Abujamra adaptou a história de *Fuenteovejuna*,

---

38 Carlos Henrique Escobar, *Antígone América: peça teatral em dois atos*, São Paulo: Decisão, 1962, p. 6.
39 Cf. Álvaro Machado, *Metade é verdade: Ruth Escobar*, São Paulo: Edições Sesc São Paulo, 2020.
40 Cf. *id., ibid.*, p. 99.

sobre a revolta popular na Espanha pós-medieval, uma reação aos desmandos tirânicos da nobreza, com base em um caso análogo ocorrido em Sorocaba. No processo do espetáculo, ele fez diversas viagens à cidade, recolheu depoimentos, pesquisou em arquivos, o que gerou um texto que foi além da simples adaptação.

Durante os ensaios, o grupo procurou atuar não apenas como coletivo artístico, mas com ações de formação. No modelo do Teatro de Arena, Abujamra constituiu um seminário de dramaturgia e teve também a ideia de um seminário de direção.[41] Talvez no intuito de um diálogo sobre a diferença dos caminhos formais, o repertório do Decisão imita escancaradamente o do Teatro de Arena. Em 1963, na fase da "nacionalização dos clássicos", o Arena encenava *O melhor juiz, o rei*, de Lope de Vega; *Sorocaba, senhor* era uma adaptação do mesmo autor, no mesmo ano. Em 1961, o Teatro de Arena estreou, com direção de José Renato, a peça *Os fuzis da Sra. Carrar*, de Brecht; o Decisão montou o mesmo texto, com direção de Antônio Ghigonetto, ainda em 1963. E o *Tartufo*, de Molière, dirigido por Augusto Boal em 1964, foi também feito pelo Decisão em 1966, com direção de Abujamra. O sentido não dramático daquela cena clássica oferecia, por outro lado, aberturas a serem ocupadas por escritas cênicas e gestos de atualização e abrasileiramento. E a ideia de uma ação conjunta dos grupos teatrais fazia parte da escolha do repertório.

Programa de *Sorocaba, senhor*, 1963

---

41 Os seminários de dramaturgia do Arena são discutidos por Paula Autran em *Teoria e prática do seminário de dramaturgia do Teatro de Arena*, São Paulo: Dobra, 2015.

A divulgação de *Sorocaba, senhor* procurou explicar que estavam em jogo, na montagem, aspectos maiores do que a produção teatral.[42] Ela anunciava o funcionamento dos núcleos formativos, dos laboratórios de improvisação e das leituras públicas que visavam à preparação de um repertório futuro, além dos estudos sobre o teatro de Brecht. O grupo, após os ensaios de determinadas cenas, podia ocasionalmente realizar uma discussão aberta, com convidados, sobre os sentidos da cena e suas relações sociais. O projeto tentava dialogar com a tradição do teatro socialista europeu de promover debates públicos, colaborando para a formação cultural dos espectadores.

A encenação de 1963 aludia, do ponto de vista temático, ao risco da violência fascista que de fato veio a se instaurar com o golpe civil-militar do ano seguinte. Sérgio Mamberti conta que Abujamra criou cenas de tortura inexistentes no original e recorda que, quando os elencos do Arena e do Oficina foram assistir a *Sorocaba, senhor*, se espantaram com a visão pessimista da montagem, considerada sombria demais para 1963. Ao que Abujamra respondeu, dizendo que era justamente naquele momento – quando Jango se decidia pelas reformas de base – que, nas palavras de Mamberti, "as forças obscuras podem se manifestar outra vez. Então, é muito mais um alerta do que propriamente uma visão derrotista".[43]

O programa do espetáculo sintetiza o aprendizado épico do grupo e contém um resumo de sua compreensão do projeto de Brecht: "Provocar a negação de determinados conhecimentos adquiridos, negar justiças eternas, que nos são injustas, verdades estabelecidas que nos sejam mentirosas, conceitos seculares que nos pareçam frágeis".[44]

A peça seguinte foi *Terror e miséria do Terceiro Reich*, o primeiro Brecht dirigido e adaptado por Abujamra. A estreia se deu no Teatro Leopoldo Fróes em 12 de junho daquele mesmo ano de 1963. Era outro prenúncio do horror que chegaria ao aparelho de Estado brasileiro. O encenador, de acordo com Décio de Almeida Prado, encenou um comentário dramatúrgico paralelo à peça, no intuito de estabelecer elos entre os quadros. Dos 24 gestos originais, Abujamra

---

42 Mattos Pacheco, "Vem aí, 'Sorocaba, senhor'", *Diário da Noite*, São Paulo, 24 jan. 1963, 2º Caderno, p. 3.

43 Sérgio Mamberti, *apud* Marilia Loureiro, "O teatro irradia: a estreia de Sérgio Mamberti no Taib e outras histórias", *Nossa Voz*, n. 1.020, São Paulo, 3 abr. 2020, p. 58. Disponível em: <https://casadopovo.org.br/nossa-voz-1020/>. Acesso em: 21 out. 2022.

44 Cf. Berta Zemel, *Berta Zemel: a alma das pedras*, São Paulo: Imprensa Oficial do Estado de São Paulo, 2009, p. 208.

manteve 14. Glauce Rocha foi contratada e veio do Rio especialmente para a montagem, assumindo o papel de Judith, a mulher judia perseguida pela SS, em atuação que impressionou a crítica. Abujamra fez uso de gravações de áudio e de imagens filmadas na Alemanha nazista, cedidas por Marcos Margulies. A produção da peça era de Lauro César Muniz, Abujamra e Antônio Ghigonetto. Menos de um mês depois da estreia, a peça saiu de cartaz por falta de público. A crítica de Décio de Almeida Prado foi implacável com a encenação. Tendo no passado criticado Abujamra pelo excesso de submissão às teorias brechtianas, acusava-o agora de um déficit de dialética brechtiana, observação que atendia ao "capricho do crítico", em suas próprias palavras. Haveria na montagem um excesso de liberdade nos comentários cênicos sobrepostos ao drama, uma manipulação emocional do público em favor de uma mensagem direta demais, o contrário da racionalidade supostamente necessária:

> O texto de Abujamra visa precisamente o oposto: exaltar, instituir uma comunhão poética com o público. O emprego da música é elucidativo: ela é posta, no espetáculo do teatro Leopoldo Fróes, a serviço da pregação política direta, tendo como missão transmitir uma mensagem específica e simples: é necessário preservar a paz a qualquer custo.[45]

Segundo o crítico, Abujamra recai numa positividade ideológica e integradora, contrária à proposta crítica de Brecht: "É fácil, aliás, compreender o erro de Abujamra: o pacifismo é a mais fácil e sedutora tese política do momento, a única sobre a qual todos – ou quase todos – estão de acordo, desde os russos até os norte-americanos".[46] A observação de Décio de Almeida Prado sobre o risco da generalização não se ampara, contudo, em exemplos concretos do palco, o que não permite avaliar se o tema da crítica à omissão política foi de fato reduzido a um pacifismo emotivo e confortador.[47]

---

45 Décio de Almeida Prado, *op. cit.*, p. 265.

46 *Id., ibid.*

47 "O que Brecht fulmina não é a guerra, mas uma determinada guerra, a guerra de Hitler, vista do lado da Alemanha". *Id., ibid.*, p. 267.

A montagem subsequente do Decisão, *Os fuzis da Sra. Carrar,* com direção de Antônio Ghigonetto, mostra que o grupo não pretendia nenhuma neutralidade estética ou social. Realizada para dialogar com grupos militantes, e fora de ambientes de classe média, circulou por bairros periféricos e sindicatos. Com a história dramática de uma mãe que toma consciência da importância da participação na luta durante a guerra civil na Espanha, essa é a mais direta das peças de Brecht no que se refere à necessidade de tomar um lado na luta antifascista. Sua intenção fundamental era buscar um público "mais popular, não uma plateia de elite, intelectualizada", como disse Edgard Aranha sobre a experiência. Há registros de uma apresentação no Sindicato dos Ferroviários, onde os operários saudaram o espetáculo de pé e aos gritos.[48]

Na rua e no palco

A deposição de João Goulart em 1964 liquidou as possibilidades públicas de todo teatro político orientado pelo movimento social, sendo o caso mais emblemático o incêndio no prédio da UNE no Rio de Janeiro, provocado por paramilitares. Nos ambientes de classe média, contudo, algumas experiências de teatro crítico, politizado, puderam seguir seu curso anterior, sem maiores interações com plateias de trabalhadores.

Abujamra esteve ligado a uma exceção que perdurou graças ao esforços e às relações pessoais da atriz e empresária Ruth Escobar, que tentava implantar uma versão brasileira do Théâtre National Populaire. Desde 1963, ela coordenava o projeto de construção de um grande palco itinerante, disposto sobre a estrutura adaptada de um ônibus, um teatro que seria rebocado e levado pela cidade, para apresentações gratuitas. Esse projeto de um teatro móvel foi desenhado pelo cenógrafo Wladimir Cardoso e teve sua estreia dois meses depois do golpe, em 31 de maio de 1964, na praça da Sé. O texto encenado era *A pena e a lei,* de Ariano Suassuna, com figurinos operários e gestualidade estilizada, no padrão do *agit-prop* soviético, que entrava em atrito com a comicidade popular ibérico-brasileira.[49]

---

48 Edgard Gurgel Aranha *apud* Van Jafa, "Com o Grupo Decisão de São Paulo", *Correio da Manhã,* Rio de Janeiro, 3 maio 1964, 2º Caderno, p. 3.

49 O já citado livro de Álvaro Machado sobre Ruth Escobar tem excelentes descrições dessa e de outras colaborações entre Abujamra e Ruth Escobar.

Não se tratava, entretanto, de um movimento livre. O apoio de um governador conservador como Ademar de Barros e a sustentação econômica de empresas controladas por notórios militantes anticomunistas – num conjunto de relações ambíguas mantidas por Ruth Escobar para viabilizar seus projetos – permitiram que essa montagem "nacional e popular" chegasse aos bairros distantes e se apresentasse na penitenciária do Estado. Mas o novo quadro político redirecionava e canalizava as energias da pesquisa épica em movimento. A qualidade estética que Abujamra imprimiu num espetáculo como *A pena e a lei* era exemplo de uma cena épico-crítica, decorrente do acúmulo histórico dos anos anteriores, mas ela chegava ao público mediada pelo aparato técnico e institucional de um projeto associado ao Estado conservador.

Era preciso, porém, seguir trabalhando. Seu primeiro espetáculo num teatro comercial depois do golpe foi *The Caretaker*, traduzido como *O inoportuno*, um texto realista de Harold Pinter, também da geração dos Angry Young Men. Estreou em São Paulo e foi refeito para uma temporada no Rio de Janeiro. A crítica, novamente, foi muito agressiva. Décio de Almeida Prado e Barbara Heliodora acusam Abujamra de "brechtianizar" uma peça pouco política. Por outro lado, registram os procedimentos formais utilizados: as trocas de cenário feitas a meia-luz com as cortinas abertas, algo que os espantava na época; uma tabuleta que Abujamra inseriu numa cena, com o intuito de distanciar o drama, mas que, para os críticos, soava como formalismo vazio. Fauzi Arap participou da montagem e Sérgio Mamberti ganhou por ela o Prêmio Saci de melhor ator coadjuvante. Nos anos 1990, Abujamra se lembraria dela como a peça em que a crítica – apesar das excelentes atuações, cenários e marcações – só teve olhos para a placa que descia com a legenda "Londres, 1963, no Ocidente".

Numa peça da Companhia do Latão, uma personagem observa que "não tem cena épica, se as ruas não são épicas".[50] As dificuldades do trabalho crítico e politizado durante o período da ditadura devem ser consideradas a partir dessa dialética difícil entre o movimento das ruas e o da cena. É significativo, diante disso, que a peça de maior impacto do Grupo Decisão tenha sido uma tragédia ateniense, *Electra*, de Sófocles, que estreou em junho de 1965. Foi encenada no Rio de Janeiro, com um elenco de artistas de origens variadas, Glauce Rocha novamente, Margarida Rey, grande atriz trágica, Sérgio Mamberti, Emílio Di Biasi, Carlos Vereza e outros.

---

50 Sérgio de Carvalho, *Lugar nenhum*, São Paulo: Temporal, 2019, p. 25.

Yan Michalski fez uma breve entrevista com Abujamra na ocasião da estreia, em que a relação entre o teatro épico e os clássicos é discutida a partir da necessidade de enfrentamento da injustiça, citando um texto de Brecht, inserido no programa do espetáculo:

> A eterna e moderna posição assumida é sempre o homem em luta. [...] A frase de Brecht inserida no programa era uma constante: Se nos deixarmos intimidar por uma concepção falsa, decadente, pequeno-burguesa do classicismo, nunca chegaremos a dar representações vivas e humanas das grandes obras clássicas. Para demonstrarmos o respeito que elas realmente merecem, é preciso desmascarar esse respeito hipócrita que só as servem da boca para fora. [...] A eterna e moderna posição assumida é sempre o homem em luta.[51]

A montagem, que se tornou a direção mais influente de Abujamra naquela década, extraía seu seu sentido formal da lembrança de uma liberdade democrática perdida: "Quando termina a democracia na Grécia, terminam os grandes autores. Quero dizer: quando os países entram em ditadura ou equivalente no terror, começam a entrar em decadência".[52]

A regressão histórica tornava-se tema obrigatório de reflexão, ainda que seguisse forte a hegemonia cultural da esquerda nos ambientes da classe média intelectualizada. Diante da pergunta sobre se houve na encenação uma tentativa de atualização da tragédia, Abujamra dá seu ponto de vista: "Sempre tínhamos em vista a grandeza popular do autor".[53]

Mesmo sendo, do ponto de vista técnico, a obra mais perfeita de Abujamra, a crítica de Décio de Almeida Prado seguia na torre de defesa do texto dramático, fosse ele qual fosse, contra os excessos do teatralismo épico: "É um encenador que tem uma excelente visão plástica, fugindo dos efeitos comuns. Mas não resiste à tentação de brilhar, de aparecer em primeiro plano. [...] Faz não raro o contrário do que as palavras estão dizendo, deslocando-se

---

51 Yan Michalski, "Electra, a visão do diretor", *Jornal do Brasil*, Rio de Janeiro, 24 mar. 1965, Caderno B, p. 2.

52 *Id., ibid.*

53 *Ibid.*

o centro de atenção do texto para os atores. O que importa são os gritos do coro, os efeitos vocais, os gestos marcantes e teatrais dos intérpretes".[54]

Sem interesse em interpretar a *escrita cênica*, em avaliar sua eventual dimensão politizante, Décio percebia apenas um formalismo que, se estivesse de fato ali, também apareceria ao lado de uma montagem politizada a ponto de gerar a lenda de que havia um novo autor comunista chamado Sófocles. Mesmo João Apolinário, crítico português simpatizante de manifestações politizadas, e que elogiou muito a montagem, advertia que a beleza plástica do coro resulta em "petrificação" de personagens, obrigadas a esperar "heroicamente" para entrar em cena.[55]

Abujamra, não apenas para a crítica teatral de seu tempo, naqueles anos de formação, era alguém com quem era preciso dialogar, ainda que fosse "para quase sempre discordar", como escreveu Décio de Almeida Prado.[56] Não foram poucas as razões para isso, mas é certo que se ligavam a sua independência pessoal e também a sua posição intransigente em relação a uma poeticidade da cena. O que mais incomodava a crítica – o deslocamento "do centro de atenção do texto para os atores", que faz "o contrário do que as palavras estão dizendo" – gerava a especificidade de seu estilo. A seu modo, fazia um teatro épico da ordem da contradição.

Resistência poética
Por toda a vida, em inúmeros trabalhos, Abujamra desenvolveu os procedimentos experimentados em seus anos de aprendizagem. Fez um espetáculo atrás do outro, sendo muitos simultâneos naquela década, e participou de projetos inventivos com Cleyde Yáconis ou, ainda, com o Teatro Livre de Nicette Bruno.

---

54 Décio de Almeida Prado, "Electra", em: *Exercício findo: crítica teatral (1964-1968)*, São Paulo: Perspectiva, 1987, p. 72 (Coleção Debates).

55 Maria Luiza Teixeira Vasconcelos (org.), *A crítica de João Apolinário: memória do teatro paulista de 1964 a 1971*, v. 2, São Paulo: Imagens, 2013.

56 Décio de Almeida Prado, *op. cit.*, p. 266. Rodrigo Morais Leite observa essa divergência em *A (moderna) historiografia teatral de Décio de Almeida Prado*, tese (doutorado em Artes Cênicas) – Instituto de Artes da Universidade Estadual Paulista Júlio de Mesquita Filho, São Paulo, 2018.

Cleyde Yáconis em *A rainha do rádio*, 1976

O fim desse ciclo formativo, em que o teatro épico foi a orientação fundamental, se deu quando a possibilidade de uma melhoria coletiva, mesmo que ilusória, foi paralisada: "A gente teve uma determinada coerência, uma determinada unidade, até 1968. [...] O AI-5 [...] atrapalhou tudo, a cabeça da gente despirocou".[57] Sobre a chegada desse tempo morto, ele comenta: "Quando veio o Ato Institucional, eu virei uma puta [...], não queria perder o meu *métier*, a minha capacidade de fazer".[58]

---

57 Antônio Abujamra em trecho de palestra realizada no I Seminário de Direção Teatral, São Paulo, 1986. Disponível em: <http://issocompensa.com/videos/abujamra>. Acesso em: 22 out. 2022.

58 *Id.*, *Caros amigos, op. cit.*

A ditadura em sua fase mais violenta apressava o que o capitalismo atual faz de modo mais técnico e sem alarde, a desorganização de seu contrário, a cooptação dos impulsos de rebelião. Ela obrigava a que cada um se restringisse à condição de mercadoria e abandonasse o inconformismo radical. A frase estampada nos plásticos dos automóveis que definia a época nacional era: "Brasil, ame-o ou deixe-o". Não havia mais jeito, dali por diante, de trabalhar em conjunto, de modo livre. O nefasto AI-5 – defendido até hoje pelos fascistas no poder e fora dele – exterminava ou pulverizava o movimento cultural. Liberava a violência estatal havia tempos praticada contra populações pobres, periféricas e negras. Com todas as diferenças que havia entre os artistas daquela geração – diferenças de gosto, de estética, políticas –, até ali tinham sido possíveis diálogos, divergências, uma influência mútua, porque todos se aproximavam no desejo de mudar o lugar social da arte. Eram práticas diversas em torno de ideias comuns que hoje parecem superadas – como cultura popular, povo, socialismo – em meio a uma disputa simbólica em torno de uma *comunidade imaginada* chamada Brasil. Apesar de discutíveis ou provisórias, foram ideias usadas como meios para um trabalho concreto, de mobilização combativa, por uma vida mais igualitária. Porque, afinal, se trata disso o que se chama teatro épico.

E que teatro é hoje capaz de se autodeterminar daquele jeito? Que teatro é capaz de moldar as instituições culturais e não ser moldado por elas, de não capitular diante da lógica dos eventos? A experiência de Antônio Abujamra com o teatro épico tem a ver com esse movimento histórico maior, interrompido em 1968, e que só pôde ser retomado, de um modo bem diferente, nos anos 1990. A criação do grupo Os Fodidos Privilegiados foi uma tentativa provisória dessa retomada. Ali ele aplicou todo o seu conhecimento e inventividade épica, num tempo de dificuldades maiores, que vão além da cultura.

E se olhamos hoje com alguma nostalgia para essa experiência antiga, isso ocorre apenas pelo desejo de reinventar o futuro. Na fotografia de Helene Weigel em *A mãe*, trazida por ele do Berliner Ensemble e dada de presente ao diretor da Companhia do Latão em 1998, havia uma dedicatória no verso, escrita à mão: "Para Sérgio – saber que viver e não morrer, fazem dois! Abujamra".

Mudar o mundo!
Romper com tudo, absolutamente tudo que pareça abstrato.
Um teatro concreto, onde as palavras não deixem dúvidas sobre o que elas querem dizer.
E aí, sim, idolatrar a dúvida.
Fazer um teatro fundamentalmente marginal – ninguém tira a liberdade do artista. O artista pode dizer o que quiser. Os políticos, não.
Assim, seremos muito mais políticos.
Mudar o mundo, mudar a vida.
E voltarmos a Brecht.
E por que não voltar, se o mundo continua indo cada vez menos Drummond, menos Mário e Oswald de Andrade, menos Darcy Ribeiro, menos o maior de todos que é João Cabral de Melo Neto?

ANTÔNIO ABUJAMRA
sobre o ciclo de estudos e leituras públicas de Brecht
que aconteceu no Rio de Janeiro com Os Fodidos Privilegiados

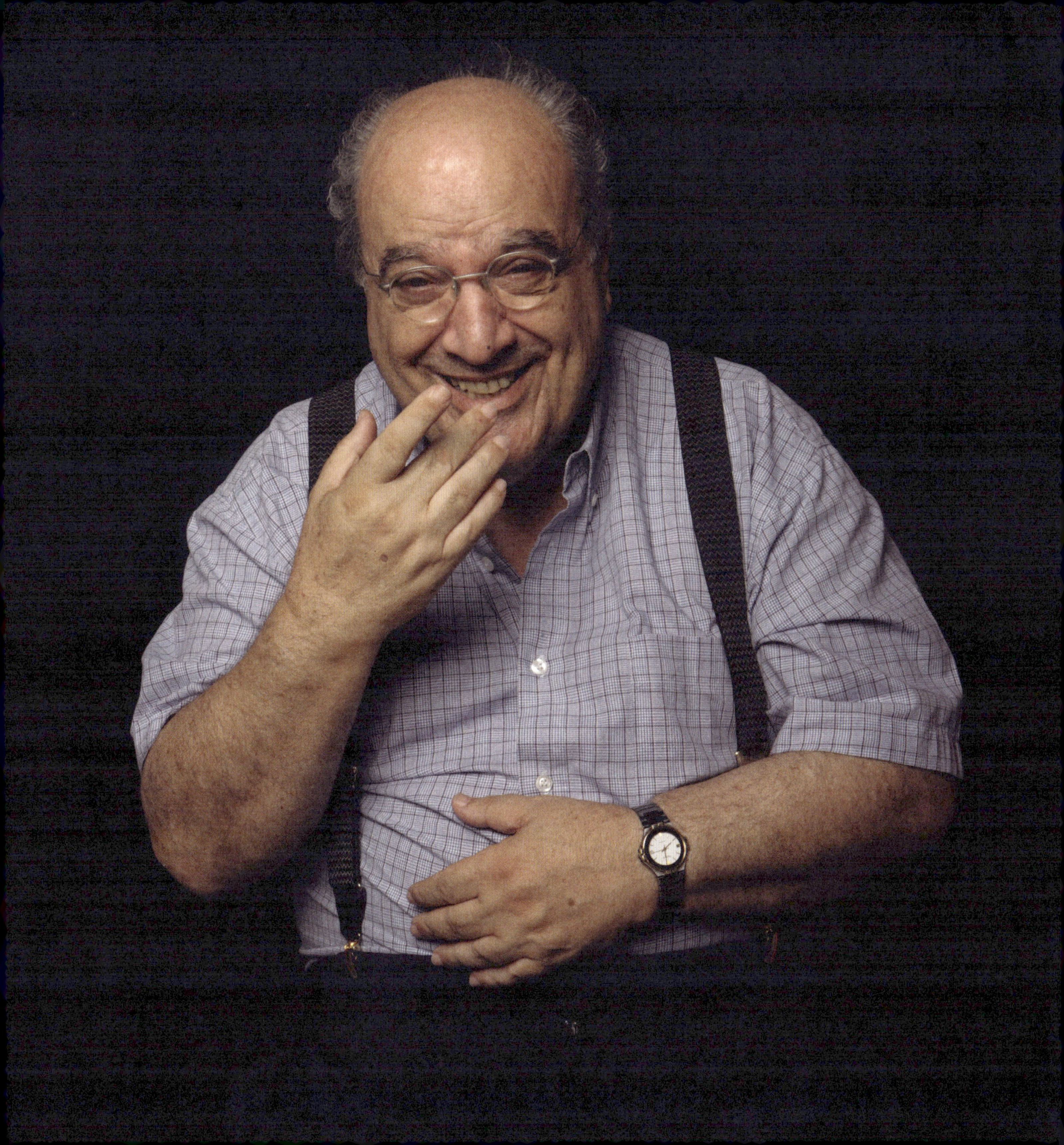

Partir! Não importa pra onde
Essa era uma das máximas do Abujamra. Adorava viajar, se desconectar do cotidiano medíocre em que, de tempos em tempos, nos vemos afogados. Na verdade, era uma forma que ele encontrava para nos alertar dos seus voos e pensamentos mais profundos. Abu, como era carinhosamente conhecido por todos que, como eu, tiveram a incrível oportunidade de com ele trabalhar, era uma pessoa irrequieta, que se "jogava constantemente no precipício, sem redes de segurança", como costumava dizer. No seu fazer diário no palco, na vida, na televisão e no cinema, no seu amor por Belinha, por Alexandre e André, ou por qualquer um que muitas vezes tinha acabado de conhecer, ele a todos abraçava e protegia com seu coração maior do que o mundo que nos cerca.

    No começo dos anos 1980, Abujamra me levou até o terreiro Axé Ilê Obá, no Jabaquara, e lá fomos recebidos por Caio Egydio de Souza Aranha, mais conhecido como Pai Caio de Xangô. No meio da conversa, percebi que buscávamos a posse do Teatro Brasileiro de Comédia, que se encontrava nas mãos daquele babalorixá de nome aristocrático. Pouco tempo depois, lançamos o Projeto Cacilda Becker de teatro de repertório, reunindo Antonio Fagundes, Beth Goulart, Wanda Stefânia, Edney Giovenazzi, Clarisse Abujamra, J. C. Serroni, José Antônio de Souza e muitos outros. O TBC ressurge então na cena teatral brasileira, com sua sala principal, a menor no subsolo e o Assobradado. Nesse período, são montadas O *Hamleto*, de Giovanni Testori; *Um orgasmo adulto escapa do zoológico* e *Morte acidental de um anarquista*, de Dario Fo; *O senhor dos cachorros*, de José Augusto Fontes; *A serpente*, de Nelson Rodrigues; *Quem tem medo de Itália Fausta*, entre tantas outras. O espaço se transforma numa usina de experimentação. Lembro da maestria do Abu regendo todas as nossas inquietações. Um dia, ele chega com Peter Brook, que passa uma tarde vendo tudo aquilo, meio encantado, meio abismado.

    Repentinamente, Abujamra se transforma num grande ator, num intérprete de si mesmo. Fez isso para "caminhar ainda mais no incerto" e por este mundo "cada vez mais feio". Não se importava com o sucesso ou com o fracasso (segundo ele foram mais de cem), pois tanto um quanto o outro são "impostores". Com suas provocações, acabou por ocupar um espaço muito particular na televisão, um lugar sempre visto por ele como um "eterno rascunho".

    Sobre a ideia da nossa própria decadência, da morte, aprendi com Abu que viver é morrer e não devemos nos arrepender de nada.

Hugo Barreto
Diretor-presidente do Instituto Cultural Vale, ex-sócio e parceiro de Antônio Abujamra

Conta João Carlos Martins, na época secretário de Cultura de São Paulo, que um dia, quando estava estudando piano em seu gabinete, a porta de repente se abriu e, sem ser anunciado, Abujamra entrou com aquele seu jeito que ocupava logo o espaço todo onde quer que estivesse ou chegasse.

Abujamra: "Eu era diretor do Teatro Brasileiro de Comédia. Só que eu não tinha dinheiro e tinha quatro salas funcionando. [...] Aí o que aconteceu? O dono do prédio disse que ia tirar a gente de lá e abrir um supermercado. Então eu, com a minha astúcia, com a minha canalhice, com a minha sem-vergonhice – como ser artista num país tão trágico como o Brasil? –, eu peguei todos os documentos do TBC, tudo que tinha feito no passado e falei: vou falar agora com o Secretário da Cultura. Peguei os papéis e fui até ele. 'Peraí, não pode entrar, ele está ocupado... não, não.' Eu falei: 'Vou entrar. Foda-se'. Abri a porta do gabinete e ele estava tocando piano com as duas mãos, Bach... Eu entrei, sentei numa cadeira ao lado dele, fiquei esperando uma pausa e disse: 'Pode continuar a tocar com a esquerda e, por favor, assine com a direita. Isto aqui é o tombamento do Teatro Brasileiro de Comédia. Se você não assinar, o Teatro vai virar um supermercado'. Ele assinou e o TBC está aí".

Muita coisa aconteceu com o TBC depois disso. Muitos artistas estão hoje trabalhando para que volte a ser um espaço ativo.

João Carlos Martins apud Ricardo Carvalho,
*Maestro! A volta por cima de João Carlos Martins
e outras histórias* (Gutenberg, 2015)

Emílio Di Biasi e Miguel Magno em *O Hamlet*, 1984

ABUJAMRA E O PROJETO DO TBC NOS ANOS 1980

Antonio Herculano

Há algum tempo, minha amiga e companheira de jornada Marcia Abujamra me perguntou se eu não me dispunha a preparar um texto que reconstituísse o período em que Antônio Abujamra ficou à frente do Teatro Brasileiro de Comédia e, em particular, a nossa experiência com o Núcleo de Repertório TBC. Ela me alertava, no entanto, que não queria um depoimento pessoal, do tipo "Abujamra e eu", mas algo informativo, que trouxesse o conjunto das iniciativas, as pessoas envolvidas e tudo mais com que eu pudesse contribuir. Como historiador que me tornei depois da aventura teatral dos anos 1970 e 1980, sabia que não teria tempo e nem condições para fazer uma pesquisa histórica cuidadosa, indo para além da memória pessoal. Por outro lado, não podia deixar de participar de uma iniciativa que homenageasse nosso querido tio Tó (o pronome em primeira pessoa aí é devido ao afeto, não a laços de sangue).

O texto que segue, então, é um misto de memórias, considerações e informações colhidas sobretudo nos meus arquivos pessoais. Procuro, por um lado, satisfazer a demanda da Marcia, sabendo, por outro, que me seria impossível não cair, um pouco que fosse, no "Abujamra e eu". Nesse sentido, começo meu relato pela chegada, em 1982, de um certo grupo brasiliense a São Paulo, a convite de José Celso Martinez Corrêa, e de por que vias fomos parar nas mãos do Abujamra. Faço uma pequena incursão em período que não vivenciei diretamente – os anos de 1980 e 1981 – por causa da importância que teve o Projeto Cacilda Becker, que nos precedeu. E, ao final da experiência do que tecnicamente foi o Núcleo de Repertório TBC, acrescentei uma "coda" sobre o esforço que mantivemos por um tempo para prolongar a vida do projeto e do grupo, que passou a se chamar Trep – Teatro de Repertório. Tenho consciência de que naquele momento o Abu, como carinhosamente o tratávamos, procurava fazer uma passagem de bastão. E que eu, me sentindo incapaz, acabei buscando novos caminhos para a minha vida.

*

No início dos anos 1980, o Brasil respirava uma atmosfera de expectativa de que a famosa "abertura lenta, gradual e segura", prometida pelos militares, estivesse por fim ocorrendo. No final da década anterior, os movimentos sociais haviam retornado à praça pública e os anos 1970 terminaram com a concessão da anistia e o retorno ao pluripartidarismo. Na área da cultura, também o ar era mais leve. Se a censura permanecia, o medo começava a se esvair. No teatro, havia um certo frenesi de grupos jovens. A palavra de ordem era o coletivo, como a antecipar a nova sociedade por vir, e a estratégia mais habitual era a criação coletiva. A palavra havia perdido sua centralidade, com a (re)descoberta do corpo, Artaud em lugar de Brecht.

Quando cheguei a São Paulo em 1982, com o Grupo Pitu (grupo de dança-teatro de Brasília, dirigido pelo uruguaio Hugo Rodas), a cidade já contava com a sua Cooperativa Paulista de Teatro, que reunia essa juventude em busca de alternativas ao empreendedorismo comercial. Mas, se éramos mais um desses grupos jovens, nossa mudança de sede se devera a um diretor da geração anterior. Três grandes nomes em atividade na cidade, vindos de antes da ditadura, contavam com o respeito dos novos, e tendo atravessado os tempos sombrios com obras que ousavam explorar os limites então impostos: José Celso Martinez Corrêa, Antunes Filho e Antônio Abujamra. Zé Celso, o mais dionisíaco dos três, se encantara com o talento de Rodas e seu grupo e os convidara para integrar a pretendida montagem de *O homem e o cavalo*, de Oswald de Andrade, com que tinha a intenção de reabrir o Oficina, depois de um longo exílio autoimposto.

O Oficina, no entanto, estava totalmente envolvido em sua luta para sobreviver ao assédio de Silvio Santos, que queria botar o teatro abaixo e expandir a sede de sua empresa na rua Jaceguai. Abu, por seu lado, que desde fins de 1979 estava na direção artística do TBC, enfrentava resistências em virtude dos parcos resultados financeiros de sua atividade teatral, com a ameaça inclusive (segundo ele próprio alegava) de que o espaço fosse cedido para um supermercado.[1] Dos três "monstros sagrados", o único que tinha uma situação

---

[1] As informações que temos não são claras e, às vezes, são contraditórias. Cida Taiar, em matéria para a *Folha de S.Paulo*, diz que Abujamra teria adquirido o controle acionário do TBC em 1979. Isso seguramente significava o controle da empresa que fazia a exploração artístico-comercial do prédio, a Sociedade Brasileira de Comédia, não necessariamente a propriedade do edifício. É possível que um proprietário, com quem a empresa mantinha relação contratual, fosse a fonte das pressões por resultados financeiros. Ver Cida Taiar, "Novo projeto para um TBC sem fantasmas", *Folha de S.Paulo*, São Paulo, 12 abr. 1981, Ilustrada, p. 50.

estável a lhe permitir criar livremente era Antunes Filho, que, com o enorme sucesso obtido com o seu *Macunaíma*, em 1978, tinha garantido o apoio do Sesc para criar o Centro de Pesquisa Teatral (CPT), naquele mesmo ano de 1982. Abu, mais safo do que Zé Celso nas coisas práticas, conseguiu próximo ao final daquele ano o tombamento estadual do TBC, garantindo que não poderia ser mudada a sua destinação. Mas o desafio de tornar o espaço autossustentável permanecia.

À diferença do que acontecia com José Celso no Oficina (que tinha um teatro dele próprio) e Antunes (com a garantia do Sesc), Abujamra não se propôs a uma utilização do TBC voltada para o seu trabalho, mas a algo coletivo e de muita ambição, para o que mobilizou uma grande quantidade de autores, diretores, atores, cenógrafos, figurinistas e outros profissionais da cena. O Projeto Cacilda Becker,[2] por ele desenhado para a ocupação do TBC, previa uma companhia de repertório com sete peças de autor nacional, uma para cada dia da semana, um "parque de dramaturgia" que resultasse na escrita de 15 novas peças, 26 leituras dramáticas, seminários sobre teatro, uma mostra sobre cenários e figurinos do TBC "histórico" (1948-1964) e atividade editorial. Para tanto, Abu conseguiu apoio da Secretaria Estadual de Cultura e da TV Cultura (onde trabalhava), que garantiriam a produção de cenários e figurinos – a parte mais custosa, se levarmos em conta que os artistas envolvidos estavam dispostos a nada receber, caso não houvesse lucro.

O projeto começou oficialmente em janeiro de 1980 e enquanto esteve ativo, até o final de outubro, conseguiu realizar apenas uma fração de seus objetivos – e conseguiu muito! O teatro de repertório ocupou a sala do porão (Arte TBC, então chamada de Sala Alberto D'Aversa) e montou três espetáculos: a partir de janeiro, *Oh, Carol*, escrito e dirigido por José Antônio de Souza, com Wanda Stefânia, Beth Goulart e Paulo Guarnieri; a partir de março, *Arte final*, de Carlos Queiroz Telles, dirigido por Leda Senise, com Antonio Fagundes, Clarisse Abujamra e Edney Giovenazzi; e, a partir de junho, *O senhor dos cachorros*, de José Augusto Fontes, dirigido por Hugo Barreto, com o mesmo elenco de *Arte final*. Com as três peças em cartaz, cada uma ocupava dois dias da semana teatral (que excetua as segundas-feiras).

---

2 Para informação mais detalhada dos registros que nos ficaram do Projeto Cacilda Becker, ver ao final deste artigo o anexo "Projeto Cacilda Becker no TBC – um teatro de repertório", pesquisa de Roberta Carbone, sob orientação de Marcia Abujamra.

O Projeto Cacilda Becker teve muita coisa, muita atividade, muito papo, muita palestra, leituras dramáticas... eu me lembro que fiz um *Hamlet* dirigido pela Barbara Heliodora, a plateia lotada, a gente começou a movimentar o TBC. Mas esse movimento ficou meio capenga porque os espetáculos não fizeram sucesso. A gente tinha uma média de 10, 15 pessoas por sessão e aquilo era uma tristeza pra nós, porque acreditávamos [nessa proposta]. O repertório no Brasil só deve ter funcionado na época do TBC; acho que depois do TBC nenhuma companhia conseguiu fazer. Eu consegui depois, com a Companhia Estável de Repertório, mas de outra forma, não era cada dia uma. [...] Lembro que quando montei a companhia a gente fazia aqueles bate-papos com a plateia, e esses bate-papos começaram no Projeto Cacilda Becker. Foi muito interessante isso, porque aconteceu o seguinte. Vinham dez pessoas por dia, e eu falei: 'Porra, o que está acontecendo? Eu gosto tanto desses espetáculos, eles são tão diferentes um do outro, tem uma coisa mágica aí que é o repertório, você ver os mesmos atores no dia seguinte fazendo uma coisa radicalmente diferente, com composições diferentes, cenários diferentes, direções diferentes, isso tinha que ser estimulante'. Então eu falei: 'Vamos perguntar pra quem vem, né?'. A gente terminava o espetáculo ensopados, literalmente ensopados, porque não tinha ar-condicionado; a gente nem ia trocar de roupa porque sabia que, se fosse trocar de roupa, daqueles dez, sete iam embora. Então, pegávamos o público no susto; acabava o espetáculo, a gente dizia: 'Peraí, vamos conversar um pouquinho'. E sentava ali no palco, com as perninhas pra fora, o público assustadíssimo, porque também ficavam com vergonha de levantar e ir embora. Mas aí começamos a perguntar pro público o que estava acontecendo... Eu queria entender pra quem a gente estava fazendo aquilo.

Antonio Fagundes
Ator e produtor

Do que se chamou "parque da dramaturgia" restaram poucos registros sobre o quanto de fato se realizou. Os encontros semanais iniciados em fevereiro envolveram, entre outros, Renata Pallottini, Timochenco Wehbi, Bruna Lombardi e o mencionado José Antônio de Souza. O ciclo de leituras dramáticas, iniciado a 7 de abril, sempre às segundas-feiras, focando sobretudo em autores clássicos, realizou ao menos 5 das 26 pretendidas. Também em abril começaram os seminários, aos sábados, voltados para a formação de jovens profissionais, com temas como dramaturgia, história do teatro e outros aspectos da arte cênica. Os registros indicam ter havido ao menos 13 dessas sessões, com nomes como Lélia Abramo, Celso Nunes, Paulo César Pereio, o grupo português A Barraca, além dos "nomes da casa", como o próprio Abujamra, o maestro Júlio Medaglia e o autor Carlos Queiroz Telles.

A mostra sobre cenografia e indumentária do TBC (1948-1964), organizada pelos cenógrafos José Armando Ferrara e José Carlos Serroni, abriu para o público a 21 de julho e revelava também a preocupação do projeto com o resgate da história daquele teatro. A mesma preocupação aparecia no uso de nomes icônicos relacionados ao TBC, como Cacilda Becker, Alberto D'Aversa e Ziembinski – este último batizando o palco principal. Nesse mesmo sentido, as atividades editoriais tiveram como resultado maior a publicação de um número especial da revista *Dyonisos*, do Serviço Nacional de Teatro, dedicado à discussão da presença do TBC no teatro brasileiro, organizado por Alberto Guzik e Maria Lúcia Pereira, com textos de Guzik, Maria Lúcia, Carlos Stevam, Mariângela Alves de Lima, Alfredo Mesquita, Sábato Magaldi e Fernando Peixoto.

O mês de novembro de 1980, no entanto, assistiu a uma guinada na trajetória do TBC sob Abujamra e ao fim do Projeto Cacilda Becker.[3] Muito provavelmente uma mudança no controle acionário da companhia determinou tal guinada, que já deveria ser previsível pela impossibilidade de a ambiciosa iniciativa se sustentar em suas próprias pernas. Em depoimento dado a Marcia Abujamra, Antonio Fagundes diz que o público que era atraído para o teatro de repertório não passava de dez pessoas por noite.[4] Considerando que o ator estava na auge de sua

---

[3] No mesmo artigo citado na nota 1, Cida Taiar afirma que, naquele mês de novembro, "o produtor Glauco Mirko Laurelli, junto a outras três pessoas, comprou cinquenta por cento das ações de Abujamra".

[4] Entrevista concedida por Antonio Fagundes a Marcia Abujamra em 8 de março de 2021.

visibilidade pública por causa da série *Carga pesada*, por ele estrelada na TV Globo, isso dá a dimensão do quanto o enorme esforço mobilizado não era capaz de se manter comercialmente. O repertório, além de mantido na Sala Alberto D'Aversa, chegou a viajar para Santos, onde as peças foram apresentadas no Teatro Municipal. Mas, depois de novembro, aquele espaço voltou a ser usado por companhias que se responsabilizassem por pagar seus custos ao teatro.

A estratégia pensada por Abu para manter no TBC uma verdadeira fábrica de espetáculos, além de cercar-se de velhos parceiros e de novos talentos, foi a multiplicação dos espaços de apresentação. Com isso, esperava resolver o seu problema de sobrevivência, ao mesmo tempo que abria espaço para espetáculos mais experimentais. Já contando com o pequeno Teatro de Arte, além do palco principal, criou na antiga sala de ensaios o teatro Assobradado, assim batizado pelo poeta Mário Chamie, com capacidade para até trezentas pessoas e flexibilidade para ser usado como arena, semiarena ou palco italiano. Pouco tempo depois, ainda criaria um quarto e microespaço, o Câmara TBC.

Provavelmente datou dessa época a criação da empresa Assobradado Empreendimentos Artísticos Ltda., com que Abujamra passou a produzir seus trabalhos, talvez para fugir às dificuldades com a Sociedade Brasileira de Comédia. O Assobradado TBC foi estreado em janeiro de 1981 pelo próprio Abu, dirigindo um texto de Millôr Fernandes, *Os órfãos de Jânio*, com a parceria de Júlio Medaglia na direção musical. No texto do programa, o diretor dava uma pista de que sua intenção era retomar o espírito independente e crítico do Cacilda Becker: "Mais uma loucura. Ou mais uma ideia. Será que há diferença? Li numa peça que existe quem morra por uma ideia e gente que prefere viver numa falsa tranquilidade só para não ter uma ideia. Está aberto mais um espaço. [...] É um Assobradado que estará aberto a quem quiser ir até o fim dos sentimentos e ideias e superar o cansaço. Não é fácil, mas é possível. [...] Tentem, kafkianamente, não ver somente o olho, mas o olho que olha o olho".

Ao longo do ano, passou a abrigar jovens talentos, como Denise Stoklos, recém-chegada de temporada no exterior, a dupla Miguel Magno e Ricardo de Almeida, vistos por alguns como a versão paulistana do besteirol, e o Pessoal do Despertar, que vinha de sucesso no Rio de Janeiro na linha de teatro não comercial. Também parceiros do Cacilda Becker, vieram para esse novo espaço, como Hugo Barreto, José Antônio de Souza, Wanda Stefânia e Clarisse Abujamra. O espaço abrigou igualmente diretores já com uma carreira de certo reconhecimento, mas com perfil menos comercial, como Iacov Hillel, que dirigiu um dos poucos textos dramáticos de Pablo Picasso, *As quatro meninas* (julho a setembro de 1982).

No início de 1982, Abujamra tentou uma cartada, ao reunir alguns dos novos talentos e dos seus antigos parceiros na primeira montagem que fez do texto *O Hamleto*, de Giovanni Testori, estreado no palco principal em janeiro daquele ano. O texto é uma versão contemporânea do clássico de Shakespeare, que Abu dirigiu com um elenco todo masculino (Emílio Di Biasi, Ricardo de Almeida, Miguel Magno, Armando Tiraboschi, Armando Azzari e Thales Pan Chacon), com o contraponto de um coro misto, masculino e feminino, dirigido por Denise Stoklos. A recepção crítica foi muito positiva, com Clóvis Garcia falando de "quebra das

Thales Pan Chacon e Ricardo de Almeida em *O Hamlet*, 1984

Hugo Rodas e Antônio Abujamra em ensaio de *Mephistópheles*, 2003

convenções em espetáculo desafiante".[5] Mas o público para o palco principal demandava algo mais palatável, e depois de dois meses a montagem foi substituída por uma peça de Ronaldo Ciambroni, sempre um autor que garantia melhores plateias.

Foi nesse momento e contexto de busca de novos talentos para movimentar o casarão da rua Major Diogo que se deu o encontro de Abujamra com Hugo Rodas e seu grupo brasiliense. O perfil do Grupo Pitu tinha de fato relação muito mais forte com o estilo Oficina, mas a paralisia provocada pela briga com Silvio Santos fez com que os meses transcorressem sem perspectiva de trabalho. Logo Rodas decidiu-se por começar a ensaiar um trabalho novo com seu grupo, o que acabou levando a uma mudança de rumo inesperada.

Provavelmente alertado por Zé Celso, Abu apareceu um dia no Oficina para assistir ao ensaio do Pitu e de imediato se apaixonou por Hugo Rodas e sua garotada, cheia de energia renovadora. Com isso, aqueles filhos de Artaud, adeptos da expressão corporal, da ideologia de que "todos podem dançar" e da arte igual à vida, foram parar nas mãos do rei da palavra potente, do rigor

5 Clóvis Garcia, "A quebra das convenções em espetáculo desafiante", *O Estado de S. Paulo*, São Paulo, 11 fev. 1982, p. 27.

formal e da louvação do concreto. O projeto do TBC, como já vimos, era generoso e vinha abrindo muito espaço para as novas gerações, mas o caso do grupo de Brasília radicalizava essa abertura pelo perfil vitalista e anárquico que o caracterizava.

Para Abu, que defendia o viver à beira do precipício, tratava-se de um salto no escuro, de uma aposta numa geração que em muitos pontos desafiava as premissas que orientavam o seu fazer teatral brechtiano. Para Rodas e o Pitu, era uma oportunidade de se confrontarem com os limites de seu informalismo romântico e existencial. As bases de um processo de "criação coletiva" (já em si relativo, pois submetido a um controle de mão forte do diretor--coreógrafo uruguaio) foram respeitadas, mas ganharam a instância adicional da supervisão crítica de Abujamra. O espetáculo, *Fala, Lorito!*, estreou no Assobradado no dia 26 de janeiro de 1983 e... foi um retumbante fracasso. Para os jovens, um banho de água fria; para o tarimbado diretor, a oportunidade de usar um de seus famosos ditos: "Sou um diretor de fracassos ou de fenômenos; cuspo na mediocridade". Ao que provocativamente acrescentou que só iria começar a nos respeitar após uns cinquenta fracassos.

Um episódio revelava a inexperiência do grupo. Na véspera da estreia, sem ter consultado Abujamra a respeito, aceitamos que uma jovem repórter da *Folha de S.Paulo*, alegando impossibilidade de comparecer no dia seguinte, assistisse ao ensaio geral. O resultado foi abrir o pano com uma crítica fortemente desfavorável, que falava de "amebas" se movendo no palco e de como a proposta de "expressão corporal" já envelhecera. Ainda que não se possa atribuir o fracasso de público à crítica, o fato é que o público não foi. A média de espectadores pagantes, como no Projeto Cacilda Becker, não era superior a dez. *Fala, Lorito!* ficou em cartaz de quarta a domingo por um mês, com um elenco que envolvia quatro membros candangos do Pitu (além de mim, o próprio Rodas, ao piano, Mercedes Alvim e Marga Maria), quatro paulistanos recém-integrados (Alcides Cabelo, Gerty Segger, Luiza Viegas e Adriana Ridolfi) e a participação especial em pernas de pau de Ligia Veiga (uma egressa do Grupo Coringa, da também uruguaia Graciela Figueroa). Dos poucos que viram e apreciaram o espetáculo, vários eram artistas jovens que transitavam pelos espaços do TBC, igualmente interessados na busca de novas linguagens cênicas, como Denise Stoklos, Miguel Magno, Luiz Roberto Galizia e Paulo Yutaka.

Em fevereiro, às segundas e terças, entrou no Assobradado outro trabalho experimental, *Tempestade em copo d'água*, envolvendo justamente uma parceria entre dois daqueles artistas

Serafim Gonzalez, Antonio Fagundes e Tácito Rocha em *Morte acidental de um anarquista*, 1982

jovens, Yutaka (roteiro) e Galizia (direção). Galizia vinha de um sucesso na área então chamada de *underground*, com o grupo Teatro do Ornitorrinco, e fora ligado antes ao Oficina. Yutaka trabalhara com Denise Stoklos e participara, no início de 1982, da montagem original do coro de *O Hamlet*, espetáculo icônico que servira de verdadeira ponte geracional entre o mestre e os novos. Sem ter conseguido sorte melhor que a do *Lorito*, o *Tempestade* esteve na origem de um grupo que chegou a ter bastante visibilidade nessa área alternativa, o Ponkã.

O grupo candango não conseguiu sobreviver a seu único fracasso paulistano, mas, a partir de então, Abu manteve uma parceria intermitente, porém regular, com Hugo Rodas e me convidou para lhe dar assistência artística e administrativa no conjunto das atividades do TBC. Seguindo a estratégia de "fábrica de espetáculos", enquanto os espetáculos "experimentais", com seus "fracassos" maiores ou menores, ocupavam o Arte e o Assobradado, no palco principal Abujamra buscava combinar ousadia com sucesso comercial. Depois da tentativa com *O Hamlet*, finalmente conseguiu um êxito extraordinário com *Morte acidental de um anarquista*, de Dario Fo, tendo Antonio Fagundes como protagonista, peça que estreou em 21 de agosto de 1982, ficou por longo tempo em cartaz e teve várias remontagens, inclusive no próprio TBC.

Elenco de *Madame Pommery*, 1982

Com a situação financeira do TBC garantida por tal sucesso, Abu pôde se concentrar, por mais de um ano, nos outros espaços. A partir de março de 1983, trouxe para o Assobradado um espetáculo em clima de cabaré estreado no Espaço Govinda em outubro de 1982. *Madame Pommery*, de Alcides Nogueira, era uma sátira mordaz ao provincianismo paulistano, baseado em romance homônimo de Hilário Tácito, de 1920. Na produção, o diretor se cercou de alguns jovens talentos, como Oswaldo Sperandio na música, Leda Senise nos figurinos, Sara Goldman-Belz nos murais e Nelson Escobar nos adereços, além de atores que o acompanhariam por mais tempo em novas montagens, como João Carlos Couto, Marcelo Almada, Márcia Corrêa e o mencionado Nelson Escobar. A personagem-título coube a Ciça Camargo, e a coreografia, a Hugo Rodas. O espetáculo teve melhor recepção de público e ficou em cartaz até maio.

Programa de *Madame Pommery*, 1982

Para o Teatro de Arte, Abu preparou logo em seguida a peça *Rock and roll*, de José Vicente, estreada em 21 de abril e estrelada por Célia Helena e Francarlos Reis. Para manter o ritmo intenso de produção, Abu abria o espaço com frequência para jovens artistas, escritores, diretores e atores, como Francisco Medeiros, Ricardo de Almeida, Miguel Magno, Márcio Augusto, Paulo Yutaka e Iacov Hillel. Este último estreou, a 11 de junho, a sala Câmara com uma pequena joia por ele dirigida: *Um dibuk para duas pessoas*, de Bruce Myers. A peça ficou em cartaz até outubro e contou com dois colaboradores habituais do TBC: Oswaldo Sperandio, na direção musical, e J. C. Serroni, nos cenários e figurinos. No elenco, Isa Kopelman e George Schlesinger.

E Abu não parava de dirigir. Em julho de 1983, apostando no talento do ator João Carlos Couto, começou os ensaios de *A revolução*, de Isaac Chocrón, dramaturgo venezuelano por quem o diretor tinha especial predileção. Contou para tanto com uma parceria com o Centro Latinoamericano de Creación e Investigación Teatral (Celcit). Foi minha primeira experiência

Lu Martan e João Carlos Couto em *A revolução*, 1983

como assistente de direção. Na música, Abu contou com seu amigo e parceiro de longa data, Júlio Medaglia. No palco, Lu Martan contracenava com João Carlos Couto. A peça estreou no Teatro de Arte a 14 de setembro, tendo tido uma aceitação suficientemente boa para ficar em temporada regular até novembro e depois se transferir para o palco principal até janeiro de 1984, ocupando o horário alternativo das segundas e terças.

A aposta de maior impacto de público e crítica veio em seguida. Desde seu retorno da formação como mímica no exterior, Denise Stoklos, como vimos, já havia apresentado um solo no Assobradado e participado da montagem original de *O Hamlet*. Abujamra lhe propôs então um desafio: dar um passo além na sua carreira, incorporando plenamente a palavra. Para tanto lhe apresentou textos dos italianos Dario Fo e Franca Rame. Para mim, foi uma prova de fogo na nova função de assistente de direção.

Os ensaios foram um verdadeiro mergulho de intensidade, em que Abu cobrava de Denise que se internasse no "claustro" da criação. Por dois meses, ela não poderia sair, beber, namorar ou ver televisão – só podia respirar o seu trabalho. Muitas vezes, me deixava só com ela, como um verdadeiro capataz, quando tínhamos que passar e repassar textos e marcações. Numa dessas ocasiões, Denise desabafou comigo: "Não aguento mais, vou enlouquecer! Vamos sair, beber e dançar!". Fomos. E, a partir de então, os ensaios fluíram muito melhor.

A estreia de *Um orgasmo adulto escapa do zoológico* foi um acontecimento na vida cultural da cidade e na carreira de Denise. Na versão original, ela contava com a companhia no palco de Miguel Magno, com uma participação pequena, mas brilhante, com seu informalismo e ar quase displicente, contrastando com o rigor da dupla Abujamra-Stoklos. Depois de ficar seis meses seguidos em cartaz, o *Orgasmo* teve remontagens em 1985 e 1986.

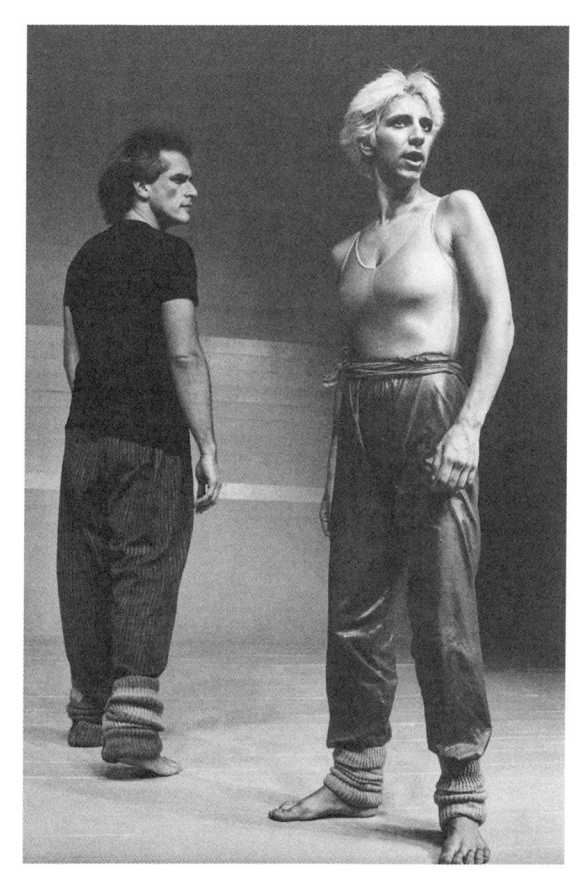

Miguel Magno e Denise Stoklos em *Um orgasmo adulto escapa do zoológico*, 1983

Denise Stoklos em *Um orgasmo adulto escapa do zoológico*, 1983

Miguel Magno em *Um orgasmo adulto escapa do zoológico*, 1983

Cláudio Mamberti, Luiza Viegas, Antonio Herculano, Nelson Escobar, Mariana Monteiro, Gisela Arantes, Julio Sarcany, Sylvia Dantas e Carolina Oliviero em *O rei devasso*, 1984

Porém, nem sempre as apostas de Abujamra davam certo, algo que todo bom jogador, como ele, sabia. Na próxima, ele mirou alto e se deu mal. Abu precisava encontrar algo para substituir o *Anarquista* no palco principal. A combinação de atores carismáticos como Fagundes e Stoklos com autores rasgadamente políticos, mas já consagrados internacionalmente, como Fo e Rame, tinha dado excelentes resultados. Dessa feita correu risco maior ao escolher Serafí Pitarra, autor catalão do século XIX, que escreveu uma paródia sobre a figura heroica de D. Jaime I, considerado o fundador da Catalunha, em termos fortemente escatológicos e versos decassílabos rimados.

Para encarnar o rei, Abu convidou um ator também carismático, de porte imponente, voz poderosa e aguçado senso cômico – Cláudio Mamberti. A produção foi esmerada, tendo sido contratado para criar os cenários e figurinos um dos mais consagrados publicitários paulistanos, o catalão naturalizado brasileiro Francesc Petit. O coro foi preparado por Denise Stoklos e a música ficou a cargo de Emílio Carrera, ex-Secos e Molhados, que também vinha de experiência na área de propaganda.

Mas, apesar de todo o esforço de uma comunicação refinada, o público se assustou. O texto, traduzido e adaptado pelo também catalão-brasileiro Alberto Salvá, continha um número enorme de sinônimos para os órgãos sexuais masculino e feminino, além de uma obsessiva preocupação do monarca com suas funções fisiológicas. Com quinze minutos de espetáculo, os primeiros espectadores começavam a sair, e em média menos da metade do público ficava até o final. A peça, estreada em 23 de março de 1984, com três semanas foi tirada de cartaz para evitar prejuízos ainda maiores.

Abujamra parece ter sentido o golpe. O impacto de um fracasso no palco principal do TBC era incomparavelmente mais sério do que nos outros espaços, e demorou até que outro espetáculo subisse à cena. Apenas depois de dois meses, a 18 de junho, seu parceiro de longa data Emílio Di Biasi estreou sua direção de *A lei de Lynch*, de Walter Quaglia, com duas atrizes de peso, Cleyde Yáconis e Dulce Muniz.

A peça obteve certo sucesso e deve ter trazido algum alívio a Abu, que a partir de julho começou a trabalhar num novo projeto, *A serpente*, último texto dramático de Nelson Rodrigues. A escolha não deixava de envolver o gosto pelo risco já mencionado em nosso diretor. Primeiro, por se tratar de uma obra considerada por muitos como menor na produção rodrigueana. Depois, pelo enorme sucesso que Antunes Filho vinha obtendo com suas versões de Nelson, começando com *O eterno retorno*, de 1981, seguida, no ano em curso de 1984, de *Nelson 2 Rodrigues*, ambas compostas por trechos de diferentes peças do dramaturgo.

Com a montagem de *A serpente*, começava a se desenhar a ideia de Abu de voltar a constituir com os artistas mais jovens que orbitavam em torno do TBC um grupo de teatro de repertório ali sediado. O Nelson Rodrigues ainda foi concebido para o Assobradado. Mas a ideia era fazer do Arte TBC, como no Projeto Cacilda Becker, o espaço a ser por nós ocupado como sede de uma atividade mais permanente. Abu pediu que eu montasse um espetáculo infantil para o Arte. Propus uma adaptação feita por mim de um conto de Andersen, que contava com uma tradução de Monteiro Lobato: *João Grande e João Pequeno*. Criamos, então, o grupo KWYZ Trupe Teatral, vinculado à Cooperativa Paulista de Teatro, para assinar um contrato com a Assobradado Empreendimentos Artísticos.

Apesar de tais preocupações formais, tudo era feito "em família", sem recursos. No elenco, Fernando Ózio (que era operador de luz no TBC), Luiza Viegas (minha então companheira), Roseli Desouza, Alberi Lima e Reginaldo Dutra Jr. A coreografia ficou a cargo de Hugo Rodas, os figurinos, de Gil Vieira, e a música, de André Abujamra (sua estreia na composição para o teatro). O resultado, estreado a 1º de setembro, foi, no dizer de Clóvis Garcia, "diferente [...], um tanto estranho [...], um belo espetáculo inovador",[6] tendo no ano seguinte recebido o Troféu Mambembe de melhor espetáculo infantil do ano. A boa recepção crítica não foi acompanhada pela do público, para quem talvez o trabalho fosse mais estranho do que belo.

---

6 Clóvis Garcia, "Um belo espetáculo inovador", *Jornal da Tarde*, São Paulo, 6 out. 1984, p. 10.

Simultaneamente, preparávamos *A serpente*, que contava com duas atrizes recém-chegadas de Brasília pelas mãos de Hugo Rodas: Françoise Forton e Iara Pietricovsky. Apesar de que sempre ouvíamos do Abu que "tudo o que é amador é errado", o perfil semiamador dessas produções era quase inevitável. Françoise viera para São Paulo contratada pela TV Bandeirantes e queria manter um contraponto mais artístico-ideológico às suas atividades de sucesso no ambiente da indústria cultural. Iara, que fora parte do Grupo Pitu original, candango, vinha acompanhando a então companheira. Os papéis masculinos ficaram comigo e com Nelson Escobar, já regulares nas produções do TBC e dispostos a trabalhar de graça, caso necessário. Todos tínhamos outras inserções profissionais, se o projeto fosse mais um fracasso.

A aposta de risco de Abujamra dessa feita foi o uso de bonecos, inspirado, segundo o próprio, em Zlatko Bourek, artista plástico, diretor e titeriteiro judeu-croata, que desenvolvera uma técnica de bonecos atrelados a carrinhos, a partir do teatro de bonecos japonês. Ao contrário de Bourek, que usava o grotesco e o carnavalesco, os bonecos de Abu eram manequins, com o misto de impessoalidade e estranheza que isso provocava. E os atores não desapareciam por trás deles, pois eram encobertos apenas por véus que os deixavam entrever. Eventualmente, aliás, os atores deixavam os seus carrinhos e apareciam de corpo inteiro, sem os véus, diante do público. O recurso aos bonecos permitia evitar a armadilha do melodrama e do psicologismo, mas sobretudo radicalizava o efeito de alienação buscado pelo teatro de inspiração brechtiana – algo acentuado por uma elocução de poucas modulações e dirigida frontalmente à plateia na interpretação dos atores. A parte visual do espetáculo ficou por conta de Augusto Francisco, com os bonecos vestindo roupas realistas, os atores com macacões brancos e a cena vazia, apenas com uma cama grande no centro, ao fundo, envolta por um arco de flores.

A estreia ocorreu no dia 6 de setembro, e um episódio então ocorrido diz

Françoise Forton e Antonio Herculano em *A serpente*, 1984

Françoise Forton e Antonio Herculano em *A serpente*, 1984

bem da forma como o diretor, habitualmente carinhoso com o seu elenco, enxergava o seu papel. Abu veio ao camarim único em que estávamos os quatro para se despedir. Tinha por norma nunca mais assistir a seus espetáculos, passado o ensaio geral. Um comentário dele passou despercebido: "Vocês estão muito tranquilos". Logo, porém, começou a provocar um e outro, e quando, por fim, já estávamos tensos e começando a discutir entre nós, disse: "Agora, sim. Estão prontos para entrar em cena". E se retirou.

O espetáculo teve uma recepção mista, tanto de público quanto de crítica, esta de um modo geral respeitosa com as ousadias abujamrianas, mas pouco entusiasta dos resultados obtidos. Sábato Magaldi, por exemplo, considerou os bonecos desnecessários, "um apêndice espúrio, que infiltra gratuidade na condução dos episódios".[7] Uma cena de nudez entre as duas irmãs foi também criticada por alguns, ainda que o mesmo Sábato a tenha aprovado: "Abujamra levou às últimas consequências as fantasias inconscientes de Nelson, colocando uma diante da outra, como se fossem fundir-se numa criatura única. Talvez se possa pensar em apelação: aí, porém, o encenador esteve mais próximo do dramaturgo".[8]

Em termos comerciais, *A serpente* teve desempenho apenas suficiente para se manter em cartaz por três meses, quando foi substituída por uma remontagem do *Orgasmo* e passou a ser apresentada no horário alternativo das segundas e terças. Ainda assim, seria incluída pela *Folha de S.Paulo* entre os melhores espetáculos de 1984 e renderia ao grupo uma ida a Portugal, no ano seguinte, ao ser selecionada para o Festival Internacional de Teatro de Expressão Ibérica (Fitei 85), com apresentações no Porto, em Coimbra e em Lisboa.

---

7 Sábato Magaldi, "'A serpente': boas intenções, mas nem sempre bem utilizadas", *Jornal da Tarde*, São Paulo, 14 set. 1984, p. 15.
8 *Id., ibid.*

Programa do Núcleo de Repertório TBC

A partir do grupo envolvido em *A serpente*, foi se constituindo um certo núcleo que, a 1º de dezembro, estreou no Assobradado um musical infantil, com promessa de vida longa: *A revolta dos perus*, de Carlos Queiroz Telles. O crítico Robson Camargo chamou o espetáculo de "delicioso",[9] e o público pareceu concordar. Com direção, cenário e figurinos de Augusto Francisco, música de Oswaldo Sperandio e coreografia de Cristina Brandini, o espetáculo contava no elenco com Françoise Forton, Miguel Magno, Tânia Bondezan, Nelson Escobar, Fernanda Abujamra e eu.

Logo em seguida, na virada para o ano de 1985, Abujamra reuniu cerca de vinte pessoas na plateia do Arte TBC para fazer sua proposta de constituição de uma companhia de repertório que tivesse aquele palco como sede para as suas produções. Tínhamos já *A serpente*, para o público adulto, e *A revolta dos perus*, infantil, e a proposta era produzir ao menos mais cinco peças adultas, para contar com um espetáculo novo em cada dia da semana. Na reunião, Abu foi direto a respeito das condições para participar do grupo: "Quem está aqui é um fodido privilegiado. Fodido por fazer teatro neste país de miséria intelectual e artística; privilegiado por não depender do que fazemos aqui para sobreviver. Quem depender não pode estar no grupo". Nesse momento, nascia o Núcleo de Repertório TBC.

Nos meses seguintes, um a um foram sendo estreados os novos espetáculos, começando com uma nova montagem por Abujamra de *O Hamleto*, de Giovanni Testori, dessa feita com elenco exclusivamente feminino: Françoise Forton acumulando os papéis de Gertrudes e Ofélia, Iara Pietricovsky como Hamlet e Tânia Bondezan como Cláudio, acompanhadas de

---

9 Robson Camargo, "A deliciosa revolta dos perus", *Folha de S.Paulo*, São Paulo, 14 dez. 1984, Ilustrada, p. 50.

Denise Araceli (Laertes), Eleonora Rocha (Polônio) e Fernanda Abujamra (o Estrangeiro). Em papéis menores, estavam Cuca Caiuby, Arlete Sbrigh e Cristina Barros. A música, como na montagem masculina, esteve a cargo de Júlio Medaglia, e o cenário e os figurinos foram assinados por Augusto Francisco.

O espetáculo abriu o pano no dia 12 de março e a recepção crítica foi excelente. Edélcio Mostaço considerou a nova versão muito melhor do que a de 1982: "abre com chave de ouro o projeto da Companhia de Repertório do TBC".[10] Clóvis Garcia chamou de "montagem audaciosa e renovadora".[11] O público compareceu, ainda que não na proporção do entusiasmo dos críticos. Mas a proposta estava lançada: *A revolta dos perus* desceu do Assobradado para o Arte TBC e, passadas duas semanas, a partir de 26 de março, *A serpente* passou a ocupar o palco nas terças e quartas-feiras.

A estreia seguinte se deu no dia 25 de abril, com um espetáculo duplo chamado *Pessoa & Pirandello*. Abujamra dirigiu o poema dramático *O marinheiro*, de Fernando Pessoa, ficando nas mãos de seu antigo parceiro Antônio Ghigonetto a peça em um ato *O homem da flor na boca*, de Luigi Pirandello. Abu convidara a atriz Bárbara Fazio, já consagrada sobretudo no cinema e na tevê, que graciosamente se juntou àquele jovem grupo de "fodidos privilegiados" e fez o Pessoa ao lado de Tânia Bondezan e Denise Araceli. Ghigonetto dirigiu Carlos Palma na personagem principal, que conta sua trágica história, num encontro casual num café, a uma personagem que praticamente se limita a ouvir, representada por mim. Cenário e figurinos, como de hábito, foram de Augusto Francisco.

A aposta, nesse caso, foi de altíssimo risco: dois textos soturnos, tratando da morte, destituídos de qualquer ação, dependentes exclusivamente da força das palavras e das interpretações. Nem a crítica nem o público gostaram. Mostaço, que tanto entusiasmo tivera com *O Hamleto*, lamentou: "*Pessoa e Pirandello* [...] destoa pela ausência de energia vital que tanto marca as demais encenações já apresentadas". Ainda assim, ressaltou a seriedade do projeto, "uma das mais expressivas realizações do teatro paulista deste primeiro semestre".[12] Passada

---

10 Edélcio Mostaço, "Uma paródia moderna e criativa", *Folha de S.Paulo*, São Paulo, 31 mar. 1985, Ilustrada, p. 67.
11 Clóvis Garcia, "'O Hamleto', montagem audaciosa e inovadora", *O Estado de S. Paulo*, São Paulo, 3 abr. 1985, p. 16.
12 Edélcio Mostaço, "Encenação lenta e simplista", *Folha de S.Paulo*, São Paulo, 17 maio 1985, Ilustrada, p. 44.

Bárbara Fazio, Tânia Bondezan e Denise Aracelli em O *marinheiro*, 1984

a semana de estreia, a montagem ficou com as quintas e sextas-feiras, *A serpente* nas terças e quartas e *O Hamleto* nos sábados e domingos.

Mais um mês e nova estreia: a 22 de maio, abriu *Nem todo ovo é de Colombo*, do venezuelano José Ignácio Cabrujas, dirigido por Augusto Francisco, também responsável por cenário e figurinos, com adereços de Nelson Escobar e Denise Araceli. No elenco, Bárbara Fazio, Carlos Palma, Françoise Forton, Luiz Carlos Rossi, Nelson Escobar e Tânia Bondezan. O texto, datado de 1976, já então era conhecido pelo público com o título de *Ato cultural*. Sua mudança de nome acompanhava um esforço de buscar maior leveza – e assim conseguir maior interesse do público –, ainda que mantendo a carga crítica por meio da ironia com que apresenta a medíocre intelectualidade latino-americana.

A recepção crítica foi mesclada. Alberto Guzik foi bastante severo tanto com o espetáculo em si quanto com o projeto do grupo como um todo: "É preciso pedir ao Núcleo de Repertório TBC uma definição mais consistente de seu objetivo. [...] A organicidade mínima que deve existir entre as peças componentes de um repertório não é encontrada". Quanto ao texto, considerou datado e prolixo; a direção, lenta: "não conseguiu imprimir ímpeto ao espetáculo". No entanto, salvou o elenco: "As interpretações intensas e empenhadas [...] acabam por se constituir no melhor que há nesse trabalho".[13]

Edélcio Mostaço esteve de acordo com Guzik sobre o texto ter perdido seu caráter de novidade, a direção não ter colaborado para seu melhor aproveitamento e um bom desempenho dos atores ser o destaque maior. Mas, ao contrário do colega, via coerência no projeto do Núcleo: "também aqui a ênfase do espetáculo repousa nas interpretações e na força verbal do texto, sem maiores explorações dos demais elementos da linguagem cênica".[14] Pouco afetado pelas críticas, o público deu melhor recepção a esse trabalho do que aos demais, e o *Ovo* passou a ocupar o horário nobre (fim de semana) na grade do repertório.

Por fim, outro mês se passou e o Núcleo conseguiu estrear seu quinto espetáculo adulto. No dia 21 de junho, abriu o pano no Arte TBC *O jogo*, de Mariela Romero, outra escritora venezuelana, peça traduzida e dirigida por mim, com Françoise Forton e Iara Pietricovsky,

---

13 Alberto Guzik, "Um projeto de repertório sofrendo com a falta de definição", *Jornal da Tarde*, São Paulo, 1º jun. 1985, p. 8.
14 Edélcio Mostaço, "Difícil descoberta da América", *Folha de S.Paulo*, São Paulo, 8 jun. 1985, Ilustrada, p. 49.

cenografia e figurinos de Hugo Rodas e música de Herbert Frederico. Os elementos – em parte, apenas, reconhecidos pelos críticos – eram os mesmos que vinham pautando as montagens do grupo: a teatralidade, antes do que a realidade, a palavra forte, o trabalho de ator.

O espetáculo teve uma crítica muito favorável de Sábato Magaldi, incluindo direção, cenário e figurinos, mas destacando especialmente a atuação: "Peça de atriz para atrizes, *O jogo* encontra em Françoise Forton e Iara Pietricovsky talentos jovens, que eu chamaria ideais para as personagens, porque ambas se acham naquela entrega total que antecede a promoção a estrelas". Ao final, ainda estendia sua apreciação ao Núcleo de Repertório: "Cabe elogiar, na política artística do Núcleo, a par da qualidade dos nomes reunidos, o prestígio à dramaturgia latino-americana, representada por Cabrujas e agora por Mariela Romero".[15] Já Vivien Lando considerou o texto datado, mas também rasgou elogios às atuações: "esse jogo já perdeu a validade, tornou-se anacrônico. [...] O que é mais do que lamentável, levando-se em consideração o excelente desempenho de Iara Pietricovsky e Françoise Forton, que dão um show de dignidade em tão ingratos papéis".[16]

Depois da semana de estreia, a programação passou a contar com *A serpente* nas terças, *Pessoa & Pirandello* nas quartas, *O jogo* nas quintas, *O Hamleto* nas sextas e *Nem todo ovo é de Colombo* nos sábados e domingos, junto com o infantil. Na agenda do grupo, ou, diria antes, de Abujamra, estava um sexto espetáculo adulto, *O fetichista*, de Michel Tournier, peça em um ato para uma personagem, que nunca chegou a ser feita. Os enormes esforço e energia postos na feitura desse repertório tiveram seu voo cortado pela dura realidade do mercado, repetindo o destino do Projeto Cacilda Becker. Apesar do reconhecimento crítico, merecendo uma menção especial no Troféu Mambembe, o Núcleo de Repertório não dava conta de pagar as despesas de manutenção do teatro e, a partir de agosto, deixou de contar com a sua sede. O trabalho ainda rendeu algumas viagens. Em novembro, o elenco de *A serpente*, em nome do Núcleo, levou o espetáculo para Portugal, e em dezembro o repertório completo foi montado no Teatro Nacional, em Brasília.

---

15 Sábato Magaldi, "*O jogo*, um curioso mergulho psicológico", *Jornal da Tarde*, São Paulo, 5 jul. 1985, p. 8.
16 Vivien Lando, "Misteriosas regras do jogo", *Folha de S.Paulo*, São Paulo, 22 jun. 1985, Ilustrada, p. 58.

Mas, sem uma sede, o grupo se dispersou. Ao longo do segundo semestre, as pessoas foram se envolvendo com distintas montagens e o Arte TBC passou a abrigar produções com melhores perspectivas comerciais, como *A filha da...*, de Chico Anysio, sob direção de Fábio Sabag, com Ilva Niño em pleno sucesso da novela *Roque Santeiro*. No Assobradado, Abu ainda se dava espaço para experimentar e adaptou uma história de Mark Twain em *Diário íntimo de Adão e Eva*, para o que chamou alguns dos seus mais regulares colaboradores: Augusto Francisco ficou a cargo da direção, da cenografia e dos figurinos; Júlio Medaglia, da direção musical; e Hugo Rodas, do gestual. Para o papel de Eva, convidou Wanda Stefânia, que naquele momento se afastava da televisão, decidida a se dedicar ao teatro; o Adão coube a um Paulo Gorgulho em começo de carreira.

Outra maneira que Abu encontrou de permitir uma produção menos dependente do mercado foi a criação de uma "sessão coruja", com espetáculos à meia-noite de sexta-feira. Foi o caso de uma montagem de *A cantora careca*, de Ionesco, dirigida por Marco Ghilardi, com uma companhia de Campinas, nesse mesmo Assobradado. Mas talvez o marco de encerramento da aventura abujamriana como responsável pela programação do TBC tenha sido sua montagem de *Esperando Godot*, de Samuel Beckett, no diminuto espaço do Câmara TBC. O diretor contou com a colaboração de Nelson Escobar na parte visual e sonora e de Francisco Medeiros na iluminação, tendo se destacado a atuação do jovem ator Samir Signeu, que passou então a integrar o grupo que gravitava em torno de Abu. O espetáculo estreou a 7 de novembro e ficou até fins de dezembro.

A virada do ano, com as dificuldades ocorridas na relação entre Abujamra e a proprietária do TBC, Magnólia do Lago Mendes Ferreira (de cujos detalhes nunca tivemos conhecimento), forçou um recomeçar, mas a experiência tinha deixado um núcleo de jovens profissionais disposto a manter-se na órbita do experiente diretor. Esse grupo continuou atuando em duas vertentes. Por um lado, nos teatros da Bela Vista (em particular o Teatro Igreja e, em seguida, o Markanti), com montagens dirigidas ou supervisionadas por Abu, envolvendo Françoise Forton, Nelson Escobar, Augusto Francisco, Tânia Bondezan, Wanda Stefânia, Bárbara Fazio, Francisco Medeiros, João Carlos Couto, Oswaldo Sperandio, Samir Signeu, além da família Abujamra (Clarisse, Marcia, Fernanda e André, entre outros) – enfim, um considerável círculo que tinha sido constituído a partir do Núcleo de Repertório.

Por outro lado, Abu assumiu a direção do Espaço Cultural Amácio Mazzaropi, na zona leste da capital, com o compromisso junto à Secretaria de Estado da Cultura de dinamizar a vida cultural de uma região pouco provida de equipamentos públicos nessa área. E para lá fui eu, para continuar minha missão de assistente "pau para toda obra". O Mazzaropi possuía um bom teatro, de modo que, uma vez que a programação de cursos, oficinas, eventos e atividades diversas estivesse encaminhada, os planos para uma nova produção fatalmente se seguiriam.

Abu estava empenhado em me estimular na carreira de direção e me apresentou um novo texto para teatro infantil de Carlos Queiroz Telles, em parceria com Enéas Carlos Pereira: *Draculinha, a vida acidentada de um vampirinho*. O elenco envolveu Marcia Corrêa (que vinha trabalhando como assistente de direção para Abu), João Carlos Couto, Luiza Viegas, Marcelo Almada e Regina Papini. André Abujamra foi responsável pela música, Roberto Arduim pela cenografia, figurinos e adereços, e Hugo Rodas pela coreografia. Mudamos o nome do grupo para Trep – Teatro de Repertório, ainda vinculados à Cooperativa Paulista de Teatro, e abrimos o pano no Teatro Mazzaropi a 22 de novembro de 1986, ficando em temporada até o fim do ano. A montagem mereceu cinco indicações para o Mambembe e a cenografia de Arduim acabou premiada.

O diretor Jorge Takla, que então era responsável pela programação do Teatro Procópio Ferreira, onde Raul Cortez brilhava numa versão teatral do *Drácula*, de Bram Stoker, convidou a produção a se mudar para o seu teatro, oferecendo inclusive apoio financeiro para os efeitos especiais que o espetáculo demandava, como um voo de Draculinha da plateia ao palco. Tinha uma exigência, no entanto: que o papel de Draculeta, a mãe da família de vampiros, fosse assumido por Françoise Forton, nome com o qual conseguiria melhor divulgação. Foi a primeira e única vez que a companhia de repertório experimentou as benesses (e vicissitudes) do capitalismo... e os efeitos lhe foram favoráveis. *Draculinha* teve uma carreira de sucesso no Procópio Ferreira, chegando às cem apresentações e encerrando sua temporada a 3 de agosto de 1987. A crítica, que não comparecera no Brás, esteve em Cerqueira César e foi muito elogiosa. Para Tatiana Belinky, o espetáculo era "hilariante", oferecendo ao público "a diversão de direito, em generosa dosagem".[17] Para Clóvis Garcia, "um espetáculo que lida com o terror sem causar medo".[18]

---

17 Tatiana Belinky, "Draculinha azarão", *O Estado de S. Paulo*, São Paulo, 7 fev. 1987, Caderno 2, p. 51.
18 Clóvis Garcia, "Um musical alegre e divertido", *Jornal da Tarde*, São Paulo, 14 fev. 1987, p. 9.

Enquanto o grupo fazia sucesso no teatro infantil, Abujamra deu início a uma vitoriosa carreira de ator, com *O contrabaixo*, monólogo dramático do alemão Patrick Süskind, com o qual percorreu vários teatros a partir de abril de 1987. No segundo semestre, o Trep voltou ao teatro adulto, com Abu levando Fernando Pessoa novamente aos palcos, no espetáculo *A lua começa a ser real* (verso de um poema de Álvaro de Campos). Tratava-se de um "roteiro para quatro jograis" preparado por Manoel Carlos para celebrar o cinquentenário da morte do poeta, em 1985. Os ensaios e uma pré-estreia para convidados se deram no Mazzaropi. Oficialmente, *A lua* abriu o pano no Teatro Markanti a 30 de outubro, com 14 atores (Wanda Stefânia, como atriz convidada, e Ana Maria Marinho, Antônia Chagas, Carlos Palma, Cid Pimentel, Elisabete Dorgan, José Geraldo Asas, Luiza Viegas, Marcelo Almada, Marta Vaz, Pedro Veneziani, Samir Signeu, Sueli Rocha e eu), cenografia e figurinos de Márcio Medina e coreografia de Val Folly.

Alberto Guzik, em parte revendo suas cobranças anteriores, saudou o retorno do Núcleo com seu novo nome: "É uma ótima notícia, essa da volta às atividades da equipe formada por Antônio Abujamra". Mas, apesar de elogiar a compilação feita por Manoel Carlos, a direção de Abu – "tem um interessante desenho geométrico" – e o trabalho visual de Márcio Medina, Guzik apontou a insuficiência do elenco para a difícil tarefa de "dizer a poesia desse escritor de sutilezas imponderáveis", contrastando com o bom trabalho realizado no ano anterior por Walmor Chagas e Ítalo Rossi.[19] Aimar Labaki foi ainda mais severo, não considerando bem-sucedidos nem mesmo os trabalhos de Manoel Carlos e de Abujamra. Não deixou de louvar, no entanto, o risco assumido: "Quem experimenta corre o risco de errar. O próprio Abujamra tem uma coleção de não-acertos valiosos para a reflexão do fazer teatral, uma contribuição que não pode ser desprezada".[20]

A lua começa a ser real ficou por um mês em cartaz e cedeu espaço, no mesmo Teatro Markanti, para um espetáculo que vinha de carreira vitoriosa em Curitiba, ao qual o Trep se associou, sob as bênçãos de Abujamra: *Do outro lado da paixão*, baseado na obra e na própria figura de Lewis Carroll/Charles Dodgson e sua criatura Alice. Ao quarteto de criadores paranaenses – Marcelo Marchioro (roteiro e direção), João Marcelo Soares (roteiro e música), Sandra Zugman

---

19 Alberto Guzik, "Um passeio pela alma do poeta", *Jornal da Tarde*, São Paulo, 21 nov. 1987, p. 3.
20 Aimar Labaki, "Colagem didática sem grande inspiração", *Folha de S.Paulo*, 29 nov. 1987, Ilustrada, p. 61.

Clarisse Abujamra (frente) e elenco em
Uma caixa de outras coisas, TBC/1987

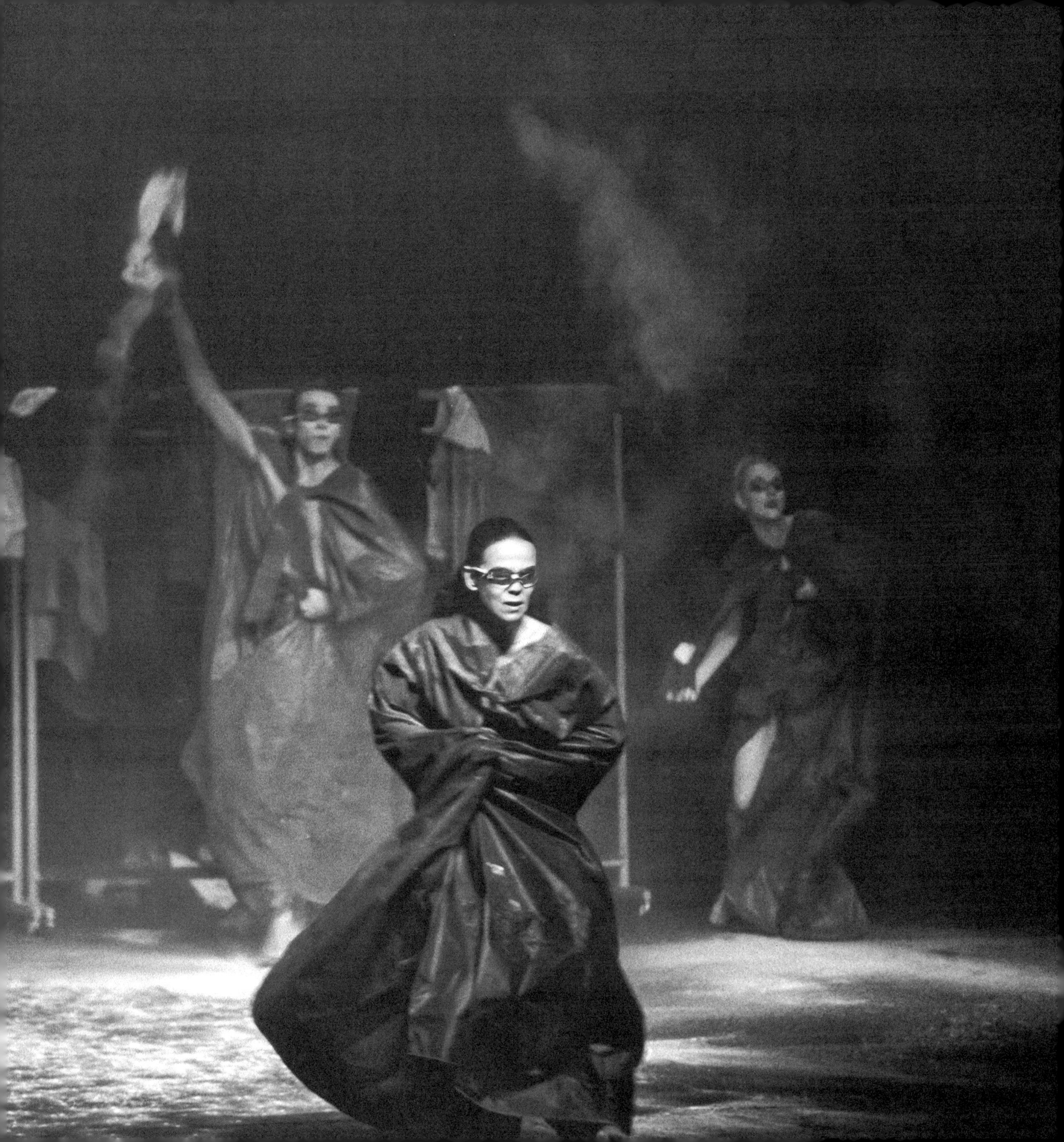

(coreografia) e Raul Cruz (figurinos e adereços) –, assim como ao ator que já em Curitiba fizera a personagem de Lewis Carroll, Carlos Daitschman, juntou-se o elenco do Trep, com Antônia Chagas, Ana Maria Marinho, Hermes Jacchieri (também músico), Luiza Viegas, Marta Vaz, Ricardo Hoflin, Samir Signeu, Sueli Rocha e eu. A estreia se deu a 10 de dezembro, ficando em cartaz por cerca de um mês. O crítico Aimar Labaki considerou um equívoco os criadores do espetáculo terem aceitado refazê-lo em São Paulo no acanhado espaço do Markanti, quando em Curitiba contaram com um "espaço múltiplo, onde plateia, coxias e palco se interpenetravam". O resultado foi "transformar o belo projeto em péssimo produto".[21]

O último esforço de manter a proposta de uma companhia de repertório foi a submissão de um pedido de apoio financeiro à Secretaria de Cultura do Estado de São Paulo (edital Prêmio Estímulo 1987) para a montagem de dois textos: *A quarta costela*, comédia em um ato de Luiz Carlos Cardoso, e *Dias contados*, de Elias Canetti. O apoio foi dado, mas uma dificuldade com o detentor dos direitos de *A quarta costela*, o ator Kito Junqueira, e a recusa da secretaria em aceitar uma troca da peça (o Trep propôs a troca por *A lua começa a ser real*) fizeram com que a montagem se restringisse ao palco do Teatro Mazzaropi, onde ficou em cartaz de 6 a 17 de janeiro de 1988, com minha direção e Marcelo Almada, José Geraldo Asas, Pedro Veneziani e Luiza Viegas no elenco.

A essas alturas, Abu já vinha se afastando da posição de liderança do grupo, deixando-o em minhas mãos. Sem sua personalidade agregadora e carismática, foi com dificuldade que reuni um grupo para cumprirmos nosso último compromisso: *Dias contados*. Conseguimos da Secretaria Municipal de Cultura o recém-inaugurado Teatro Cacilda Becker, na Lapa, para uma temporada de duas semanas (16 de junho a 3 de julho de 1988). A despedida do Trep contou com um elenco de nove atores (Eudes Carvalho, Ricardo Pettine, Roni Schneider, Beli Leal, Carlos Messias, Cássia Venturelli, Luiza Viegas, Magna Oliveira e Marco Ribeiro), além da percussão ao vivo de Jorge Peña. Os cenários e figurinos couberam a Hugo Rodas, os adereços cênicos a Albéniz Martinez e a direção musical a Herbert Frederico. Abujamra, que dessa vez não tinha nem ao menos acompanhado os ensaios, compareceu à estreia e me fez um comentário, que tomei por elogio: "Você insiste no abismo!".

21 *Id.*, "Espaço prejudica concepção cênica da peça 'Do outro lado da paixão'", *Folha de S.Paulo*, 1º jan. 1988, Ilustrada, p. 19.

Ao final da temporada, eu já estava empenhado em sair do país, em busca de novas experiências e conhecimentos, o que acabou por se concretizar em um doutorado nos Estados Unidos. O audacioso e generoso projeto de Abujamra para uma companhia de repertório, preparado ao longo dos anos iniciais da década de 1980, com o Projeto Cacilda Becker, atingiu seu breve, mas intenso momento de realização em 1985, para ir então se esvaindo. Em carta a João Gaspar Simões, Fernando Pessoa assim se definia: "sou um poeta dramático; tenho, continuamente, em tudo quanto escrevo, a exaltação íntima do poeta e a despersonalização do dramaturgo. Voo outro – eis tudo".[22] O teatro é por essência a arte do efêmero. E por aquele breve momento, nós também pudemos dizer: "Voamos outro – eis tudo".

ANEXO

Projeto Cacilda Becker no TBC – Um teatro de repertório[23]

Produção do Teatro Brasileiro de Comédia, com patrocínio da Secretaria de Cultura do Estado de São Paulo e da Rádio e Televisão Cultura (financiamento dos cenários).
Atividades gerais: Teatro de Repertório, Parque da Dramaturgia, Ciclo de Leituras Dramáticas, Seminário de Informação Teatral, Mostra de Cenário e Indumentária, Assessoria Editorial.
Coordenação geral: Antônio Abujamra, José A. Ferrara, Hugo Barreto, Helvécio A. Cardoso e Pedro D'Alessio.
Atores: Antonio Fagundes, Wanda Stefânia, Beth Goulart, Edney Giovenazzi, Clarisse Abujamra, Paulo Guarnieri e J. C. Violla.
Cenografia e arte: José A. Ferrara, José Carlos Serroni, Waldir Gunther, Murilo Sola, Sérgio Shirowa, Vera Lúcia Marotti, Mário Sérgio Martini, Luiz Carlos Rossi e Danilo Pavani.
Produção: Francisco Medeiros, Dulce Muniz, Lúcia Capuani e Gabriel Silva.
Direção: Antônio Abujamra, Hugo Barreto, Francisco Medeiros, José Antônio de Souza, Leda Senise, Silvio de Abreu, Oswaldo Barreto e Gilberto Zarmati.

---

22 Disponível em: <http://arquivopessoa.net/textos/1072>. Acesso em: 14 ago. 2022.
23 Pesquisa feita por Roberta Carbone, sob orientação de Marcia Abujamra.

1. Teatro de Repertório

Início: janeiro de 1980.
Objetivo: manutenção de um elenco básico fixo para a encenação de peças em repertório.
O projeto inicial previa a montagem de sete espetáculos até o final de 1980, a serem apresentados um a cada dia da semana. Foram realizados três.

Oh, Carol!
TEXTO E DIREÇÃO José Antônio de Souza ASSISTÊNCIA DE DIREÇÃO Gilberto Zarmati ILUMINAÇÃO Gil Carlos Teixeira CENOGRAFIA Waldir Gunther e Murilo Sala ELENCO Wanda Stefânia, Beth Goulart e Paulo Guarnieri. De 17/1/1980 a 22/10/1980 – Sala Alberto D'Aversa. O espetáculo é apresentado inicialmente de quinta a domingo e, depois, aos sábados, em duas sessões, e aos domingos.

Arte final
TEXTO Carlos Queiroz Telles DIREÇÃO E FIGURINOS Leda Senise DIREÇÃO MUSICAL Júlio Medaglia CENOGRAFIA Waldir Gunther ELENCO Antonio Fagundes, Clarisse Abujamra e Edney Giovenazzi. De 20/3/1980 a 24/10/1980 – Sala Alberto D'Aversa.

O senhor dos cachorros
TEXTO José Augusto Fontes DIREÇÃO Hugo Barreto CENOGRAFIA E FIGURINOS José Carlos Serroni DIREÇÃO MUSICAL Júlio Medaglia ELENCO Antonio Fagundes, Edney Giovenazzi e Clarisse Abujamra. De 26/6/1980 a 26/10/1980 – Sala Alberto D'Aversa.

* Cada estreia cumpre uma semana inteira de apresentações, substituindo temporariamente as demais. Quando *Arte final* entra em temporada de sexta a domingo, *Oh, Carol!* passa a ser apresentada de terça a quinta-feira. Com a estreia de *O senhor dos cachorros* – que fica em temporada aos sábados e domingos –, *Oh, Carol!* passa a ser apresentada às terças e quartas-feiras, e *Arte final*, às quintas e sextas-feiras.

2. Ciclo de Leituras Dramáticas

Início: abril de 1980.
O projeto inicial previa a leitura dramática de 26 peças, a serem realizadas às segundas-feiras, a cada quinze dias. Foram confirmadas cinco leituras.
Coordenação: Antônio Abujamra e Lúcia Capuani.
7/4/1980 – *Hamlet*, de William Shakespeare. DIREÇÃO Barbara Heliodora ELENCO Antonio Fagundes (Hamlet), Edney Giovenazzi (Rei), Wanda Stefânia (Rainha), Beth Goulart (Ofélia), Luís Carlos Arutin, Oswaldo Barreto, Roberto Orosco, Lineu Dias, Paulo Hesse, Paulo Guarnieri, Armando Tiraboschi, Carlos Capeletti, Paulo Castelli, Gileno Del Santoro, João Bourbonnais e Edson Celulari.
24/4/1980 – *Calígula*, de Albert Camus. DIREÇÃO Márcio Aurélio ELENCO Carlos Augusto Strazzer, Dulce Muniz, Giuseppe Oristanio, Oswaldo Barreto, Walter Breda, Guilherme Corrêa e Silvio Zylber.
19/5/1980 – *Kean*, de Alexandre Dumas, adaptada por Jean-Paul Sartre. DIREÇÃO Oswaldo Barreto ELENCO Sérgio Mamberti, Eliane Giardini, Karin Rodrigues, Jandira Martini, Arnaldo Dias, Richards Paradizzi, Paulo Autran e Eva Wilma.
11/8/1980 – *Prova de fogo*, de Consuelo de Castro, seguida de debate com o líder estudantil de 1968, José Dirceu.
25/8/1980 – *As moscas*, de Jean-Paul Sartre. DIREÇÃO Oswaldo Barreto TRILHA SONORA Tunica ELENCO Edwin Luisi, Imara Reis, João Acaiabe, Regina Braga, Lélia Abramo e Renato Consorte.

3. Seminário de Informação

Início: 12/4/1980.
Público-alvo: jovens entre 18 e 22 anos que já estivessem trabalhando em teatro ou televisão.
Objetivos: apresentações e debates sobre dramaturgia; informações sobre os mais variados tópicos ligados ao teatro universal e sua história; informações literárias concernentes aos mais variados aspectos dramatúrgicos.
Coordenação: Antônio Abujamra.

26/4/1980 – Com a presença de Lélia Abramo.
21/6/1980 – Com a presença de Celso Nunes, coordenador do Centro de Teatro da Unicamp (9ª sessão).
19/7/1980 – Com a presença de Paulo César Pereio (12ª sessão).
16/8/1980 – Com a presença de Ivan Negro Isola.

* Esses encontros, realizados aos sábados, das 15h às 19h, no porão do TBC, também contaram com as participações de Antônio Abujamra, Júlio Medaglia, Celso Nunes, Carlos Queiroz Telles e do grupo português A Barraca.

4. Mostra Cenografia e Indumentária no TBC: 16 anos de história

Inauguração: 30/6/1980.
Abertura para o público: 21/7/1980.
Organizada pelos cenógrafos José Armando Ferrara e José Carlos Serroni, apresentava painéis ilustrativos do trabalho dos cenógrafos e figurinistas que atuaram no TBC de 1948 até 1964, com plantas, croquis, desenhos, manequins e fotos, que também foram reproduzidos no catálogo da mostra.

5. Assessoria Editorial

Lançamento: 15/9/1980.
- Selo comemorativo da Empresa Brasileira de Correios e Telégrafos registrando a reativação do teatro.
- Postais sobre a casa e cenas de peças montadas no TBC.
- Posto de venda de todas as publicações do Serviço Nacional de Teatro (SNT).
- Número 25 da revista *Dionysos*, do SNT, dedicado à discussão da presença do TBC no teatro brasileiro, organizado por Alberto Guzik e Maria Lúcia Pereira, com textos de Guzik, Maria Lúcia, Carlos Stevam, Mariângela Alves de Lima, Alfredo Mesquita, Sábato Magaldi e Fernando Peixoto.

6. Projeto Cacilda Becker em Santos

Entre os meses de abril e novembro de 1980, o projeto levou ao Teatro Municipal de Santos as peças *Oh, Carol!*, *Arte final* e *O senhor dos cachorros*.

7. Parque da Dramaturgia

O Projeto Cacilda Becker previa a realização do Parque da Dramaturgia, encontros semanais que reuniriam quinze autores para discutir dramaturgia e criar novas peças. Entre esses autores estavam Renata Palottini, Timochenco Wehbi, Bruna Lombardi e José Antônio de Souza. Seriam escritos e selecionados 15 textos para a temporada do segundo semestre de 1980. Durante esse processo, um grupo de atores faria exercícios de interpretação baseados na produção dos autores. Os resultados dessa experimentação seriam apresentados no "Teatro Marginal", a ser realizado aos sábados à meia-noite. Porém, mais informações não foram encontradas.

O efêmero do teatro é a paixão desse grupo. Não eternizar nada. É preciso saber que sua profissão é buscar algumas verdades e idolatrar a dúvida. Vamos recolhendo o que vemos e o que vivemos. E conferimos no coração.

ANTÔNIO ABUJAMRA
Programa de *Exorbitâncias*

Antônio Abujamra em *provocador@*, 2001

ABUJAMRA, O TEATRO E A REVOLUÇÃO

Tania Brandão

Analisar a trajetória de Antônio Abujamra no Rio de Janeiro à frente do movimento teatral iniciado por ele na cidade em 1989 não é tarefa simples. A bem da verdade, é preciso reconhecer de saída a sua dimensão de desafio desconcertante, tão desconcertante quanto as provocações concebidas por ele próprio, sempre, para sacudir o universo teatral e as sensibilidades ao seu redor. O desconcerto nasce em particular por causa de uma lacuna lamentável – ainda não foi escrita a história da direção no teatro brasileiro, apesar da força artística e do poder histórico dos artistas dedicados a essa função.

Assim, a fina trama do tempo iniciada nos anos 1930-1940, o turbilhão cênico que se convencionou chamar de *primeira revolução moderna* ou *nascimento do teatro moderno brasileiro*, persiste como uma trama etérea, envolta em névoas, pois a trajetória dos diretores deve ser um dos fios condutores do estudo do processo. Contraditoriamente, a reflexão mais ampla a respeito desses criadores persiste como tarefa irrealizada. Existem obras analíticas de fôlego devotadas ao tema na estante dedicada ao teatro universal, cenário em que se destaca de imediato a colaboração de Veinstein,[1] mas o campo de estudos, aqui, permanece recortado por visões localizadas.

Alguns pesquisadores – um bom exemplo pode ser encontrado nos trabalhos de Alessandra Vannucci, Berenice Raulino, Walter Lima Torres e Yan Michalski – já desenvolveram pesquisas esclarecedoras. Porém, apesar da excelência das obras publicadas, o tema continua imerso nas contribuições fragmentárias, localizadas, presas sobretudo às biografias. O fluxo maior do processo histórico permanece em suspenso, aguarda a atenção apurada capaz de associar fatos, personalidades, conceitos e procedimentos.

Assim, parece fundamental traçar algumas linhas gerais a respeito da história da direção teatral no Brasil, para que se obtenha uma percepção mais clara da radicalidade do percurso

---

[1] André Veinstein, *La mise en scène théatrale et sa condition esthétique*, Paris: Flammarion, 1955.

de Antônio Abujamra na liderança da companhia Os Fodidos Privilegiados no Rio de Janeiro. Destaque-se, de saída, uma constatação de extrema importância: em função de dinâmicas históricas profundas, a cidade do Rio de Janeiro consolidou um mecanismo cultural personalista intenso, a partir do qual a afirmação de coletivos dedicados à arte sempre enfrentou instabilidades profundas.

Apesar de ser, desde o século XIX, a grande cena histórica do país de consagração das individualidades – e exatamente por ser isso –, o palco carioca tensiona muito fortemente as formas gregárias de organização, em comparação com São Paulo e com o resto do país. É preciso, então, dimensionar alguns pontos – curiosamente, a princípio, exteriores ao mercado – como fatores decisivos para a eclosão do processo de transformação teatral.

A rigor, dois grandes eixos históricos viabilizaram tanto o nascimento do teatro moderno brasileiro como a instituição da figura do diretor na liderança das rotinas de criação teatral, para que se chegasse à figura do *encenador*,[2] seguramente o conceito mais adequado para definir o trabalho de Antônio Abujamra.

O primeiro eixo, de importância nacional e com frequência ainda não reconhecido no seu impacto imenso, nasceu da atuação de Paschoal Carlos Magno (1906-1980) junto aos estudantes do país e ao amadorismo. A partir da criação do Teatro do Estudante do Brasil (TEB), em 1938, e da montagem dirigida por Itália Fausta (1879-1951) de *Romeu e Julieta*, de Shakespeare, o inquieto diplomata e homem de teatro impulsionou o nascimento de teatros amadores e estudantis por todo o território nacional, do Rio Grande do Sul ao Amazonas.

O segundo eixo decisivo a considerar abrange a repercussão, na cena profissional brasileira, da permanência no país de diretores estrangeiros, movidos para cá em especial por causa da Segunda Guerra. De certa forma, o teatro brasileiro foi sacudido por uma geração de diretores europeus. Vale fazer um pequeno panorama poético, para delinear muito rapidamente o processo histórico no qual se projetará a figura de Antônio Abujamra.

O primeiro nome de destaque é o do polonês Zygmunt Turkow (1896-1970), que chegou aqui em 1941 para trabalhar com teatro ídiche e, detido pela guerra, ficou até 1952. Dedicou-se

---

2 Cf. Walter Lima Torres, "Encenador", em: Jacó Guinsburg; João R. Faria; Mariângela A. de Lima (org.), *Dicionário do teatro brasileiro: temas, formas e conceitos*, São Paulo: Perspectiva; Sesc São Paulo, 2006.

à direção de grupos amadores, como Os Comediantes e o Teatro de Amadores de Pernambuco, e de montagens comerciais. Comunista, judeu e senhor de sólida formação teatral adquirida na Polônia e na Rússia, o diretor ainda não teve a sua influência aqui avaliada de forma extensa. A sua direção insistia na densidade dos atores, a partir de Stanislavski, e na concepção plástica profunda da cena.[3]

Um outro nome dotado de profunda cultura também lidou diretamente com o sentido plástico do palco, por influência de Bragaglia (1890-1960). Assim como Turkow, Ruggero Jacobbi (1920-1981) veio para o Brasil movido pelo trabalho, na função de diretor artístico da turnê da companhia da atriz Diana Torrieri.[4] No Rio de Janeiro, ele transitou entre dois mundos, dirigiu espetáculos em companhias tradicionais, de atores profissionais, lideradas por Procópio Ferreira e por Dercy Gonçalves, e aderiu ao Teatro Popular de Arte (TPA), onde manteve uma colaboração intensa com Itália Fausta, nos primórdios da Companhia Maria Della Costa. Participou da criação do Teatro dos Doze, assinando um grande sucesso de Sérgio Cardoso, *Arlequim servidor de dois amos*, de Goldoni, e se transferiu para São Paulo, onde trabalhou em diversas companhias modernas, inclusive no Teatro Brasileiro de Comédia (TBC). Destacou-se como crítico de teatro e professor.

Fugido da guerra, chegou ao Brasil também em 1941 Zbigniew Ziembinski (1908-1978). Ele fez história ao dirigir, em 1943, a montagem de *Vestido de noiva*, de Nelson Rodrigues, com Os Comediantes, ainda um grupo amador, considerada pela historiografia tradicional como o marco inicial do teatro moderno brasileiro. Sem conquistar estabilidade profissional no Rio de Janeiro, pois o grupo jamais conseguiu transpor a condição amadora, Ziembinski também se transferiu para São Paulo, aderiu ao TBC e construiu vínculos profundos com a atriz Cacilda Becker (1921-1969), cuja companhia dirigiu.

Ainda em razão da guerra, mas mobilizados por contratos oferecidos pelo nascente palco moderno profissional do país, instalaram-se aqui Adolfo Celi (1922-1986), Flaminio Bollini Cerri (1924-1978), Luciano Salce (1922-1989), Alberto D'Aversa (1920-1969), Maurice Vaneau

---

3 Cf. Thiago Herzog, *Um encenador em busca de um palco: Zygmunt Turkow e o teatro de arte no Brasil*, tese (doutorado em Artes Cênicas) – Universidade Federal do Estado do Rio de Janeiro, Rio de Janeiro, 2020.

4 Cf. Alessandra Vannucci, *A missão italiana: histórias de uma geração de diretores italianos no Brasil*, São Paulo: Perspectiva; Fapemig, 2014.

(1926-2007), Gianni Ratto (1916-2005), todos italianos da mesma escola de Silvio d'Amico, com exceção do belga Vanneau.

Grosso modo, esses nomes, radicados em São Paulo, integram a mesma geração de diretores, a geração dos profissionais dedicados ao culto religioso do texto, à valorização da poesia e à submissão da força expressiva dos atores ao "mando" diretorial. Em boa parte, a sua partitura poética representa a luta contra o *capocomicato*, isto é, o momento teatral anterior, entregue à preponderância absoluta, inconteste, na cena, do primeiro ator e de sua capacidade particular de criação.[5]

O cálculo artístico desses criadores pretende basicamente dotar a cena de uma assinatura – a sua – e o pretexto para essa imposição gira ao redor do poder do texto. Praticam o *textocentrismo*, ainda que alguns tenham uma extrema acuidade para a criação plástica e visual. Todos, em diferentes graus, atuaram como professores, especialmente para a formação de atores rigidamente comandados. E de diretores. Eles formaram, assim, a primeira geração de diretores brasileiros.

Muito da extensa ação dos diretores estrangeiros ainda precisa ser dinamicamente incorporada à história da direção teatral no país. Ela ocupa lugar de destaque para o estudo da *arteografia* de Abujamra, isto é, esses diretores participaram como forças exponenciais para o traçado do percurso artístico-biográfico do artista. Tais dados, aliados ao inventário de alguns aspectos de sua formação, no Rio Grande do Sul, possuem alcance estratégico. Destaque-se em particular a importância de Ruggero Jacobbi, um intelectual denso, dotado de vasta formação cultural, para a criação do curso de teatro da Universidade Federal do Rio Grande do Sul.[6] Os estudantes da universidade, segundo Peixoto,[7] um grupo em que ele próprio, Antônio Abujamra e Luiz Carlos Maciel se destacavam, iniciaram uma luta, apoiada pelo professor e filósofo Gerd Bornheim (1929-2002), para a criação de um curso universitário de teatro.

---

5 Cf. Tania Brandão, *Uma empresa e seus segredos: Companhia Maria Della Costa*, São Paulo: Perspectiva, 2009.
6 Cf. Berenice Raulino, *Ruggero Jacobbi: presença italiana no teatro brasileiro*, São Paulo: Perspectiva, 2002.
7 Fernando Peixoto, *Um teatro fora do eixo: Porto Alegre (1953-1963)*, São Paulo: Hucitec, 1993.

Os diversos relatos memorialistas de Abujamra consultados registram claramente a força desse momento.[8] Aluno dos cursos de jornalismo e de filosofia, ele aderiu ao fervilhante teatro universitário e se destacou como ator e diretor. Gerd Bornheim, então professor do curso de filosofia, se constituiu como uma referência estratégica para a formação do jovem – profundo estudioso de filosofia e da cultura clássica, Bornheim se especializou cedo em estudos avançados de filosofia, na França, Inglaterra e Alemanha, e se tornou um grande estudioso de Bertolt Brecht.[9]

Ainda segundo seus diversos relatos, Abujamra não chegou a cursar a nova escola gaúcha, organizada por Jacobbi com a participação intensa de Bornheim, pois seguiu para a Europa, para ampliar a sua formação teatral. O Curso de Estudos Teatrais da Universidade Federal do Rio Grande do Sul, responsável pela formação de gerações de artistas de destaque e por uma institucionalização crescente do teatro na sociedade gaúcha, foi o segundo curso de teatro brasileiro ligado a uma universidade, precedido apenas pela Escola de Teatro da Universidade Federal da Bahia.

O fato sublinha a importância da formação adquirida nesse cenário, marcado por uma dupla visão: a formação do artista e a do público. O curso gaúcho nasceu com duas especializações: Arte Dramática, para a formação de atores, e Cultura Teatral, para difundir informação teatral e, lógico, formar plateia. Serão duas chaves importantes no programa de ação concebido por Abujamra para Os Fodidos Privilegiados.

Aliás, a trama de formação do diretor obedece a uma tessitura muito complexa, relatada sempre nos seus diversos depoimentos. Se ele seguiu para a Europa para estudar em Madri o teatro espanhol, logo mudou de rumo e, por indicação do poeta João Cabral de Melo Neto (1920-1999), cônsul brasileiro em Marselha, em cuja casa se hospedou, obteve uma bolsa para estagiar em Paris junto do grande encenador Jean Vilar (1912-1971). Uma visão geral desse momento de estudos europeus adiciona coloridos novos à formação de Abujamra e imprime um ritmo específico no fluxo conceitual da história da direção brasileira.

---

8 Há algumas entrevistas e relatos de Abujamra a respeito de sua vida e formação na internet, destacando-se a entrevista concedida ao programa *Caros amigos*, na TV PUC, em São Paulo, disponível em: <www.youtube.com/watch?v=b7QkU8CkVfE>, acesso em: 10 out. 2022.

9 Cf. Marcos Fernando Kirst, *Casa da Cultura: 30 anos irradiando arte*, Caxias do Sul: Modelo de Nuvem, 2012.

Jean Vilar integrou a segunda geração dos diretores modernos franceses, levando adiante as reformas iniciadas pela chamada geração do Cartel, integrada por Louis Jouvet (1887-1951), Gaston Baty (1885-1952), Georges Pitoeff (1884-1939) e Charles Dullin (1845-1949). Esses diretores incorporaram as propostas de Jacques Copeau (1879-1949), de combate ao teatro do primeiro ator e de adesão ao conceito de *encenação* e de teatro poético, impondo um novo tom ao teatro francês.[10] Portanto, Jean Vilar pertenceu à mesma geração teatral dos diretores europeus emigrados para o Brasil: estagiar ao seu lado era um acesso direto à fonte inspiradora da renovação da cena brasileira.

Quando Abujamra chegou a Paris, em 1958, no entanto, um debate teatral muito tenso ocupava as mentes. Na visão de Guérin,[11] começara uma intensa onda crítica contra Vilar, oposta à sua visão universalista, grandiosa mesmo, do teatro, em benefício do engajamento político direto, imediato, para a derrubada dos *valores burgueses*. Vilar foi um discípulo destacado de Dullin, se projetou como ator e diretor em especial a partir de 1941, quando começou a organizar companhias próprias. Em 1947, fundou o Festival de Avignon, moldado por ideias teatrais bastante particulares.

A principal ideia defendida por Vilar, conceito fundamental para a afirmação do Théâtre National Populaire (TNP), cuja direção ele assumiu em 1951, fez com que a casa se tornasse o grande templo de difusão social do teatro francês. Para Vilar, o teatro devia ser um serviço público, comparável ao fornecimento de gás. Consequentemente, no TNP ele implantou uma política consistente de difusão cultural que o levaria à criação do Festival de Avignon, uma política voltada para a união da sociedade diante do palco, em especial contando com a presença de plateias proletárias. Para consolidar o espaço de confraternização, Vilar tratou de tentar diluir ao máximo as mazelas do palco à italiana, melhorando a visibilidade da sala, despindo a cena de adereços supérfluos, praticando ingressos acessíveis e favorecendo uma linha de interpretação devotada à aproximação entre cena e sala.[12]

---

10 Cf. Jean-Jacques Roubine, *A linguagem da encenação teatral: 1880-1980*, trad. Yan Michalski, Rio de Janeiro: Zahar, 1982.
11 Jeanyves Guérin, "Jean Vilar face aux brechtiens", *Revue Française d'Histoire des Idées Politiques: Théâtre et Politique*, n. 8, 1998, p. 371.
12 Cf. A.-M. Gourdon, "Jean Vilar", em: Michel Corvin, *Dictionnaire Encyclopédique du Théâtre*, Paris: Bordas, 1991.

Tal concepção do teatro, bastante formal, até mesmo um tanto séria e, a seu jeito, religiosa, despertou uma crescente reação da esquerda francesa, inclinada a ver na busca do universalismo uma forma de dominação burguesa e não uma confraternização social. Para os inimigos, tratava-se de uma cena pequeno-burguesa avessa à mudança científica da sociedade, proposta pelo materialismo dialético.

Nascia ali um novo teatro francês. Além de um time de críticos e de pensadores de elevada potência reunido na revista *Théâtre Populaire*, no qual se destacavam Roland Barthes (1915-1980), Bernard Dort (1929-1984) e Émile Copfermann (1931-1999), na província um nome irreverente alçava voo, derrubando alguns dogmas pétreos erigidos pelo Cartel e cultuados por Vilar: Roger Planchon (1931-2009), um iconoclasta de enorme sucesso. Em 1957, a prefeitura de Villeurbanne, nos arredores de Lyon, concedera a Planchon a direção do Théâtre de la Cité. Diferentes linhas de invenção e de renovação teatral se cruzavam nesse espaço de proposição – a renovação francesa proclamada por Copeau ecoara forte na Itália, no início do século XX, e se tornara a plataforma de trabalho da primeira geração de diretores italianos. Integraram a geração exatamente os nomes atraídos pela promissora terra do Brasil, personalidades dominantes no palco carioca e paulista, dos anos 1940 aos 1960.

Ao embarcar para a Europa, Abujamra levou muito desse processo de transformação da cena brasileira, em particular a ideia de que a prática do teatro deveria ser um compromisso estudioso, aberto ao fluxo mais intenso possível de ideias. Contudo, desembarcou num lugar de debate acalorado e, ao chegar a Paris, deparou com uma cena de confronto intelectual e teatral crescente.

Rapidamente, Abujamra incorporou as controvérsias e objeções geradas pelas ideias brechtianas. Assim, apesar da grandiosidade artística oferecida pelo estágio no TNP, orientado por Vilar, ele não hesitou em se transferir para o novo centro ascendente do teatro francês, liderado por Roger Planchon. De origem operária e educado mais no teatro e no cinema do que nos bancos escolares, Planchon foi um dos primeiros diretores franceses a encenar Brecht, com a montagem de *A alma boa de Setsuan*, em 1954.[13]

---

13 Cf. David Bradby, "Roger Planchon", em: Martin Banham, *The Cambridge Guide to World Theatre*, Nova York: Cambridge University Press, 1988.

Ainda que a partir dos anos 1960 o teatro de Vilar tenha se inclinado para a politização – e nesse ano ele assinou montagens voltadas para a discussão da atualidade política, como *Antígona*, de Sófocles, e *Arturo Ui*, de Brecht –, o eixo do seu teatro era estável: "Nossa tarefa é a de despertar, por meio das grandes obras teatrais, a compreensão dos seres e das coisas deste mundo".[14]

Apesar da sua imensa influência para a formação de diretores, atores e, em especial, de plateias, apesar de ter interferido diretamente no mapa teatral francês, essa diretriz levou ao apagamento progressivo de sua obra. A partir de 1963, ele encenou raros espetáculos e pouco atuou. O eclipse de Vilar levaria o teatro de Planchon, em Villeurbanne, a receber em 1972 o título de Théâtre National Populaire.

Se, para Vilar, a cena era reverência obrigatória aos clássicos e ao texto dos poetas dramaturgos, com o palco reduzido ao mínimo de elementos cênicos – concebidos apenas para singelas indicações de lugar – e vestido rigorosamente pela luz, para ressaltar o poder do verbo e a plasticidade expressiva,[15] o seu teatro buscava um encontro de almas no qual o realismo soava muito discutível:

> No que se refere ao realismo, eu fico surpreso com a longevidade dessa palavra. A arte é uma forma de pôr a natureza em ordem ou em desordem. O que pode, então, significar, nesse processo, o realismo? Rimbaud é realista? E Corneille? E Kleist? E Léger? Não vejo um realismo evidente no *Don Juan* de Molière, na aparição do Comandante, nas sabedorias insensatas de Sganarello, nos monólogos de Harpagão, nas admiráveis estrofes da Infanta do Cid, no combate de amor de Rodrigo, no monólogo de Augusto. Eu escuto um canto. Um canto, a seu jeito, único.
>
> Ou seja, então: o realismo é a própria técnica. Quero dizer, o dom e a arte das cadências, do vocabulário. Porque o realismo no teatro se faz com palavras e corpos humanos.[16]

---

14 "Notre tache est d'éveiller, par le moyen des grandes oeuvres théâtrales, à la compréhension des êtres et des choses de ce monde." (Jean Vilar, *De la tradition théâtrale*, Paris: L'Arche, 1955, p. 868; tradução da autora.)

15 Cf. Pierre-Aimé Touchard, "Réalisme, poésie et realité au théâtre", em: Jean Jacquot (dir.), *Réalisme et poésie au théâtre*, Paris: Éditions du CNRS, 1960.

16 "En ce qui concerne le réalisme, je reste étonné de la longévité de ce mot. L'art est une certaine façon de mettre en ordre ou en désordre la nature. Que peut donc, en cette affaire, signifier le mot 'réalisme' ? Rimbaud est-il réaliste? Et Corneille? Et Kleist?

Já o estilo de Planchon, ao contrário, partia do princípio de que a cultura devia ser classificada não como uma força de união, mas, antes, de dominação ou expressão de poder. Deveria ser expressão crua da realidade, para ampliar a visão da realidade como instância de subjugação. No entanto, ao se fixar em Villeurbanne, ele conseguiu, um tanto na tradição de Vilar, oferecer o melhor do teatro moderno para plateias operárias, em particular graças à manutenção de uma equipe estável de atores.[17]

Ressalte-se aqui o culto à ideia de grupo ou companhia, seguido no trabalho de Planchon até a década de 1970, quando deixou de ter companhia estável e passou a recorrer às vedetes do cinema e da televisão para ampliar o sucesso de suas montagens. De toda forma, o recurso ao coletivo, ao longo do processo histórico geral e até a fase estrelar de Planchon, funcionou como um processo contínuo de refinamento da expressão teatral, estruturando a rotina das cenas no teatro moderno francês, espécie de mandamento sagrado do processo de criação herdeiro de Copeau.

A pauta estética de Planchon pode ser resumida em alguns tópicos exponenciais, justamente os itens que marcaram mais profundamente as ideias poéticas de Abujamra. Um primeiro princípio muito importante parte do olhar para a dramaturgia: Planchon, desde os seus primeiros trabalhos, buscou um estilo realista, bastante acentuado em virtude do diálogo com a obra de Brecht. Suas personagens são concretas, repletas de cotidiano, marcadas por uma evidência física e uma crueza inéditas – o foco sempre busca mostrar e desmontar os mecanismos das relações sociais que fazem a história. Na sua visão dos clássicos franceses, de Molière a Marivaux, importava detectar, além dos véus das personagens, a dureza das relações entre privilegiados e humilhados. Dessa forma, os textos são conduzidos a dizer as palavras caras ao encenador. Muito influenciado por uma visão plástica, ele buscava uma composição estética intensa das cenas, sobretudo no desenho das massas em movimento, nas quais até mesmo o menor detalhe possuía significação.

Et Léger? Je ne vois pas le réalisme évident dans le Don Juan de Molière, dans l'apparition du Commandeur, dans les sagesses déraisonnables de Sganarelle, dans le monologue d'Harpagon, dans les admirables stances de l'Infante du Cid, dans le combat d'amour de Rodrigue, dans le monologue d'Auguste. J'entends un chant. Un chant, à sa façon, unique. Ou bien alors: le réalisme, c'est la technique même. Je veux dire: le don et l'art des cadences, du vocabulaire. Car le réalisme au théâtre, cela se fait avec des mots et des corps humains." (Jean Vilar, *op. cit.*, p. 170-1; tradução da autora.)

17 Cf. David Bradby, *op. cit.*

Ao longo de sua carreira, em particular depois de 1964, Planchon se tornou autor e investiu bastante no cinema; trabalhou como ator e diretor e passou a defender uma visão dos centros dramáticos como espaços de criação multidimensionais, em ampla sintonia com o cinema e a televisão.[18]

A partir desse esboço, torna-se bastante visível um rol de influências decisivas para a trajetória de Abujamra, sobretudo a sua impetuosa busca por formação, ditada por uma curiosidade artística e intelectual que durou por toda a sua vida, e até mesmo o seu olhar para a televisão. Para o diretor, o artista precisava ser um redemoinho criativo acelerado – a sua veia de inquietude transparecia tanto no seu formidável perfil de frasista, que provavelmente superou o fôlego de Nelson Rodrigues, como nos desafios permanentes lançados aos atores, sobretudo aos jovens, que, a certa altura, serão a razão de ser dos Fodidos Privilegiados. Talvez se possa afirmar que o dinâmico e controvertido campo de debates de ideias teatrais – e culturais – vivido na Europa tenha ampliado o seu jeito provocativo de ser, tenha consolidado o seu rebelde interior.

Essa visão, com dados relativos à história da direção e da formação do diretor, permite situar a identidade artística de Abujamra na história da direção brasileira, para iluminar particularmente um momento de ruptura de sua carreira, muito representativo, com certeza o mais representativo da sua obra: o período em que se dedicou no Rio de Janeiro à criação do grupo Os Fodidos Privilegiados.

Segundo as convenções mais recentes dos estudos de história do teatro brasileiro, em especial a partir das pesquisas de Sandroni,[19] Antônio Abujamra integra a primeira geração de diretores modernos do país, mas tensiona essa classificação por causa de sua inventividade (*encenador*), um colorido que alguns colegas de geração só irão atingir na maturidade.

A rigor, o surgimento da chamada primeira geração de diretores foi um fato tardio, a partir dos anos 1950 e até o início da década seguinte. O grupo não abrange (ainda) alguns nomes de grande projeção, na verdade um impressionante time de mulheres – tais como Itália Fausta,

---

18 Cf. Jean-Jacques Lerrant, "Roger Planchon", em: Michel Corvin (dir.), *Dictionnaire Encyclopédique du Théâtre*, Paris: Bordas, 1991.

19 Paula Sandroni, *Primeiras provocações: Antônio Abujamra e o Grupo Decisão*, dissertação (mestrado em Artes Cênicas) – Escola de Teatro da Universidade Federal do Estado do Rio de Janeiro, Rio de Janeiro, 2004.

Esther Leão (1892-1971), Maria Jacinta (1906-1994), Dulcina de Moraes (1908-1996) e Henriette Morineau (1908-1990) –, cujo perfil persiste por estudar.

O primeiro nome a se projetar é o de José Renato Pécora (1926-2011), fundador do Teatro de Arena, em 1953. Em seguida, ligados ao mesmo coletivo ou à Companhia Maria Della Costa, ao Teatro Brasileiro de Comédia (TBC), ao Pequeno Teatro de Comédia (PTC) ou ao Teatro Oficina, surgiram os diretores Antunes Filho (1929-2019), Ademar Guerra (1933-1993), Augusto Boal (1931-2009), Flávio Rangel (1934-1988), Amir Haddad (1937) e José Celso Martinez Corrêa (1937-2023). A formação artística de todos apresenta o mesmo traço comum: a influência dos diretores estrangeiros, aplicada em grupos de teatro estudantil ou amador ou vivenciada no exercício profissional da função de assistência de direção.

Na década de 1950, o caminho habitual seguido para o ingresso na carreira *moderna* foi sempre a fundação de coletivos, companhias ou grupos, ideal de arte, como já se observou, diretamente herdado dos estrangeiros, graças ao predomínio das ideias de elenco e de ator/comediante, quer dizer, à mudança do conceito de ator. Já a partir dos anos 1960, os integrantes da geração gradualmente se tornaram diretores profissionais independentes, sujeitos às oscilações do mercado, coloridas, estas, por tons sombrios crescentes após o golpe militar de 1964.

Contudo, esses *diretores de aluguel*, uma novidade do mercado, cultivaram sempre a convicção de que o ideal para o exercício de sua arte era a organização de estruturas coletivas, estáveis, uma meta de sonho atingida por alguns deles. Na instabilidade brasileira, o grande obstáculo para concretizar o ideal nascia da dificuldade para obter um espaço próprio. Sem teto, as associações ficavam mais vulneráveis às tramas flutuantes dos afetos e às imensas dificuldades de produção. E enfrentavam, ainda, as consequências da consistente recusa por parte do Estado brasileiro à formulação de projeto cultural efetivo.

Abujamra desenvolveu, nesse cenário, uma identidade artística peculiar – de saída, tornou-se o diretor da geração mais profundamente engajado na proposição da compreensão do teatro como intervenção cultural afiada, irreverente. Nenhuma instância deveria conter a arte de questionar, a arte de virar tudo pelo avesso.

A observação, longe de significar uma diminuição da importância dos pares, deseja apenas contribuir para sublinhar o contorno geral de sua intervenção nos palcos: fosse por retórica, para obter adesões imediatas, fosse por convicção cultural profunda, Abujamra estimulou sempre os atores, em particular os jovens em formação, à manutenção de uma atitude irreverente em relação até mesmo a si próprios. A iconoclastia cultural não devia conhecer limites, devia inclusive sacudir a autoridade do diretor – este foi um lema maior dos Fodidos Privilegiados.

Nessa visão explosiva, demolidora mesmo, destaque-se a obsessão de Abujamra por continuidade – quer dizer, na verdade, a defesa da linguagem teatral como mecanismo permanente de pesquisa. No jogo, não importava exatamente o sucesso, mas o processo, a persistência. Portanto, ao lado da busca por grupos ou coletivos permanentes de trabalho, Abujamra brincava com a ideia de equivalência entre fracasso e sucesso, condições de finitude que se recusava a assumir, pois seriam formas de cristalização da pesquisa e de celebração de autoridades, celebridades, logo, de estagnação e morte da inquietude.

Ainda sob o signo da continuidade da pesquisa e da devoção ao estudo da linguagem, salta aos olhos o trabalho contínuo com determinados atores, com "famílias" de atores e formatos coletivos, opção visível na sua trajetória no trabalho com o Oficina, com a Companhia Estável de Repertório (CER), com o Teatro Ruth Escobar. E há ainda mais – há na sua carreira o retorno a textos montados anteriormente, o uso de formas de encenação espelhadas, com vários atores no mesmo papel, estruturas corais lúdicas, o uso de grandes massas desenhadas com capricho nos menores detalhes. Os procedimentos, explorados com frequência, permitem que se indique a construção de uma linguagem própria, um estilo.

A carreira de Abu – como passou a ser chamado no meio teatral – manteve um ritmo acelerado nas décadas de 1960-1980, sediada em especial em São Paulo, mas com uma incursão de impacto no Rio (1963-1967) – a criação do Grupo Decisão – e o reconhecimento, nos anos 1980, da arte do ator como desafio irresistível. Em 1987, sob a direção da sobrinha Clarisse Abujamra, ele estreou como ator no solo *O contrabaixo*, de Patrick Süskind, peça que se tornou cartaz da vida inteira. A partir desse momento, Abujamra acrescentou a arte de ator à sua vida na arte, como foi rotina na vida de seus diretores-mestres Vilar e Planchon.

Nessa altura, a sua admirável inquietude o levou a se tornar um grande sucesso nacional como ator, na pele do bruxo Ravengar, um trabalho muito bem-sucedido na telenovela *Que rei sou eu?*, de Cassiano Gabus Mendes, na TV Globo, em 1989. De certa forma, a projeção obtida com a novela, em vez de garantir um lugar de aclamação, viabilizou um ato de revolução.

Nesse momento, com residência no Rio de Janeiro para as gravações, Abujamra decidiu comandar a mais retumbante iniciativa teatral de sua vida, com o chamamento geral da classe, sobretudo dos jovens, para a fundação de um grupo de perfil histórico único na cena teatral do país, Os Fodidos Privilegiados. Existia então um outro país, ainda que pareça tão próximo, e a circulação do nome do coletivo precisou ser resumida por bastante tempo, pois a palavra "fodidos" não possuía trânsito livre na sociedade.

O sentido da expressão, contudo, era muito realista, pois considerava a existência de um privilégio raro, a chance de viver de teatro, mas sob a miséria cultural sufocante do país, portanto, fodidos, já que cada artista integrante da trupe precisaria ter um outro trabalho para sustentar a própria vida no teatro. Num primeiro momento, a iniciativa alcançou um sucesso enorme. Na história do teatro brasileiro, vivia-se claramente a percepção da falência do projeto moderno.

Segundo matéria publicada na imprensa, um alentado grupo de atores, de profissionais a iniciantes, passando pelos estudantes e amantes do teatro, compareceu à primeira reunião, na Casa de Cultura Laura Alvim, no dia 31 de janeiro de 1991:

> [...] cerca de 50 pessoas, reunidas no auditório da Casa de Cultura Laura Alvim, falavam de utopia, alma, criação, teatro, *Phaedra*, *Hamleto*, Shakespeare. Sob a inspiração de um Antônio Abujamra brilhante, eloquente, divertido e radicalmente avesso à palavra impossibilidade, fundava-se um novo grupo teatral na cidade, com um título irreproduzível, mas parcialmente conhecido como F... privilegiados. O f... se deve à condição natural da maioria dos brasileiros, em particular dos que tentam viver de teatro. E o privilégio, à condição de um grupo de pessoas capaz de fazer teatro sem ter a sobrevivência como primeira meta.[20]

Entre os presentes estava Gerd Bornheim, agora professor de filosofia sediado no Rio de Janeiro, que respondeu ao chamado e participou ativamente de ciclos de palestras programados pelo coletivo, tanto na inauguração do projeto como na comemoração do centenário de Brecht, em 1998.

---

20 Susana Schild, "Abujamra dá show ao lançar grupo teatral", *Jornal do Brasil*, Rio de Janeiro, 2 fev. 1991, Caderno B, p. 3.

Logo do grupo Os Fodidos Privilegiados*, criação de Marcos Apóstolo

OS PRIVILEGIADOS

* Mesmo que desde sua fundação o grupo se reconheça como Os Fodidos Privilegiados, por questões de censura começa assinando Os Privilegiados, logo muda para Os F... Privilegiados para só então poder assumir Os Fodidos Privilegiados, nome que permanece até hoje.

Considerando-se a eterna fugacidade dos eventos artísticos e culturais no país, o grupo alcançou um desempenho histórico inusitado, talvez exatamente por ser formado de fodidos privilegiados, já que o coletivo existe até hoje, muito embora tenha sido atingido por pequenos períodos de paralisação, quando o diretor se ausentava da cidade ou se dedicava a outros trabalhos. Abujamra se desligou da equipe em 2000, voltando-se para diferentes projetos teatrais e, em particular, dando vida ao programa de televisão *Provocações*, na TV Cultura de São Paulo, do qual esteve à frente até a sua morte. Continuou, todavia, a ser a grande referência da companhia.

A ação teatral promovida pelos Fodidos Privilegiados alcançou uma repercussão inédita na história da arte no país – nenhuma outra iniciativa pode ser comparada aos seus efeitos. Tal ocorreu em função do conceito de teatro defendido por Abujamra, de extrema densidade, capaz de fazer a cena extrapolar o palco através de atividades múltiplas voltadas para a cena e para o público: palestras, debates, leituras dramáticas e, novidade, provocações, quer dizer, pronunciamentos diversos, tais como frases de impacto, discursos, iniciativas inusitadas.

A força histórica transformadora da iniciativa também se deu em função do conceito de repertório proposto pelo diretor. Não só foram encenados textos do próprio repertório de Abujamra, segundo uma concepção de *revisão cênica* – portanto, algo diferente de remontagens, reencenações ou reposição de cartaz –, como o diretor difundiu também uma compreensão iconoclasta dos clássicos, uma visão tomada de Brecht e Planchon, mas temperada com intenso apetite antropofágico.

No programa de sala de estreia da companhia, no Teatro Dulcina, em 1991, um texto lapidar do diretor registra de forma límpida os seus princípios:

> Nos escritos sobre teatro, Bertolt Brecht diz que "se nos deixarmos intimidar por uma concepção falsa, superficial, pequeno-burguesa do classicismo, não chegaremos nunca a uma representação viva e humana das grandes obras clássicas. Para demonstrarmos o verdadeiro respeito que essas obras podem e devem exigir, é preciso que desmascaremos a atitude hipócrita, servil e falsa que só as servem da boca pra fora". Não está errado.[21]

---

21 Antônio Abujamra, *Os Privilegiados 1991*, programa de sala, Rio de Janeiro, jun. 1991.

No primeiro plano, Rafaela Amado, Suzana Faini e Vera Holtz. Atrás, Sofia Torres, Ana Jansen, Tuca Moraes e Maria Adelia. No fundo, Claudia Cerquinho. *Um certo Hamlet*, 2001

Para tornar o teatro vital, Abujamra apostou sempre na entrega da cena dos Fodidos a uma forma de choque preocupada em combater a letargia, de certa forma uma tentativa de submeter o palco ao diálogo direto com a voragem do tempo. A temporada de estreia do grupo constitui excelente exemplo.

As peças escolhidas para a primeira temporada foram: *Um certo Hamlet*, adaptação de Abujamra do texto de Giovanni Testori, *Phaedra*, de Racine, e *A serpente*, de Nelson Rodrigues, a primeira e a terceira já encenadas anteriormente pelo diretor. No caso particular de *Um certo Hamlet*, Abujamra formulou uma proposta curiosa, talvez se possa dizer visionária: a inversão da prática elisabetana, com a montagem da peça feita apenas com mulheres, quando estas, na época de Shakespeare, estavam condenadas a viver fora da cena. Integraram o elenco atrizes já na época incandescentes, algumas ainda jovens, mas que logo se tornaram intérpretes de primeira grandeza – Vera Holtz, Cláudia Abreu, Suzana Faini (1933-2022), Maria Adelia, Paula Sandroni, Rafaela Amado, Tuca Moraes...

Cerca de cinco semanas após a estreia, um novo espetáculo passou a ocupar o horário alternativo do Teatro Dulcina, com o elenco ainda integrado apenas por atrizes. Começava a se materializar uma das revoluções propostas no programa de ação do diretor: a criação de uma companhia de repertório no Rio.

Em contraposição à ousadia exposta na reescritura do texto de Shakespeare, a nova cena trouxe um clássico, *Phaedra*, numa visão camerística, pois os espectadores passaram a ocupar uma pequena arquibancada no palco. A área da representação era imediata; a plateia figurava, na estreia, como espaço vazio. A demanda do público fez com que a plateia fosse ampliada, com a ocupação das

Elenco de *Phaedra*, 1991

Tato Gabus Mendes e Marcelo Saback (sentado com véu), Tuca Moraes e Ana Jansen (sentada com véu) em *A serpente*, 1991

cadeiras da sala. A proposta, mesmo com o desagrado da crítica, foi um sucesso.

Com *A serpente*, os homens voltaram a integrar o elenco da companhia: Antonio Grassi, Tato Gabus Mendes, Mario Borges e Marcelo Saback participaram da montagem.

A encenação trouxe uma outra forma iconoclasta pensada pelo diretor: cada personagem era defendida por um casal de atores, com o elenco envolvido numa forma de representação mimética ou dupla. Para o efeito funcionar, a cena precisou ser marcada como um trabalho de dança, e Abujamra chegou a declarar que não era um diretor, mas, sim, um coreógrafo. No final da temporada no Teatro Dulcina, as três peças eram apresentadas simultaneamente. Um problema sério surgia, no entanto: o teatro fora cedido por curto espaço de tempo.

Mario Borges e Antonio Grassi, Sofia Torres e Maria Adelia em *A serpente*, 1991

O espetáculo seguinte, *O retrato de Gertrude Stein quando homem*, de Alcides Nogueira, revelou um Abujamra inclinado à incorporação da bela plasticidade ao palco. Sem o Teatro Dulcina, a companhia se transferiu para o Teatro I do Centro Cultural Banco do Brasil. A montagem estreou em agosto de 1992, com o elenco integrado por Vera Holtz e Susana Faini, ao lado de Abujamra.

A instabilidade gerada pela falta de uma sede permanente afetava bastante a rotina dos trabalhos. Havia uma projeção e um sucesso cultural fortes, evidentes na crescente adesão de artistas à equipe – como os amigos Nicette Bruno, Paulo Goulart e Beth Goulart – e no apoio de gestores culturais, como a diretora Celina Sodré, então ligada à Secretaria de Cultura do município. Mesmo assim, nunca foi possível ter uma sede, um lugar fixo para o encontro, a pesquisa, o trabalho.

Apesar disso, a produção se manteve com intensidade. No período de 1991 a 2000, Abujamra dirigiu na companhia cerca de duas dezenas de peças, uma conta imprecisa em

Suzana Faini, Antônio Abujamra e Vera Holtz (sentada) em *O retrato de Gertrude Stein quando homem*, 1992

"[...] Nosso grupo não resistiu à peça de nosso amigo Alcides Nogueira, porque uma salada como esta é tudo, menos outro poema sobre a morte de García Lorca ... Dirigir e interpretar Gertrude Stein é sem dúvida me divertir muito e não deixar ninguém me cobrar nada ao fazer quarenta anos de carreira. Principalmente porque posso responder até ao governo, perguntando se é necessário nos acossar tanto, já que está provado que o país é um dos mais desavergonhados países, cheios de vício do mundo civilizado. Ou não? Está ficando famoso nosso país por suas medalhas de ouro, jogadores, putas, exibicionistas, drogados, onanistas e todos os que vivem na impunidade mediante subornos. Claro que poderíamos fazer um seminário sobre o problema da delinquência, mas, por favor, não cometam o erro de querer tirar essa liberdade do artista que ninguém consegue tirar. E por isso não dá para nos entender. O teatro continua cada vez mais infinitamente virgem. Cabe tudo dentro dele. [...]"

ANTÔNIO ABUJAMRA
Programa de *O retrato de Gertrude Stein quando homem*

razão do turbilhão de montagens assinadas pelo coletivo, muitas das quais contaram apenas com a sua supervisão. A adesão ao projeto era tão forte que os períodos de afastamento de Abujamra não determinavam a liquidação da ideia.

O mais importante, nessas condições, é definir o ímpeto do vetor criativo assinado pelo diretor. De saída, Abujamra formou e transformou atores, ao demonstrar a grandeza infinita possível para a expressão e para a arte de cada um, a partir de uma atitude permanente de estudo e de inquietação. O resultado histórico é caudaloso. A lista de discípulos é imensa. Sua graça tocou personalidades tão diferenciadas como Camila Amado (1938-2021), Rubens Corrêa (1931-1996), Nildo Parente (1936-2011), Ada Chaseliov (1952-2015), Luís Carlos Arutin (1933-1996), Antonio Fagundes, Thaís Portinho, Marcelo Serrado, Charles Möeller, Christiana Guinle, Thelmo Fernandes, Dani Barros, Alex Pinheiro, Micaela Góes, Georgiana Góes, Cláudio Tizo, Sérgio Pompeu, Guta Stresser, Djin Sganzerla, Helena Ignez, para ficarmos numa exemplificação rápida.

A irreverência do mestre funcionava para indicar que a verdade andava descalça, distante, e talvez fosse mesmo inalcançável, talvez fosse simplesmente um estado de pergunta. Restava ao ator, então, o ato permanente de se questionar e se reinventar, para ser um criador legítimo.

Ao lançar desafios irresistíveis, Abujamra formou diretores e levou atores a se iniciar na prática da direção. Alguns nomes conquistaram um sólido perfil artístico – João Fonseca, Paula Sandroni, Caco Coelho, Luciano Sabino, Dudu Sandroni. João Fonseca, ator que veio de uma formação em ciências exatas, iniciou a carreira teatral no teatro amador, ainda em Santos, e a vida profissional em São Paulo, tendo uma trajetória bastante peculiar: após a saída de Abujamra dos Fodidos, Fonseca se tornou o diretor da companhia.

Caco Coelho e Paula Sandroni participaram da equipe desde os primeiros momentos, mas João Fonseca ingressou no conjunto em 1995, quando Abujamra convocou atores para um dos trabalhos mais inovadores da equipe: *Exorbitâncias, uma farândola teatral*, uma composição de textos de vários atores até com inserções de cinema. Uma autêntica salada teatral, na qual o humor corrosivo se misturava com a paixão pela teatralidade. A estrutura fraturada do espetáculo lembra a dinâmica das antigas revistas de teatro, com uma dupla de atores conduzindo a ação, mas num grau de irreverência muito acentuado. Em cena estavam 51 atores, um número impressionante. Afinal, a companhia, depois de um intenso momento de estreia,

Kiko Nunes, Johayne Ildefonso (de pé), Aline Casagrande, Antonella Batista e Paulo Tiefenthaler abraçando Deborah Catalani em *Exorbitâncias*, 1995

com múltiplas atividades, estivera parada desde 1993, em particular devido à dificuldade para obter uma sede permanente. Uma das atividades de destaque da primeira temporada foi a extensa programação de leituras dramáticas, concebidas como formação de plateia, ciclo de estudos ou exercício técnico. A agenda congestionada, portanto, se tornara um sucesso, pois fazia "acontecer teatro"; ela explica a proeza de se conseguir reunir 51 atores no palco com um resultado lógico, consequente.

Após a montagem de *O que é bom em segredo é melhor em público*, de 1996, Abujamra propôs a teatralização de obras não dramáticas de Nelson Rodrigues (1912-1980). Dedicados ao estudo da obra, os atores foram convidados a apresentar pequenas cenas dos textos escolhidos

Luiz Carlos Arutin em *Exorbi*

por cada um; a sugestão de João Fonseca de adaptação de *O casamento* gerou a montagem seguinte da equipe, em 1997, uma codireção de Abujamra e Fonseca, com estreia no Festival de Curitiba e a conquista do Prêmio Shell de direção no Rio de Janeiro.

O exemplo tem muita eloquência: aponta para uma constatação importante. Diante da trajetória de Abujamra à frente da equipe, mais do que promover um inventário objetivo de números, é preciso reconhecer como ele fez surgir, com Os Fodidos Privilegiados, um lugar de experiência teatral raro, capaz de revelar a cena como profissão de fé e paixão. De certa forma, Abu materializou nesse projeto tanto a grandeza estética da poesia, sempre uma linha mestra cultuada na sua vida, como o corte objetivo do poeta, a lição direta, concisa e seca do verso de João Cabral de Melo Neto, uma convivência que o marcou profundamente.

No seu processo de estudo e de ensaio para as encenações, Abujamra demonstrava como o criador teatral precisa ter a mente e os olhos abertos para a dimensão indizível da vida, precisa estar um passo antes, em estado de alerta, para fazer com que, justamente, a vida se torne palavra coerente, não aconteça em vão. O encenador seguiu adiante da lição de Brecht e Planchon, portanto, pois incorporou ao debate do jogo social um fino viés relativo ao humano. Estas foram exigências passadas aos atores formados por ele, impregnadas por densos padrões técnicos.

Na sua obra, uma paleta de cores quentes precisava funcionar para materializar tonalidades capazes de sacudir as percepções. Ironia, humor, esculacho e seriedade serviram como bisturis para o tratamento dos textos e dos corpos em cena, a irreverência sempre acionada como norte para a abordagem dos clássicos, aquelas letras doadas à humanidade para, a seu ver, serem reescritas, um meio para obter falas de igual impacto, mas em acordo com a marcha

Denise Sant Anna (sentada) e Renata Hardy em *O que é bom em segredo é melhor em público*, 1996

Atrás, Lincoln Oliveira, na frente Humberto Câmara, de *O casamento*, 1997

do mundo. Das lições de Vilar, Planchon e Brecht, Abujamra trouxe uma visão da cena que é construção plástica em movimento, mas precisa ser associada à vida crua do cotidiano e aos ideais maiores de transformação da sociedade, ao mesmo tempo sob um humanismo verdadeiramente tropical.

Para a cena carioca, sempre mais despojada e espontânea, às vezes até bastante leviana na sua imediatidade expressiva, Abujamra consolidou a visão do movimento bem-acabado, direto, limpo, estruturado profundamente a partir de um conceito e de uma deliberação expressa do dizer. Aliás, do bem dizer. As marcações das cenas, geométricas, proporcionais e equilibradas, com frequência construídas a partir de giros e de movimentos circulares, levaram adiante, no panorama carioca, a ideia de expansão do corpo cênico do ator, de instauração da aura e do corpo energético, recursos frágeis ou mesmo ausentes nas formas cênicas em que o carisma ou o charme do ator se afirmam como o centro direto de expressão, antigos truques cariocas.

Nenhuma gratuidade no palco, nenhuma decoração oca, apenas a busca do fluxo de comunicação mais límpido, construtivista mesmo, são decorrências diretas dessa visão da cena, garantia para a conquista da provocação sensível da plateia. Abujamra, com tantos eventos pontuando as ações da equipe, foi um formador de plateia, qualidade rara nos diretores modernos, em geral alheios à necessidade de criar e manter um público fiel ao redor do seu palco.

Destaque-se, afinal, a existência de um arco histórico *sui generis*. Se considerarmos as primeiras formas teatrais cariocas, coloniais, calcadas na devoção religiosa, com a exploração assídua dos cortejos – formas de procissão informais mais bem-sucedidas do que as formas

Nello Marrese e Guta Stresser em *O casamento*, 1997

de apresentação concentradas, nas quais um tablado impunha a contemplação estática da cena pelo público –,[22] podemos supor que Abujamra mexeu com formas expressivas locais profundas e por isto encantou os cariocas. Nas suas cenas mais repletas de atores, sempre surgiam formas de cortejo para resolver as entradas e saídas de cena e as movimentações de massas (vale frisar que os cortejos estão na raiz remota dos desfiles de Carnaval). Se acrescentarmos a esse pensamento histórico, tão transgressivo quanto as construções verbais caras ao mestre Abu, a lembrança do padre Ventura[23] – rabequista, produtor, ator, diretor de cena, chefe de palco, animador cultural –, talvez possamos falar de um arquétipo forte, quem sabe um tipo que possa ser chamado de *diretor brasileiro*.

Logicamente, trata-se de uma liberdade poética iconoclasta da pesquisadora, mas não custa, no esforço para compreender a trajetória de Abu no Rio, sonhar um pouco. Uma notável intensidade humana parece unir as duas figuras, se insinua como se elas, duplas, fossem a mesma – afinal, se para Antônio Abujamra faltou a rabeca do padre Ventura, houve o contrabaixo...

22 Cf. José Galante de Sousa, *O teatro no Brasil*, Rio de Janeiro: INL, 1965.

23 Padre Ventura, figura lendária do teatro brasileiro, considerado pela tradição o primeiro homem de teatro carioca, foi rabequista, ator, encenador, regente, empresário, considerado como o grande animador da Casa da Ópera, no século XVIII. Esta tradição fez com que os primeiros críticos teatrais modernos cariocas criassem, em 1958, o Prêmio Padre Ventura, para contemplar os nomes de destaque da nova geração teatral. No entanto, os estudos do historiador Nireu Ramos estabeleceram recentemente o período histórico do padre. Nascido em 1710 e na verdade chamado Boaventura Dias Lopes, foi dono de pelo menos dois teatros – casas da ópera –, os quais continuou a frequentar mesmo depois de ordenar-se padre secular em 1749. Faleceu entre 1772 e 1775; deixou uma fama inconteste de feliz devoto do teatro. Cf. Nireu Ramos, *O Rio de Janeiro setecentista*, Rio de Janeiro: Jorge Zahar Editor, 2004.

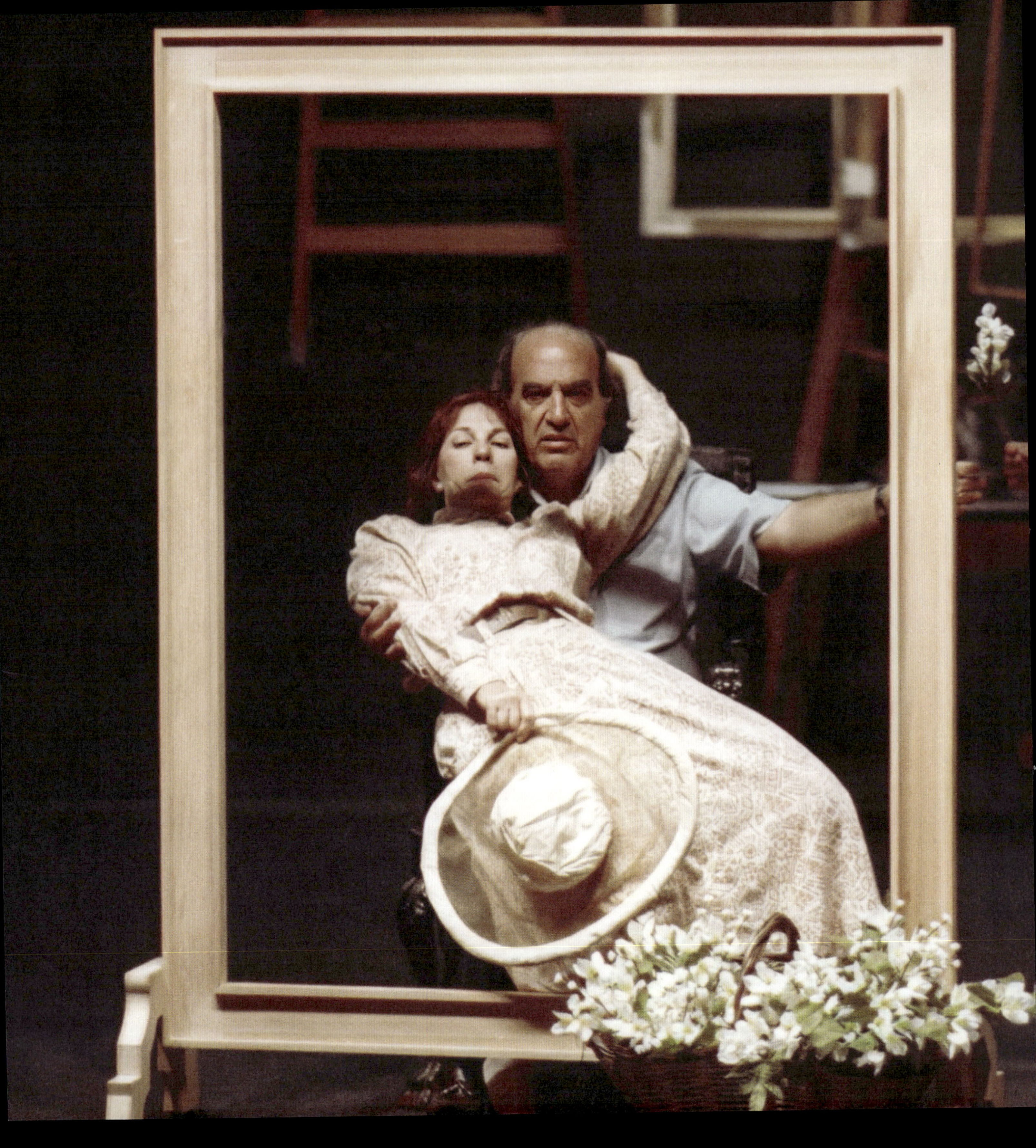

Quero dar um depoimento pessoal sobre o Abu. Sobre a imensa capacidade que ele tinha de ser generoso, solidário. Quando meu companheiro morreu, alguns dias depois o Abujamra apareceu na minha casa. Abriu a porta, me deu um daqueles abraços de urso que preenchiam a gente inteirinho. Não falou nada. Ficou sentado do meu lado, pegou minha mão, e ficamos nós dois, um bom tempo, em silêncio. Nada. Nem uma palavra. Ele se levantou, me deu um beijo e foi embora. A minha sensação foi de ter recebido uma injeção de afeto na veia. Eu me senti pleno, preenchido de carinho, de amor, de solidariedade, de companheirismo. Esse era o Abu, esse era o homem que não precisava dizer nada, e era um grande amigo.

Alcides Nogueira
Dramaturgo

Suzana Faini, Antônio Abujamra e Vera Holtz em
O retrato de Gertrude Stein quando homem, 1992

O Abu tinha uma [bolsa de estudos] Fulbright para teatro e eu tinha para cinema, e a gente se encontrava de vez em quando e ele me obrigava a ir ao teatro. Eu dizia: "Abu, teatro é chato". Ele falava: "Vai assim mesmo". Me pegava pelo braço e levava. [...] "Mas Abu, é ruim, esse teatro é ruim." Ele falava: "Por que você só quer ver coisa boa, por que só quer ver sucesso?".

José Roberto Sadek
Bolsista Fulbright, cineasta e professor

Antônio Abujamra em O contrabaixo,

Quando encontrei Antônio Abujamra em minha vida, já tinha percorrido quase quinze anos de teatro. Mas foi com ele que entendi o que um diretor pode fazer, de forma generosa, para ajudar o ator/atriz em seu processo de criação de uma personagem. Tive experiências, como atriz, com bons diretores, mas raros com essa capacidade de falar no ouvido da atriz/ator, caminhando ao lado, como uma sombra/espírito, dizendo: "olha para a frente, respira e diga o texto com raiva". Depois observava da plateia e dizia: "Funcionou, agora busque a motivação que melhor te ajudar". Essa caminhada e as palavras ditas eram como descobertas, senhas, caminhos inexplorados de possibilidades. Dizia: "Existem mil possibilidades de fazer ou falar nesta cena, me apresente uma". Me fez entender que não é uma questão de emoção, mas de como se a controla e domina de maneira que faça sentido e tenha expressão clara para o público. Nos instigava, provocava, nos tirava da zona de conforto. O ator precisa saber o movimento do mundo, ser consciente para não ser medíocre. Um diretor completo!

Iara Pietricovsky
Atriz, antropóloga e ativista

Iara Pietricovsky e Guilherme Reis em
Caça aos ratos, 1991

Cláudia Lira, Antônio Abujamra e Christiana Guinle em *O inferno são os outros*, 1993

Nicette Bruno e Clarisse Abujamra em *Gertrude Stein, Alice B. Toklas e Pablo Picasso*, 1996

Francarlos Reis em *Gertrude Stein, Alice B. Toklas e Pablo Picasso*, 1996

Claudia Jimenez em *Julieta de Freud*, 1997

Celso Frateschi, Nelson Dantas, Antônio Abujamra e Fernanda Torres (em pé), Matheus Nachtergaele e Fernanda Montenegro (sentados) em *Da gaivota*, 1998

Antônio Abujamra e André Corrêa em *O grande regresso* de Paulo Sérgio Cortez, 2001

(acima) Kadu Carneiro e Sergio Menezes
em *Hamlet é negro*, 2001
(ao lado) Programa da peça

Prefeitura do Rio
apresenta

HAMLET
É NEGRO

Dir.: Antônio Abujamra
Profano, Perverso e Obscenamente Engraçado

(acima) Selma Egrei e Mariana Muniz
(ao lado) Selma Egrei e Antônio Abujamra, em *Mephistópheles*, 2003

Antônio Abujamra em *Mephistópheles*, 2003

Marília Gabriela (primeiro plano), Patricia Niedermeier, Rafaela Amado e Paula Sandroni (atrás), atrizes da montagem carioca do espetáculo *Senhora Macbeth*, 2006

Marília Gabriela em *Senhora Macbeth*, 2006

Antônio Abujamra (sentado), Miguel Hernandez e Natalia Correa em *Começar a terminar*, 2008

Elenco de O que leva bofetadas, 2004

Elenco de *O que leva bofetadas*, 2004

Abu se autointitulava um almoxarifado ambulante! E quando a gente trabalhava com dramaturgia, para cada frase que líamos, ele sabia dez frases de outros dez autores que tinham falado aquilo de outras formas, e isso era um prazer enorme. [...] Nas últimas vezes que o vi, ele tinha uma plaquinha que ele levantava e na qual estava escrito "o que seria do mundo sem as coisas que não existem?" [...]. Ele tinha uma coisa fantástica: fazia com que as pessoas fossem melhores do que realmente eram. Onde ele estava, parece que o ambiente ganhava em grandeza, os processos ganhavam em grandeza.

Miguel Hernandez
Ator e diretor

Miguel Hernandez, Natalia Correa (à frente) e elenco em *Paraíso*, 2011

Antônio Abujamra e Tatiana de Marca em *Uma informação sobre a banalidade do amor*, 2011

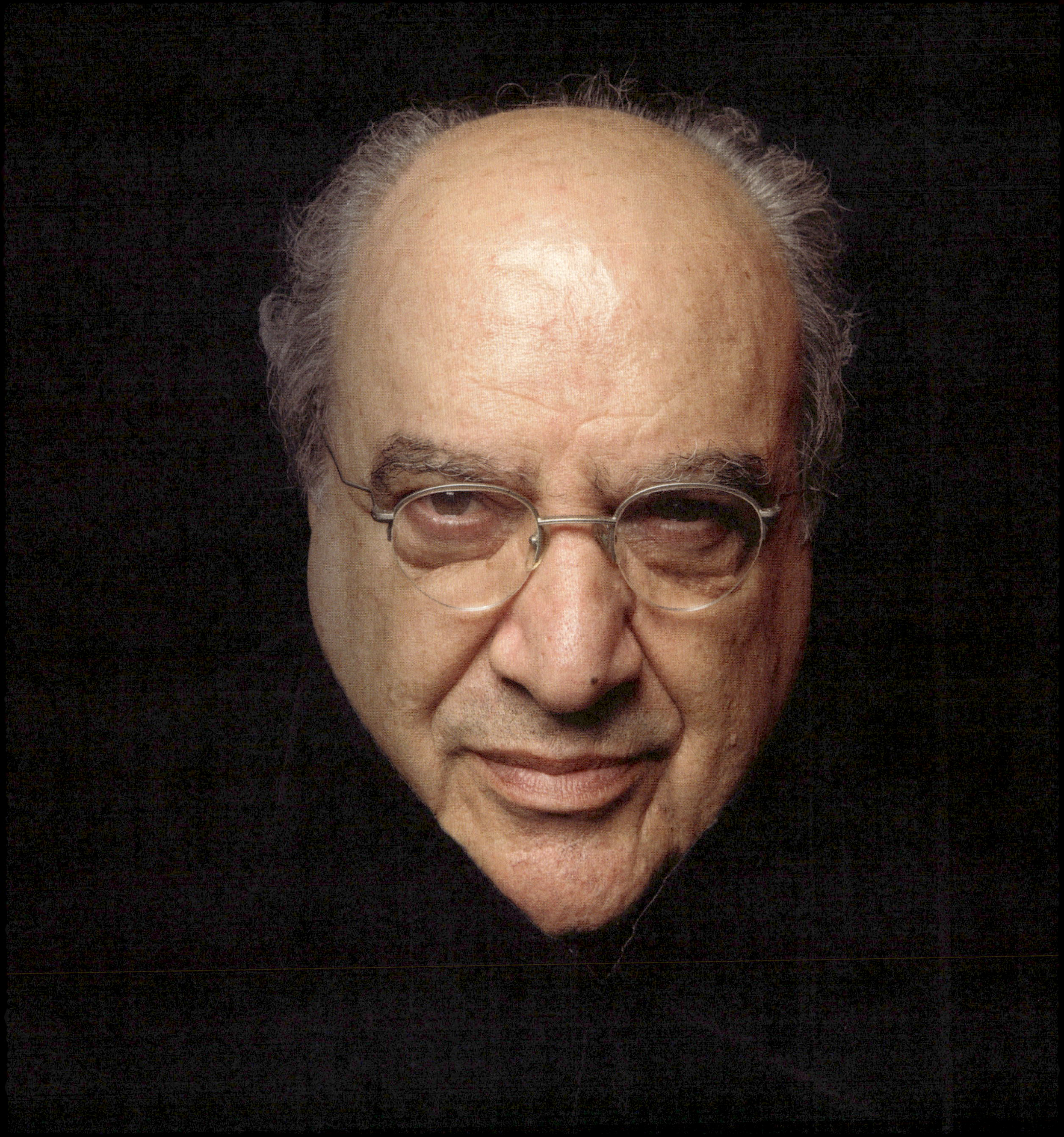

RUA ALCINDO GUANABARA, 17, OU O CORPO VIVO DO TEATRO

André Dias

Nossa história – o "nossa" aqui utilizado será compreendido, espero, ao fim deste percurso – tem como ponto de partida o "tempo do rei". Refiro-me ao sucesso de público e crítica da novela *Que rei sou eu?*, exibida de fevereiro até setembro de 1989, pela Rede Globo de Televisão. Foi durante o período de convivência nos *sets* de gravação da novela que Antônio Abujamra – que na trama interpretava Ravengar – teve a ideia de fundar uma companhia teatral no Rio de Janeiro. Thereza Clark, ao entrevistá-lo por ocasião da estreia de *Um certo Hamlet,* registra essa história da seguinte maneira: "Foi durante as gravações de *Que rei sou eu?* da TV Globo que surgiu a ideia de se montar um grupo de teatro. Conversa vai, conversa vem, Antônio Abujamra, Vera Holtz e Cláudia Abreu decidiram botar a ideia em prática. Foi formado os F... Privilegiados".[1]

Se a primeira semente para aquilo que viria a ser Os Fodidos Privilegiados germinou durante as gravações da novela que catapultou Abu para o sucesso como ator de tevê, ela só ganhou tutano, de fato, mais de um ano e meio depois, em 31 de janeiro de 1991. A data marcou a reunião de fundação do que aqui chamo de primeira fase de Os Fodidos Privilegiados. Ela aconteceu no auditório da Casa de Cultura Lauro Alvim e assim foi registrada por Susana Schild, em matéria publicada no *Jornal do Brasil*:

> Deve ter sido o melhor show da cidade de quinta-feira à noite. Enquanto os noticiários de TV alternavam notícias sobre a Guerra do Golfo com a exposição da ministra da Economia anunciando congelamento de preços e, paradoxalmente, um abusivo tarifaço, cerca de 50 pessoas, reunidas no auditório da Casa de Cultura Laura Alvim, falavam de utopia, alma, criação, teatro, *Phaedra*, *Hamleto*, Shakespeare. Sob a inspiração de um Antônio Abujamra brilhante, eloquente, divertido e radicalmente avesso à

---

1 Thereza Clark, "Projeto em muitas doses", *O Dia*, Rio de Janeiro, 14 jun. 1991, p. 10.

palavra *impossibilidade*, fundava-se um grupo teatral na cidade, com um título irreproduzível, mas parcialmente conhecido como F... Privilegiados. O F... se deve à condição natural da maioria dos brasileiros, em particular dos que tentam viver de teatro. E o privilégio, à condição de um grupo de pessoas capaz de fazer teatro sem ter a sobrevivência como primeira meta.[2]

Um mês depois, no Espaço Cultural Sérgio Porto, no Humaitá, acontecia a leitura dramatizada de *Phaedra*, de Racine. Três meses mais tarde, em 9 de julho de 1991, o clássico de Racine ganharia uma montagem com elenco feminino, dirigido por Abujamra, no Teatro Dulcina.

O ano de 1991 foi muito prolífico para a companhia, como planejara seu criador. Em 14 de junho, estreava *Um certo Hamlet*, com elenco todo feminino, tendo à testa da encenação Vera Holtz, Cláudia Abreu e Suzana Faini. Na sequência *Phaedra* e, ainda, *A serpente*, de Nelson Rodrigues – todas encenadas no Teatro Dulcina. *Um certo Hamlet* rendeu a Vera Holtz o prêmio de melhor atriz e a Antônio Abujamra a indicação de melhor diretor na quarta edição do Prêmio Shell de Teatro. Abujamra levou o Prêmio Molière de melhor direção naquele ano.

A crítica especializada foi rigorosa e, ao mesmo tempo, soube reconhecer os méritos do espetáculo que inaugurava a trajetória de Os Fodidos Privilegiados. Macksen Luiz, em texto publicado no *Jornal do Brasil*, destacava o fato de a montagem iconoclasta provocar a radicalização das posições: de um lado, os "puristas", que consideravam a encenação uma profanação do clássico; de outro, os menos ortodoxos, que viam na montagem uma bem-sucedida "aclimatação" do texto-fonte aos palcos brasileiros. Para o crítico, um dos méritos da montagem residia no fato de "o deboche ter sido alçado como linguagem". Ele encerra sua análise com a seguinte consideração: "*Um certo Hamlet* usa a tragédia de Shakespeare como pretexto para falar de outras tragédias. Não espere encontrar Shakespeare em sua inteireza, mas saiba que *Um certo Hamlet* despreza certas convenções (mais sociais do que teatrais) para encontrar um sentido para o teatro brasileiro atual".[3]

2 Susana Schild, "Abujamra dá show ao criar grupo teatral", *Jornal do Brasil*, Rio de Janeiro, 2 fev. 1991, p. 2.
3 Macksen Luiz, "Hamlet para brasileiro ver", *Jornal do Brasil*, Rio de Janeiro, 18 jun. 1991, p. 2.

Barbara Heliodora, em texto afiado publicado em 18 de junho de 1991, na coluna sobre teatro que assinava em *O Globo,* assim se manifestou sobre o espetáculo:

> É perfeitamente justo que nem no programa e nem em qualquer anúncio de *Um certo Hamlet* apareça qualquer nome de autor. Que Shakespeare não tem nada a ver com isso já se sabia, pois esta é nada menos do que a quarta vez que Abujamra *não dirige Hamlet de Shakespeare* [itálico nosso]. O ponto de partida tem sido, em todos os casos, o *L'Ambleto* de Giovanni Testori (1972), um texto excepcionalmente datado em suas posturas ideológicas. Cada vez, no entanto, Abujamra vai tomando Testori mais e mais apenas como uma desculpa para uma aventura teatral mais ousada, [...] o espetáculo é, na quase totalidade, um show de competência artesanal do diretor. [...] O texto de *Um certo Hamlet* não deixará marcas na história do teatro, mas o espetáculo tem uma vida teatral suficientemente forte para correr o perigo de, para grande desgosto do diretor Abujamra, ser um sucesso.[4]

A grande crítica teatral encerra sua avaliação do espetáculo de forma muito bem-humorada e provocadora, fazendo referência a um dos aforismos mais repetidos pelo diretor: "Tive mais de cem fracassos e, para mim, não importa. Para um artista, o fracasso e o sucesso são iguais, os dois são impostores". Para além do frasista, Abujamra perseguiu tenazmente com Os Fodidos Privilegiados uma estética da liberdade artística que, olhada mais de trinta anos depois, funcionou como uma espécie de síntese e laboratório de toda sua caminhada no universo da arte. Em entrevista concedida a *IstoÉ Senhor*, em 17 de julho de 1991, o artista foi taxativo sobre suas ambições com a fundação da trupe: "Organizei o grupo pensando numa grande utopia. Se as pessoas transformarem a companhia em algo sério, não me interesso mais".[5]

Sobre *Um certo Hamlet,* em entrevista conduzida por Sheila Kaplan para *O Globo* de 14 de junho de 1991, Abujamra diz o seguinte: "Fiz uma omelete de autores como Nietzsche, Lacan, T.S. Eliot, Fernando Pessoa, Testori, e até Shakespeare. Quero tirar o falso respeito que se tem

---

4 Barbara Heliodora, "A rica desmontagem de um mito por Abujamra", *O Globo*, Rio de Janeiro, 18 jun. 1991, p. 3.
5 Antônio Abujamra, "Entrevista", *IstoÉ Senhor*, São Paulo, 17 jul. 1991, p. 62.

pelos clássicos, autores nitidamente populares, que as pessoas querem tratar como coisa longínqua. *A violência elisabetana é a violência de meu tempo* [itálico nosso]".[6] O tom iconoclasta impresso na declaração do veterano diretor unia a fúria juvenil que o fizera encontrar, na segunda metade dos anos 1950, o pensamento de Bertolt Brecht com o artista experimentado, pioneiro nas encenações do dramaturgo alemão em solo brasileiro. Da juventude, permaneciam a inquietação e o inconformismo existencial e artístico que o impeliam a urdir projetos e os realizar. Na idade madura, soube desenvolver, junto à companhia formada majoritariamente por jovens, a fúria delicada que adotara como método e os princípios brechtianos como fundamento. Na plataforma ou manifesto que redigiu para a companhia, ele reafirma seu compromisso com as lições aprendidas no passado e faz um apelo ao futuro, com os pés plantados no presente:

> Mais um dia, mais um grupo de teatro. E ainda fazendo clássicos?
> Onde é que esse mundo vai parar?
> Como nada deve surpreender a mais ninguém, é assim mesmo. Mais um dia, mais um grupo de teatro e sabendo que, mesmo que um coração pare, o mundo não para de bater.
> Um teatro que não quer o prazer duvidoso de mudar o mundo. Um teatro que possa ser uma metáfora concreta do que acontece com essa realidade que não tem nada a ver com o real.
> Os Fodidos Privilegiados são o que querem ser e não o que são. Pelo menos nesse tempo que dura nosso tempo [...].[7]

Além de claro – e em permanente diálogo com a literatura, de modo especial com a poética do concreto aprendida com João Cabral de Melo Neto –, o manifesto de Abujamra é despido de ilusões renovadoras ou ambições revolucionárias. Diferente dos nossos primeiros

---

6 Sheila Kaplan, "Omelete elizabetana", *O Globo*, Rio de Janeiro, 14 jun. 1991, Segundo Caderno, p. 1.
7 Antônio Abujamra, "F... Privilegiados", em: "Outros documentos", *Literatura e Dissonâncias*, disponível em: <http://lidis.uff.br/?project=hamlet>. Acesso em: 21 jan. 2021.

modernistas, que radicalizaram na pretensão de "inventar a roda" de uma arte brasileira, o diretor faz o elogio da despretensão e da banalidade. Busca, com os princípios apresentados, chamar a atenção para o fato de que o novo é necessariamente donatário da tradição: "Mais um dia. Mais um grupo de teatro. E ainda fazendo clássicos?". Rejeita a ideia de mudar o mundo, reafirma a liberdade de ser o que quiserem ser e pontifica o caráter provisório das coisas: "Pelo menos nesse tempo que dura nosso tempo".

Na continuidade do manifesto, Abujamra chama para o diálogo Brecht, a quem cita textualmente para sustentar sua escolha estética de desmonumentalizar os clássicos em favor da produção de novas significações para o teatro.

> Nos escritos sobre o teatro, Bertolt Brecht diz que "se nos deixarmos intimidar por uma concepção falsa, superficial, pequeno-burguesa do classicismo, não chegaremos nunca a uma representação viva e humana das grandes obras clássicas. Para demonstrar o verdadeiro respeito que essas obras podem e devem exigir, é preciso que desmascaremos a atitude hipócrita, servil e falsa, que só as servem da boca para fora". Não está errado.[8]

A leitura do manifesto que marcou a criação de Os Fodidos Privilegiados é bastante elucidativa sobre as escolhas estéticas da nova companhia. No entanto, é preciso ter claro que tais princípios não tinham sido forjados naquele momento da criação do coletivo artístico. O pensamento vivo de Antônio Abujamra, formado ao longo das várias décadas votadas à arte, em especial ao teatro, sistematizara em um dos momentos mais fecundos de sua trajetória o que ele compreendia ser decisivo para que o teatro não se petrificasse ou ficasse parado no tempo. Rejeitar a posição servil frente à arte era libertador naquele momento e continua a ser ainda hoje.

Nosso ofício é o da desconfiança, e, como também aprendemos com o velho provocador a admirar a dúvida, não podemos deixar de enxergar no discurso do criador de Os Fodidos Privilegiados uma meticulosa despretensão que orna, na realidade, com uma imensa pretensão.

---

8 *Id., ibid.*

Já me explico: ao fazer o elogio da desmonumentalização da arte, em especial dos clássicos, Abujamra edificava com fundamentos muito sólidos um teatro que, mesmo não sendo revolucionário, era profundamente transformador e humano. Haja vista que ninguém – nem as atrizes, os atores e os diretores com os quais trabalhava, nem, penso, também o público – conseguiu passar indiferente às criações artísticas do diretor. O texto de Armindo Blanco para o jornal carioca *O Dia* publicado em 27 de fevereiro de 1991 dá uma bela visão sobre o impacto causado pelas criações de Abu. Sob o título "Pedrada no charco", assim se manifestava o jornalista: "Algo se move no Teatro Dulcina. É uma ideia; um projeto. Um desaforo: artistas trabalhando sem verem no dinheiro a única forma de pagamento. Artistas aprendendo a se vingar da vida, a agir sem medo".[9]

Além do reconhecimento da crítica, a companhia contou com ótima acolhida do público tanto para o espetáculo de estreia quanto para as demais produções. Em entrevista realizada com os seus integrantes, uma ocorrência foi consensual sobre a história da trupe:[10] o entendimento geral de que a trajetória do grupo está construída em duas etapas. A primeira recobre o período que retomei bastante até aqui, mas não esgotei, e que para efeitos didáticos poderíamos assinalar que abarca os seguintes espetáculos:

1 – *Um certo Hamlet* (1991), de Giovanni Testori
2 – *Phaedra* (1991), de Racine
3 – *A serpente* (1991), de Nelson Rodrigues
4 – *Infidelidades* (1992), de Marco Antonio de la Parra
5 – *Retrato de Gertrude Stein quando homem* (1992), de Alcides Nogueira
6 – *ULF* (1993), de Juan Carlos Gené

---

9 Armindo Blanco, "Pedrada no charco", *O Dia*, Rio de Janeiro, 27 jul. 1991, p. 4.

10 A entrevista referida foi realizada no Teatro Rival (RJ), em 22 de abril de 2019, durante temporada do espetáculo *Abujamra presente*. Faz parte do conjunto de depoimentos que venho colhendo sobre a trajetória de Abujamra e Os Fodidos Privilegiados para a pesquisa intitulada "Antônio Abujamra: a literatura encontra o teatro", financiada pela Fundação de Amparo à Pesquisa do Estado do Rio de Janeiro (Faperj).

Deborah Catalani, Sofia Torres, Rafaela Amado, Ana Jansen, Cláudia Abreu e Suzana Faini em *Um certo Hamlet*, 1991

Deborah Evelyn, Sofia Torres (de máscara) e Rafaela Amado em *Phaedra*, 1991

Ana Jansen, Sofia Torres, Marcelo Saback e Mario Borges em *A serpente*, 1991

Paulo Goulart e Nicette Bruno em *ULF*, 1993

Rafaela Amado, Edgar Amorim, Duda Ribeiro e Iracema Starling em *Infidelidades*, 1992

Já a segunda fase, aos olhos dos entrevistados, se estenderia de *Exorbitâncias* (1995) até *Um outro Hamlet* (2021). A partir da montagem de 1995, aconteceria a consolidação definitiva do elenco que definiu para a história da companhia e do teatro brasileiro a cara de Os Fodidos Privilegiados. Ou seja, de modo geral, para os integrantes do conjunto, 1995 foi o ano que marcou a consolidação do projeto artístico urdido por Abujamra ao criar uma companhia fixa de repertório, cujos princípios estéticos recaíam sobre o que aqui denominamos desmonumentalização da arte.

Apesar de coerente, considero que essa perspectiva precisa ser alargada, com o objetivo de construir uma visão mais ampla da trajetória do conjunto teatral. Por isso, defendo que a história de Os Fodidos Privilegiados deve ser pensada em três momentos ou fases distintas. A primeira corresponde ao mesmo período circunscrito pelos integrantes da companhia; já a segunda fase, a meu ver, é responsável por dar a feição mais definida da companhia e engloba os seguintes espetáculos:

7 – *Exorbitâncias* (1995), vários autores
8 – *Outros em Pessoa* (1995), de Fernando Pessoa
9 – *O que é bom em segredo é melhor em público* (1996), de Nelson Rodrigues
10 – *O casamento* (1997), de Nelson Rodrigues, adaptado por João Fonseca e Antônio Abujamra
11 – *O príncipe que tudo aprendeu nos livros* (1998), de Jacinto Benavente
12 – *Auto da Compadecida* (1998), de Ariano Suassuna
13 – *A resistível ascensão de Arturo Ui* (1998), de Bertolt Brecht
14 – *As fúrias* (1999), de Rafael Alberti
15 – *Tudo no timing* (1999), de David Ives, com direção de João Fonseca e Terry O'Reilly
16 – *Louca turbulência* (2000), de José Saffioti Filho e Antônio Abujamra
17 – *Michelangelo* (2000), de Doc Comparato
18 – *Esta noite se improvisa* (2000), de Luigi Pirandello

A terceira fase tem início com a saída de Abujamra da companhia, em 2001. A partir de então, João Fonseca assume a direção do elenco, com o desafio de manter a continuidade artística da companhia. Ao mesmo tempo, o jovem diretor tateava em busca de construir uma assinatura artística própria, sem renunciar ao legado construído por Abujamra desde a fundação de Os Fodidos Privilegiados. Fazem parte desse período:

19 – *Os libertinos: Tróilo e Créssida / Tímon de Atenas* (2001), de William Shakespeare
20 – *A fonte dos santos* (2002), de John Millington Synge
21 – *O casamento do pequeno burguês* (2003), de Bertolt Brecht e Kurt Weill
22 – *O carioca* (2004), de Artur Azevedo
23 – *Édipo unplugged* (2004), de Sófocles, dramaturgia de Paula Sandroni e João Fonseca
24 – *Escravas do amor* (2006), de Nelson Rodrigues
25 – *Uma festa privilegiada* (2011), espetáculo comemorativo dos vinte anos da companhia, construído a partir de cenas emblemáticas das mais de vinte peças encenadas até aquela ocasião
26 – *Comédia russa* (2011), de Pedro Brício
27 – *Tributo a Antônio Abujamra* (2015), espetáculo feito pelo grupo, em 25 de junho de 2015, no Teatro Dulcina, em homenagem ao seu fundador, que falecera em 28 de abril do mesmo ano
28 – *Pressa* (2017), de Otávio Martins
29 – *Abujamra presente* (2019), reunião de cenas do repertório da companhia, sob a direção de João Fonseca, em homenagem ao fundador da trupe
30 – *Um outro Hamlet* (2021), dramaturgia de Antônio Abujamra, a partir do texto de Giovanni Testori, com direção de João Fonseca e Johayne Hildefonso

Para além das perspectivas sobre as fases da companhia, é imprescindível destacar alguns números, especialmente durante os anos de ocupação regular do Teatro Dulcina pelo grupo. O exame desses números dá uma boa medida da importância de Os Fodidos Privilegiados para a história do teatro carioca e brasileiro. Além disso, a referida análise ajuda a compreender como a fundação de uma companhia estável de repertório, com sede fixa, auxiliou na sistematização do projeto estético de Antônio Abujamra, na fase madura de sua carreira. O conjunto ocupou o espaço do Teatro Dulcina em dois períodos diferentes: primeiro, entre os anos de 1991 e 1993, com apresentações das peças *Um certo Hamlet*, *Phaedra*, *A serpente*, *Infidelidades* e *ULF*; o segundo, e mais representativo em termos de durabilidade, se estendeu de agosto de 1996 até junho de 2001. Ao longo de quase cinco anos, o Teatro Dulcina foi sede da companhia, o que proporcionou uma alta produtividade da trupe e o reencontro do espaço com sua vocação original. Antes de expor e analisar os números da companhia, considero relevante efetuar uma digressão histórica, no intuito de melhor localizar no tempo e no espaço o pendor didático do edifício situado à rua Alcindo Guanabara, nº 17.

O Teatro Dulcina está situado no coração da cidade do Rio de Janeiro e foi inaugurado em 5 de dezembro de 1935, sob o nome Theatro Regina, empreendimento privado, construído pela Companhia Indústria Minas Gerais, empresa dos ramos da construção, comércio, indústria e finanças. O Theatro Regina era parte do empreendimento imobiliário do "Edifício Regina, um prédio composto de 12 andares, localizado à rua Alcindo Guanabara, 17/21, na mesma quadra do teatro Rival, com o qual faz fundos com a Câmara de Vereadores".[11] Em 1937, a construtora propõe arrendar a sala de espetáculos para o Ministério da Educação e Saúde, fato que só aconteceria em 1940. Em 1941, a imprensa dava notícias da reforma pela qual passaria o Theatro Regina e das tratativas para que a Companhia Dulcina-Odilon passasse a ocupar o espaço. Três anos mais tarde, já sob a nova administração, que havia promovido melhoramentos e reformas no ambiente, um incêndio destruiu completamente a sala, causando graves prejuízos à companhia. Em 1945, Dulcina e Odilon decidiram comprar o teatro, que permaneceu fechado para reformas ao longo de todo aquele ano, e criaram a Fundação Brasileira de Teatro (FBT), voltada ao ensino de teatro para jovens. Rebatizada como Teatro Dulcina, apenas em 12 de julho de 1946 a sala é reinaugurada, "com apresentação da peça *Avatar*, de Genolino Amado. Uma comédia escrita especialmente para Dulcina e Odilon".[12] A peça teve excelente acolhida do público e da crítica, marcando o início de um ciclo muito proveitoso para o Teatro Dulcina.

A título de exemplo da importância do palco do Dulcina para o teatro brasileiro, vale lembrar que a Companhia Tônia-Celi-Autran iniciou suas atividades naquela sala, em março de 1956, com a montagem de *Otelo*, de Shakespeare. A Companhia Cacilda Becker, fundada em 1957, estreou ali em março de 1958, com a peça *O santo e a porca*, escrita por Ariano Suassuna especialmente para a trupe da atriz. Como se vê, a história do Teatro Dulcina confunde-se com a própria história do teatro brasileiro moderno, ocupando posição protagonista nas artes cênicas brasileiras. Lado a lado com esse protagonismo, destaca-se também a vocação didática do espaço. Mesmo diante do revés provocado pelo incêndio que destruiu o Theatro Regina, a grande atriz e seu companheiro não se intimidaram; contra todas as expectativas empresariais, o casal não só comprou a sala como inaugurou, no mesmo ano de 1945, o projeto mais

---

11 José Dias, *Teatros do Rio: do século XVIII ao século XX*, Rio de Janeiro: Funarte, 2012, p. 363.

12 *Id., ibid.*, p. 369.

ambicioso e de longo prazo de Dulcina de Moraes. A criação da FBT transformou o Teatro Dulcina em empreendimento artístico e, ao mesmo tempo, didático. A implantação de uma escola voltada à formação de novos quadros para as artes cênicas no país foi o início da concretização de um projeto alentado e gestado ao longo de muitos anos por Dulcina de Moraes, que desde cedo demonstrou enorme preocupação com a profissionalização da carreira artística no Brasil. Em texto escrito por ocasião da reinauguração do Teatro Dulcina, após sua última grande reforma, concluída em 2011, Marina Gadelha registra que "a Fundação Brasileira de Teatro, um marco na história das artes cênicas, [chegou] a se consagrar como uma das melhores escolas do país. Rubens Corrêa, Ivan Albuquerque, Cláudio Corrêa e Castro, João das Neves e Irene Ravache são alguns nomes que estudaram na FBT".[13]

Esses apontamentos, acrescidos do histórico apresentado até aqui, dão uma consistente dimensão do duplo papel desempenhado pelo Teatro Dulcina desde seus primórdios. O espaço nasceu como um empreendimento cultural e teve seus usos alargados graças à ação visionária de Dulcina de Moraes, que nele encontrou sua maneira de contribuir para superar a formação intuitiva, muitas vezes precária, de grande parte da classe teatral no país.

Exatos 51 anos separam a criação da Fundação Brasileira de Teatro e o efetivo início da residência artística de Os Fodidos Privilegiados no Teatro Dulcina. Sem a pretensão de construir uma escola formal de teatro, Antônio Abujamra criou, ao longo dos dez anos em que esteve à frente da companhia por ele fundada, uma escola prática de teatro, sem assim a chamar, em que ele era o grande mestre, mas também aluno dos jovens que por ali transitavam. O velho provocador, em um processo de simbiose, ora sugava a energia da juventude e a devolvia em forma de conhecimento artístico e humanístico, ora aprendia com ela a lição de manter os olhos livres para ver, inclusive o já visto, sempre de perspectivas diferentes. Esse método criador aparentemente despretensioso e pouco ortodoxo de Abujamra exige uma observação do pragmatismo dos números, para que dali se possam elaborar os sentidos consistentes para o que chamamos de escola prática de teatro.

A ideia de examinar os números produzidos pelos Fodidos Privilegiados durante o período que tiveram o Teatro Dulcina como sede surgiu após uma série de entrevistas feitas com os

---

[13] Marina Gadelha, "O palco da Rua Alcindo Guanabara", *Revista de Teatro Sbat*, n. 527, Rio de Janeiro, set.-out. 2011, p. 20-1.

integrantes da companhia e a análise do acervo documental da trupe.[14] Ao longo da coleta dos depoimentos das atrizes e atores, um ponto era consensual: olhados retrospectivamente, os anos passados sob a batuta do velho provocador foram de intenso aprendizado e, para muitos deles, a única e definitiva escola de teatro. Num segundo momento, ao explorar os documentos da companhia, deparamo-nos com um relatório, cujo objetivo era apresentar a importância do Teatro Dulcina como sede de Os Fodidos Privilegiados. Esse relatório, uma espécie de balanço e ao mesmo tempo histórico da companhia, foi o derradeiro esforço da trupe no sentido de tentar defender a sua permanência no espaço que até 2001 foi sua sede. Embora muito bem detalhado e com números robustos, o documento não foi suficiente para convencer a Fundação Nacional de Artes (Funarte), gestora do espaço na ocasião, sobre a necessidade da manutenção do teatro como sede da companhia. Sob a alegação do fim do contrato de cessão celebrado com o conjunto teatral – fato que coincidiu com a saída de Abujamra da direção artística da companhia –, a Funarte manteve a decisão de remover Os Fodidos Privilegiados do Teatro Dulcina. A retirada da trupe interrompeu o projeto idealizado e executado por Antônio Abujamra, durante uma década, justamente quando o grupo dava os passos iniciais sem a presença de seu criador e mentor.

Em momento mais oportuno retornarei a esse ponto; agora apresento os números absolutos da companhia: 65.446 pessoas alcançadas pelo trabalho de Os Fodidos Privilegiados, em quase cinco anos de atividades no Teatro Dulcina. Essas informações constam do relatório pormenorizado produzido pela companhia sobre suas ações no período. Exclui-se desse quantitativo o total de público alcançado em apresentações em festivais no Brasil e no exterior, bem como em espetáculos realizados em outras salas teatrais do país e fora dele. Caso esses números fossem computados, a companhia chegaria à impressionante marca de 96.010 pessoas alcançadas entre agosto de 1996 até junho de 2001. O trabalho documental está organizado nos seguintes tópicos: espetáculos apresentados pela companhia; eventos realizados no Teatro Dulcina – item subdividido nas ações Tributo a Nelson Rodrigues, Tributo

---

14 O acervo documental de Os Fodidos Privilegiados me foi confiado pela atriz, produtora e administradora da companhia, Filomena Mancuzo, em 2017. Naquele ano, iniciei a pesquisa em torno da trajetória artística e intelectual de Antônio Abujamra e estabeleci como recorte temporal da investigação os dez anos em que o diretor e ator conduziu os trabalhos do conjunto teatral. Atualmente, o referido acervo encontra-se digitalizado e disponível no *site* <www.lidis.uff.br>, dentro da aba "Repositório".

a Bertolt Brecht, Ciclo de Leituras e Palestras –; e oficinas de prática de montagem. Passaram pelo Dulcina, nessa época, e fizeram parte dos espetáculos da companhia 70 atrizes e atores profissionais. As leituras dramatizadas contaram com a participação de 450 profissionais das artes cênicas. As oficinas de montagem teatral oferecidas pelos Fodidos Privilegiados tiveram a frequência de 168 atrizes e atores amadores.

Além dos aspectos quantitativos, o relatório de atividades apresenta o elemento qualitativo expresso pelo papel sociocultural desempenhado pelo grupo. Nesse quesito destacam-se as seguintes ações: a formação de plateia para o teatro através da cobrança de ingressos a preços populares (o valor praticado para a entrada inteira à época era de R$ 10,00); oferta de espetáculos gratuitos para grupos oriundos de comunidades carentes, organizações beneficentes e grupos de escolas públicas; ampliação da visibilidade do Teatro Dulcina como equipamento cultural indispensável para a cidade do Rio de Janeiro; e, por fim, o reconhecimento artístico advindo das dezenas de indicações e prêmios concedidos à companhia, além de convites para participação em festivais nacionais e internacionais de teatro.

O percurso apresentado até aqui é notável em todos os sentidos. Porém, chama a atenção de modo particular o aspecto da qualificação profissional propiciada aos integrantes da trupe. Tal fato só foi possível em função da estabilidade atingida por uma companhia de repertório com sede "própria". Sobre esse assunto, assim o relatório pontifica:

> Qualificação dos profissionais do grupo. Atualmente, a companhia possui, além de atores, profissionais nas mais diversas áreas de atuação teatral, como, por exemplo, novos diretores, cenógrafos, figurinistas, iluminadores, técnicos em som e luz, diretores de cena, bilheteiros, contrarregras, maquinistas, produtores, divulgadores, aderecistas, preparadores corporais, diretores musicais, compositores etc.[15]

Esse aspecto da qualificação profissional dos participantes do grupo une no tempo e no espaço as duas pontas da trajetória do Teatro Dulcina. Além disso, retoma a potência da vocação didática da sala teatral, expressa nos seguintes termos: de um lado, como já visto, o

---

15 *Relatório sobre a companhia Os Fodidos Privilegiados*, Rio de Janeiro, *mimeo*, 2001, p. 2.

ambicioso projeto da criação da Fundação Brasileira de Teatro, escola formal de artes dramáticas fundada pelo ímpeto criador de Dulcina de Moraes; de outro, a dinâmica de um espírito inquieto que, mesmo tendo alcançado a idade madura, se recusava à conformada atitude de reproduzir fórmulas testadas e aprovadas. Aos 59 anos, Antônio Abujamra criou Os Fodidos Privilegiados e seguiu cultivando a dúvida, experimentou novos modos de se colocar no palco e, "distraído", venceu a barreira do tempo, através do profícuo intercâmbio com os jovens artistas de sua companhia-escola-prática de teatro.

As vozes dos outrora moços ajudam a compreender a dimensão didática da criação artística de Abujamra e o papel decisivo proporcionado pelo Teatro Dulcina como sede e escola prática de teatro dos Fodidos Privilegiados de todas as gerações. Em depoimento concedido por ocasião do desenvolvimento da minha já citada pesquisa, o ator Alan Castelo, que integrou a companhia do final de 1996 até o ano 2000, relembrou o impacto de chegar aos 17 anos no Teatro Dulcina para um teste: "Cheguei ao Dulcina pelas mãos de Mauro Marques [também ator da companhia], que em 1996 dava aulas de teatro na escola pública em que eu estudava. Pelo Mauro conheci um pouco do Abujamra, mas chegar diante do próprio foi assustador. Sob o comando de Abujamra, o Dulcina foi minha grande escola de teatro". João Fonseca, em entrevista concedida ao jornalista Felipe Reis, de *O Globo*, declarou o seguinte sobre a montagem de *O casamento*, adaptação dele e de Abujamra para o romance de Nelson Rodrigues:

> Foi a minha primeira direção, assinada com o Abujamra. Ganhamos o Shell, foi uma retomada importante [...]. O Abu estava sempre atrás do que ninguém havia feito, então tivemos a liberdade de pegar toda a obra não dramatúrgica do Nelson, com um carioquismo intenso, irreverente, coisa do subúrbio, que tem tudo a ver com a cara do grupo. Abu me ensinou tudo, me deu uma profissão e abriu o mundo. Fiz uma faculdade incrível de cinco anos aprendendo a dirigir ao lado dele.[16]

---

16 Felipe Reis, "A Cia Fodidos Privilegiados completa 20 anos com montagem inédita no Dulcina", *O Globo*, Rio de Janeiro, 25 ago. 2011, p. 3.

Roberto Lobo, ator que se integrou à trupe em 1998, fez a fala mais contundente sobre o caráter didático dos tempos passados no Teatro Dulcina: "Acho que nunca mais vou presenciar o que havia de efervescência no Dulcina, quando cheguei em 1998. Era uma escola de teatro, de seis andares, com quase cem pessoas diariamente trabalhando".

A julgar pelos depoimentos apresentados, a perda do Teatro Dulcina representou um verdadeiro abalo sísmico para o trabalho da companhia, com consequências simbólicas e práticas. Do ponto de vista simbólico, deixar o Dulcina equivalia a sair da casa onde haviam nascido ou mesmo deixar a casa dos pais artísticos – todos aqueles que já deixaram a casa dos pais sabem como os sentimentos se misturam e desafiam. Do ponto de vista prático, perder o Dulcina era não ter mais a referência do espaço do exercício da criação artística e tampouco dispor de local para armazenamento do acervo do repertório da companhia. É exatamente nesse ponto que a história de Os Fodidos Privilegiados passa a ser, de certa maneira, minha também. Estive presente, sem saber, numa das últimas apresentações da companhia antes de devolverem o Teatro Dulcina para a Funarte. No intervalo da apresentação, percebi um clima diferente no espaço que era sempre tão vivo. Localizei alguém da produção e perguntei se estava acontecendo alguma coisa. A pessoa me informou que aquela seria uma das últimas apresentações ali e que a companhia não tinha sequer onde guardar o acervo de seu repertório. Fiquei consternado com a notícia e informei que eu era professor e diretor de uma escola pública, da rede da Fundação de Apoio à Escola Técnica do Estado do Rio de Janeiro (Faetec-RJ), e gostaria de ajudar de alguma maneira. Deixei meu cartão e pedi que me ligassem para tentar ajudar.

Na segunda-feira seguinte, recebi a ligação de Filomena Mancuzo e marcamos uma conversa no prédio da escola para aferirmos a possibilidade da guarda do acervo. No dia combinado, a atriz e administradora da companhia chegou para a reunião acompanhada do também ator Nello Marrese. Naquele momento, compreendi mais um sentido do nome Os Fodidos Privilegiados: algumas noites antes, os dois brilhavam no palco em mais uma encenação potente da companhia; agora estavam ali, longe dos holofotes, prontos a buscar solução para problemas concretos, concernentes à vida de grande parte da classe artística brasileira. O desdobramento daquele encontro foi que firmamos uma parceria formal que durou quase quatro anos. Durante esse período, o acervo da companhia ficou depositado nas dependências da escola. Como contrapartida, alguns integrantes do grupo ofereciam oficinas de teatro para estudantes e professores, além de concederem ingressos de cortesia para os alunos nos espetáculos.

O segundo semestre de 2001 apontava na direção de tempos de profundas mudanças para Os Fodidos Privilegiados. O movimento da existência exigia que a companhia inventasse novos caminhos, buscasse outras direções. Mais do que nunca, a jovem trupe deveria dar mostras da lição aprendida com Abujamra e sintetizada no seu pensamento: "É preciso ter a dor de sentir que a vida não tem roteiro e que na vida não existe nada seguro. Quem gosta de abismos tem que ter asas".[17] Sem "sua" sede e sem seu mentor, Os Fodidos Privilegiados se lançavam no mundo com sede de viver outras histórias.

[17] Frases amplamente utilizadas por Abujamra em entrevistas para a mídia e registradas em André Dias, "Literatura, teatro e inquietações: uma gênese artística de Antonio Abujamra", em: André Dias; Marcos Pasche; Rauer R. Rodrigues (org.), *Literatura e dissonâncias*, Rio de Janeiro: Abralic, 2018, p. 319-32.

Marcello Bosschar e Beth Goulart em *Exorbitâncias*, 1995

Elenco de O que é bom em segredo é melhor em público, 1996

Guta Stresser em *O casamento*, 1997

Johayne Hildefonso e Guta Stresser
em *O auto da Compadecida*, 1998

Alan Castelo, Ana Lúcia Pardo, Marcio Rodrigues (com a câmera), Paula Sandroni e Marta Guedes em O *auto da Compadecida*, 1998

Paulo Autran e elenco em *A resistível ascensão de Arturo Ui*, 1998

Denise Sant Anna, Rose Abdallah, Carol Cantidio e Guta Stresser (foto de cima), Denise Sant Anna, Guta Stresser e Rose Abdallah (foto de baixo) em *As fúrias*, 1999

Nello Marrese, Thelmo Fernandes e Dani Barros em *Tudo no timing*, 1999

Marcos Corrêa (sentado) e Cláudio Tizo em *Louca turbulência*, 2000

Antônio Abujamra (sentado), André Corrêa (em pé) e elenco em *Esta noite se improvisa*, 2000

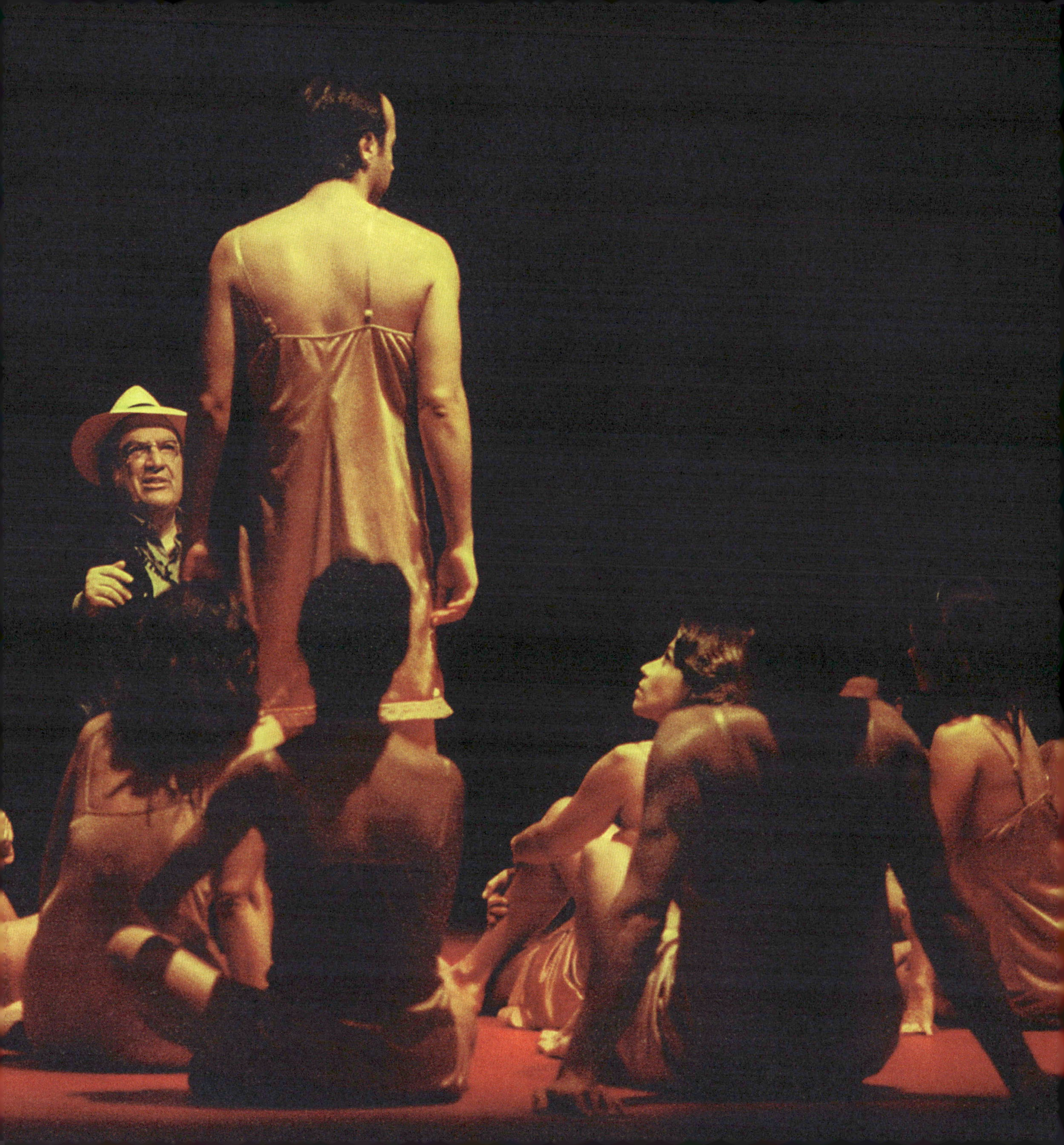

Edney Giovenazzi (frente), João Fonseca e Nello Marrese em *Michelangelo*, 2000

Dja Marthins, Dani Barros, Eriberto Leão, Bel Kutner, Cláudia Lira, Paula Campos e elenco em *As bruxas de Salem*, 2003

Elenco de O casamento, 1997

Na tevê, o noticiário discorria sobre a Guerra do Golfo, a ministra da Economia Zélia Cardoso de Mello anunciava um novo congelamento de preços. No entanto, no auditório da Casa de Cultura Laura Alvim, na praia de Ipanema, cinquenta pessoas pareciam estar em outro planeta. E, quase em estado de transe, discorriam sobre temas como utopia, alma, criação, discutiam personagens como Phaedra e Hamlet. Como criador daquele mundo particular, Antônio Abujamra inspirava, provocava, iluminava. E bania do vocabulário a palavra "impossibilidade". Naquela noite de 31 de janeiro de 1991, fundava-se o grupo de teatro Os Fodidos Privilegiados, ainda escrito com F.... O mago Abu jogava água fria naqueles que, embalados por suas ideias, sonhavam em mudar o mundo pela arte. "Por dentro somos todos maravilhosos", alertava.

    Naquele mesmo ano, *Um certo Hamlet* (o príncipe da Dinamarca interpretado por uma atriz de 20 anos, Cláudia Abreu) e *Phaedra* (com o público no palco, a plateia vazia) arrebatavam os espectadores que, ao menos por duas horas, sentiam-se também fodidos privilegiados graças a um criador radicalmente libertário e delirante, sem tirar os pés do chão e os olhos e o coração do teatro. Antônio Abujamra: sempre presente.

Susana Schild
Jornalista, crítica de cinema e roteirista

Cláudia Abreu em
Um certo Hamlet, 1991

A memória mais antiga que eu tenho do Abu é ele me chamando de reloginho suíço de forma debochada só porque eu sempre tinha o texto decorado em *Que rei sou eu?*. Estabelecemos uma amizade divertida, ele sempre me provocando com suas máximas, como "A vida é sua, estrague-a como quiser", que sempre será um clássico para todos os que o conheceram. Hoje repito isso aos meus filhos quando quero ser dramática, mas sempre com um sorriso nostálgico e amoroso. E nunca me esqueço do "Estar preparada é tudo", quando tenho que ser forte em algum momento decisivo.

Abu sempre estará presente em minha vida.

Nosso encontro maior aconteceu quando ele me chamou para fazer *Um certo Hamlet*. Achei que estava sendo convidada para fazer Ofélia e até tentei recusar quando soube que seria o próprio Hamlet. Não me achava preparada para tamanho desafio aos 20 anos. Felizmente, me rendi à provocação: "Prefere ficar na facilidade dos papéis cotidianos?". Aquela frase entrou como um raio em mim e me encheu de coragem. Decidi fazer Hamlet contra todos os meus medos e demônios.

Fazer parte da fundação do grupo Fodidos Privilegiados e ser Hamlet no Teatro Dulcina por seis meses foi, sem dúvida, uma das experiências mais extraordinárias que experimentei como atriz.

Não me esqueci disso quando agradeci a ele no livro do meu primeiro texto, o monólogo *Virginia*, sobre a vida de Virginia Woolf.

Ele me ensinou com Hamlet que em teatro tudo é possível e me encheu de coragem para sempre.

Cláudia Abreu
Atriz, produtora e roteirista

Comecei a trabalhar com teatro aos 13 anos de idade; a galharufa que eu tenho é do Antônio Abujamra. Não tive grandes ídolos ou grandes referências no teatro, sempre fui uma pessoa mais de cinema, de música, mas, falando em teatro, o Abu foi a pessoa definitiva para mim. Foi de fato a pessoa que eu nomeio, com total exclusividade, como influência na minha vida, na minha obra, na minha cabeça. E isso aconteceu fundamentalmente quando participei do início dos Fodidos Privilegiados, às vezes como ouvinte, às vezes participando mais ativamente [...]. Mas, para além até daquele movimento que estava acontecendo ali, e que eu acho de fato um dos maiores grupos de teatro que o Brasil já teve, os próprios espetáculos que foram gerados, tudo era muito forte, assisti algumas vezes. E a partir dali comecei a seguir o Abu [...]. A gente conversava e o Abujamra me falava coisas que, ainda agora com 46 anos de idade, me pareciam definitivas para a minha vida, continuaram me guiando. [...] Mas uma história com o Abu que é fundamental na minha vida é a seguinte. Fiz um espetáculo em 2000 chamado *A vida é cheia de som e fúria*, que ele foi assistir. E chegou e falou assim: "Eu vim ver esse espetáculo porque Os Fodidos estão me falando que é maravilhoso, mas tenho certeza que é uma merda". E ele sentou e gostou muito do espetáculo. Mas não é isso que importa. O que importa é o que ele fez depois. A gente estava no meio de um festival, ele pegou uma van e colocou todos os críticos dentro, Barbara Heliodora, Macksen Luiz, todo mundo que achou, ele colocou ali dentro e tocou a van pro teatro. Na época a gente estava começando a mostrar os trabalhos, era o primeiro trabalho com visibilidade dessa companhia que eu tive por vinte anos, chamada Sutil, e ele chegou lá com todo mundo. E, de alguma maneira, isso trouxe mais visibilidade pro nosso trabalho. Esse era o Abu. Ele parecia aquele homem absolutamente desafiador, provocador – e era –, mas era também um coração doce, uma pessoa capaz de estender a mão.

Felipe Hirsch
Diretor de teatro e de cinema

Os Fodidos Privilegiados é só mais um grupo de teatro que sabe que, mesmo que um coração pare, o Mundo não para. Um teatro que não quer o prazer duvidoso de mudar o Mundo. Um teatro que possa ser uma metáfora concreta do que acontece com essa realidade que não tem nada a ver com o real. Os Fodidos Privilegiados são o que querem ser e não o que são.

ANTÔNIO ABUJAMRA

Antônio Abujamra em *O casamento*, 1987

UM FODIDO PRIVILEGIADO

João Fonseca

A companhia Os Fodidos Privilegiados foi fundada em 1991 durante uma estadia de Antônio Abujamra no Rio de Janeiro, originalmente para compromissos com a tevê. *Um certo Hamlet* foi o espetáculo de estreia, adaptação do texto de Giovanni Testori, com grande sucesso de público e crítica e um elenco feminino encabeçado por Vera Holtz, Cláudia Abreu e Suzana Faini. Logo em seguida, vieram *Phaedra* e *A serpente*. Depois, Abujamra voltou a São Paulo e o grupo, mesmo sem ele, produziu ainda *Infidelidades*, com direção de Luciano Sabino. Em 1995, de volta ao Rio, Abu reabriu o grupo com a montagem de *Exorbitâncias*. A seguir, faço um breve resumo dos anos em que tive a honra e o privilégio de trabalhar com ele e Os Fodidos Privilegiados.

Exorbitâncias: o encontro

Tudo começou quando fui convidado por Charles Möeller para uma reunião com Abu com o objetivo de montar sua nova peça, *Exorbitâncias*, com a qual ele retomaria o grupo Os Fodidos Privilegiados. Aquele encontro com mais de cem atores e diretores foi o suficiente para entender que aquele era o lugar em que eu queria estar. Abujamra tinha uma figura poderosa, de um carisma único. A impressão que tinha é de que tudo parava quando ele falava, tanto que nunca o vi precisar se esforçar para pedir silêncio. Dominava o caos como ninguém.

Ensaiei durante meses como ator o espetáculo, que era composto de cenas, frases e intervenções propostas pelos próprios atores ou por Abujamra. Ali conheci um diretor que lidava com o elenco com extremo cuidado e carinho. Era objetivo e anárquico. Amava o humor, o deboche, e criticava tudo que via pela frente sem meias-palavras. O ensaio tanto podia ser apenas uma conversa, em que ele apontava com precisão o que queria que fosse feito, quanto um rico exercício coreográfico. Fiquei totalmente fascinado por sua inteligência e talento. Mas a vida não tem roteiro: uma semana antes da estreia, ele cortou todas as cenas das quais eu participava. Generoso, me disse que gostaria que eu continuasse na peça como parte do enorme "coro", mas o golpe do corte das cenas tinha sido muito duro para mim, e eu, jovem e furioso, não quis ficar e abandonei o trabalho.

Assisti à estreia da plateia e vibrei o tempo todo. A peça era incrível! Luís Carlos Arutin, Charles Möeller e Beth Goulart brilhavam em meio a um elenco jovem e apaixonado. Uma curiosidade: no dia em que ele botou o elenco para escutar a música "Alma não tem cor", do André Abujamra, a reação foi tão forte, com gritos de empolgação, que o diretor não teve dúvida e incorporou aquele momento de vibração ao espetáculo. A música era perfeita, virou uma espécie de hino da companhia. Todas as noites, quando a peça começava, o elenco inteiro gritava nas coxias como na primeira vez em que a música tocou. O teatro do não preparado, o teatro do acaso – ele era mestre disso.

Essa foi uma das milhares de coisas que aprendi com ele: estar aberto e atento para o que acontece, para o momento. Saber receber o inesperado de braços abertos. Mas isso não significava que as coisas com ele eram improvisadas, pelo contrário. Abu era um diretor-coreógrafo. Tudo era marcado, tudo era como um balé. Na direção dos atores, ele era capaz de tirar o melhor de cada um. Mesmo em um espetáculo com mais de cinquenta pessoas, conseguia estar atento e olhar para todos! Mas quando se deparava com atores como Charles, Arutin e Beth, o resultado era poderoso. Arutin, especialmente, deitava e rolava nos trechos de *Acqua Toffana*.

Em todos os sentidos, foi um processo transformador. Sua liberdade de criar, a generosidade com os atores, a provocação, tudo me fascinava. Comprovei que uma de suas máximas – "Ocupe seu espaço" – era real. E que todos podiam ter seu espaço. Cada proposta feita pelos atores era de alguma forma incorporada por ele na peça. A capacidade de organizar tanta coisa e criar uma dramaturgia sólida, de material tão diverso, era impressionante, assim como deixava qualquer cena com a sua assinatura.

Na primeira reunião do projeto, ele perguntou a cada um o que queria fazer. Quase ninguém falou. Então, ele disse: "Se sou ator, tenho comigo debaixo do braço e na ponta da língua centenas de peças e personagens que quero fazer, assuntos de que quero falar. Quer dizer que, se eu tivesse agora um patrocínio de R$ 1 milhão para vocês fazerem o que quisessem, não saberiam o que fazer?". Na segunda temporada da peça, alguns atores não puderam continuar. Pedi para voltar e ele deixou, sem hesitar. Ainda me colocou em duas cenas ótimas! Nem acreditei! Não sabia se ele gostava de mim ou se me achava bom ator. Acho que nem ele sabia. Mas viu que eu queria muito. E ele era assim: arriscava. Tinha uma intuição e um destemor enormes.

Rose Abdallah, Celso Andre (vídeo), Márcia Marques e Daniela Olivert em *Exorbitâncias*, 1995

André Corrêa e Claudia Provedel em *O que é bom em segredo é melhor em público*, 1996

O que é bom em segredo é melhor em público: a descoberta
Depois de *Exorbitâncias*, veio *O que é bom em segredo é melhor em público*, uma adaptação de *O homem proibido*, de Suzana Flag, entremeada de cenas tiradas da obra não dramatúrgica de Nelson Rodrigues. Foi nesse processo que comecei a trabalhar em *O casamento*. Em uma reunião, ele perguntou quem queria dirigir alguma cena para o espetáculo e começou a distribuir diversos textos, romances e crônicas do Nelson. Tomei coragem e me ofereci para dirigir uma cena do romance *O casamento*, e assim foi. As coisas eram simples assim com ele.

Quando comecei a trabalhar na adaptação, fui tomado pela história e adaptei o livro inteiro. Dirigi algumas cenas e mostrei a Abu, que amou. Disse que eu era um diretor, ou melhor, que tinha uma intuição direcional muito grande. Pediu para reduzir a cena para que entrasse no espetáculo. Saí dali muito feliz, ao mesmo tempo insatisfeito, pois entendi que tinha algo que poderia render muito mais que uma cena. Resolvi ficar alguns dias afastado. Qual não foi minha surpresa quando o telefone tocou: era Abujamra querendo uma conversa. Fui, e ele me perguntou sem meandros o que eu queria. Respondi: "Quero dirigir *O casamento* com o grupo". Ele respondeu: "Está bem".

Fiquei boquiaberto, e, quando tentei dizer algo, ele disse: "Outro assunto". Eu amava isso, esse ponto-final quando tudo já estava resolvido. Em seguida, me pegou pelo braço, entramos juntos na plateia do Teatro Dulcina e ele falou: "A partir de hoje, Joãozinho [ele me chamava assim] vai dirigir *O casamento* para entrar em cartaz no horário alternativo. Quem quiser fazer, fale com ele". E assim comecei a melhor faculdade de direção (e de vida) que podia existir, a faculdade Antônio Abujamra.

O casamento: a parceria
Escalei o elenco e, poucas semanas depois, recebemos um convite para estrear no Festival de Curitiba. Mas Curitiba estava convidando uma peça de Antônio Abujamra, e ele iria entrar no trabalho, não "apenas" supervisionar. Por isso me chamou para conversar no seu apartamento em São Paulo. Contou que queria mudanças no elenco; depois, que queria transformar as personagens em duplos – algo que já havia feito em *A serpente*, também de Nelson Rodrigues. Ouvi todas as suas ideias suando frio, pois achava que nenhuma delas era adequada para aquele trabalho. Como dizer isso a ele? Como? Um garoto sem nenhuma

experiência como diretor, a quem ele estava dando uma chance de ouro? Mesmo assim, tomei coragem e disse o que pensava: que não queria mudar nada; que gostaria de continuar com o elenco escolhido e seguir no caminho em que já estava – e que ele havia gostado. Depois de me ouvir atentamente, ele me olhou com aquele olhar de lince e, carinhosamente, disse: "É sua primeira direção, tinha esquecido. Vamos fazer do jeito que você quiser!". Saí de lá certo de que ele, além de genial, era a pessoa mais legal que já tinha conhecido.

Nossa dinâmica de trabalho seria assim: eu ensaiaria diariamente, "levantando" as cenas junto com os atores, e ele viria quinzenalmente para trabalhar por dois ou três dias em cima desse material. Era tempo suficiente para Abujamra mover montanhas. Ele se divertia muito a cada vinda. E nós depois tínhamos que correr atrás de organizar tudo que ele propunha. Logo foi mexendo na adaptação que eu tinha feito, cortando e acrescentando frases dele ou de outros, que ele dizia que eram dele também, como as de Consuelo de Castro ou Otto Lara Resende. Foi ideia dele transformar as irmãs de Glorinha em xifópagas, com maridos xifópagos. Foi ele também que criou duas novas personagens, duas freiras que comentavam a história. Entre muitas outras coisas. A cada ideia, eu vibrava mais e mais. Embarcava sem freios, assim como todo o elenco. Estávamos apaixonados pelo projeto, por Nelson e por Abu. *O casamento* foi um casamento!

Foi um momento muito especial para a companhia e para Abujamra. Os Fodidos Privilegiados tinham se firmado e estavam prontos para ser a companhia que ele queria. Uma prova disso foram algumas interpretações que conseguiram com muito talento explorar e extrapolar a direção rígida dele e, ao mesmo tempo, manter seu espírito anárquico. A Glorinha de Guta Stresser, a Noêmia de Rose Abdallah, o Antônio Carlos de Nello Marrese, a Maria Inês de Dani Barros, o Dr. Camarinha de Thelmo Fernandes, o Xavier de Álvaro Diniz são exemplos disso. Todos os gestos e marcas eram milimetricamente desenhados, de forma orgânica, visível, e não eram maiores que a atuação de cada um.

Para completar a história, ainda entrei na peça como ator. Fui presenteado com o protagonista, Dr. Sabino, apenas dez dias antes da estreia. A personagem era do querido Antonio Grassi, que não pôde assumir o papel por causa de outros compromissos. Como durante os ensaios, quando Abujamra vinha, era eu quem assumia Sabino, ele achou que a melhor solução era me oficializar no papel, uma vez que já sabia de cor falas e marcas. Esse processo

João Fonseca e Filomena Mancuzo em *O casamento*, 1997

me ensinou muito sobre atuação. Quando eu ensaiava Sabino, "apenas para marcar", entrava leve e experimentava as marcas sem querer "fazer". Apenas me divertia e executava, sem tensões, as ideias do diretor. E devia ser sempre assim.

Nossa estreia na Ópera de Arame em Curitiba foi antológica. Teatro lotado e aplausos demorados do público. Talvez nunca tenha visto Abu tão feliz como durante essa época de *O casamento* e do *Auto*. Eu, com certeza, estava em êxtase. Na véspera da estreia, ele ainda teve outro golpe de mestre: retirou os microfones de lapela e trocou por direcionais, que nos deixaram mais livres. E ainda inseriu no final da peça anjos nus jogando arroz e um voo, uma espécie de *bungee jump*, com um ator vestido de noiva – na verdade, era um técnico do teatro, e a ideia surgiu durante a montagem de cenário, quando Abu viu que eles faziam isso. Abu ainda entrou em cena para dublar a própria voz, "Se alguém tem alguma coisa contra este casamento...", e conduzir Glorinha para o altar/cena. Foi um marco naquele ano, tanto que voltamos ao festival em 2012 e novamente agora, em 2022.

Auto da Compadecida: o auge

Fizemos uma leitura do *Auto* para um ciclo da Sociedade Brasileira de Autores (Sbat) e fiquei absolutamente enlouquecido para montar o texto. Abujamra ria e me falava: "Esse texto é genial há mais de quarenta anos. Todo mundo já fez". Mas algo me dizia que estava na hora de uma nova montagem. Abu só aceitou montar a peça quando descobriu o que ele queria fazer. Todo espetáculo do Abu era do Abu; ele se apropriava do texto como se o tivesse escrito e, a partir daí, fazia o que queria. E foi assim que aconteceu.

Abu chamou Marco Abujamra e Eduardo Krieger para fazer músicas originais para a peça e a transformou num musical. Sua maior mudança foi inserir no espetáculo uma equipe de tevê que às vezes filmava o que acontecia. Na tevê, os atores interpretavam com sotaque estereotipado, de forma melodramática. Essa interrupção às vezes não parecia ter muito sentido durante a peça, mas no final acontecia o xeque-mate: o Diabo, depois de não conseguir levar todos os personagens para o inferno, devido à astuta argumentação da Compadecida, pede que o deixem levar pelo menos a equipe de televisão. Então, vinha a genial réplica da Compadecida: "A televisão, nem a Compadecida pode salvar". Era um desfecho incrível para aquela Compadecida do final de milênio.

Alan Castelo e Guta Stresser em *O auto da Compadecida*, 1998

Ninguém cortava um texto como Abujamra, mas no *Auto* foi um choque! Cortou a história inteira do gato que descomia dinheiro, sintetizou várias situações, e o resultado foi um musical de apenas 80 minutos, incluindo uma síntese relembrando a peça. Ninguém sentiu falta de nada, estava tudo lá!

Minha sensação era que a sintonia entre a companhia e Abu melhorava a cada dia. Todos agora já conheciam bem o seu jeito de trabalhar. O sucesso de *O casamento* contribuíra para que a energia e a dedicação de todos só crescessem. Thelmo Fernandes conduziu o espetáculo brilhantemente como João Grilo, com sua voz poderosa e um talento transbordante, mas peço licença para destacar outras duas criações: Nello Marrese como Padre João e Paula Sandroni como o Diabo. No primeiro caso, Abujamra propôs a Nello um padre que corria o tempo inteiro, embalado pelo refrão "Oi, cadê Padre João?". Com sua habilidade corporal, Nello incorporou e enriqueceu o papel, e o resultado foi um Padre João único. Já no caso do Diabo, ele dividiu o papel entre duas atrizes. Sim, o demônio era uma mulher e falaria uma língua própria, sendo necessário um tradutor. Paula Sandroni inventou um gromelô hilário, e a dupla com Marta Guedes de tradutora foi mais um ponto luminoso do espetáculo.

Arturo Ui: o desafio

O projeto começou com um elenco feminino e codireção de Caco Coelho, mas, por algum motivo que não entendo até hoje, Abu resolveu mudar tudo. Como já disse, ele tinha essas intuições e não tinha medo de mudar. Desistiu da ideia de um elenco feminino e me chamou para codirigir.

Mas dessa vez foi diferente, não consegui ajudar efetivamente na criação. Abu sabia o que queria e, para ele, era algo muito especial fazer aquilo. Era um espetáculo difícil, com um elenco jovem que às vezes era imaturo para a peça, assim como eu era imaturo para codirigi-la. Na época, achei o espetáculo lindo, mas sentia que faltava alguma coisa. Sei lá se faltava mesmo ou se era minha ignorância. Hoje percebo que, na verdade, o elenco com mais de uma dezena de atores jovens, diferentemente de *O casamento* e do *Auto*, não conseguiu compreender o espetáculo organicamente, por mais que todos o executassem com paixão. Não foi suficiente. Daí vem minha impressão de que o resultado ficou distante, não conseguimos trazer a mesma força para o Brecht.

Elenco de *A resistível ascensão de Arturo Ui*, 1998

Porém, houve exceções. André Corrêa, Marcos Corrêa, Nello Marrese e Álvaro Diniz conseguiram se destacar. André tinha uma ambiguidade maravilhosa para Roma; o histrionismo de Marcos Corrêa deixava Giri mais ridículo e mais frio; a delicadeza do florista Givola de Nello aumentava sua crueldade. O caminho de Álvaro Diniz para construir Arturo Ui foi árduo. Como entregar um Arturo Ui para um diretor com alta cobrança e para quem o parâmetro eram os atores do Berliner Ensemble? Durante o processo, em diversos momentos, parecia que Abu não deixava Álvaro livre para criar, mas, na verdade, ele queria era tirá-lo da zona de conforto, queria que ele lhe desse mais. Não foi fácil. Álvaro chegou a ficar doente na véspera da estreia, mas seu Arturo Ui resultou imbecil e demoníaco na medida certa. O fato de Abujamra não ter hesitado em fazer o ensaio geral mesmo com o protagonista doente, com a assistente no lugar, com o mesmo rigor que lhe era peculiar, me marcou como exemplo de respeito ao trabalho. E de que não podemos deixar os obstáculos nos abaterem: "o espetáculo é soberano", ele dizia. Álvaro se recuperou a tempo e estreou lindamente.

Paulo Autran fez uma participação especial na personagem do velho ator shakespeariano na semana da estreia do espetáculo, papel depois assumido por Thelmo Fernandes. Isso aconteceu já durante os ensaios. Por acaso, Abu tinha encontrado Paulo na ponte aérea e, de repente, lançou: "Quer fazer uma peça? Você pode fazer apenas a primeira semana". E Paulo topou! Isso demonstra bem o espírito livre e sempre à procura de novos desafios de ambos. Eu já trabalhara com Paulo, na Armazém Companhia de Teatro, em *A tempestade*. Dizer que Paulo era um ator extraordinário é chover no molhado, mas pude comprovar o grande profissional e colega generoso. Ele tinha apenas uma cena, de no máximo 10 minutos, e a realizava com a mesma paixão e entrega de sempre. Abujamra sempre falava: "quando entro em cena, sou sempre protagonista, não importa o tamanho do papel que eu esteja fazendo". Inesquecível a presença de Paulo na coxia durante toda a peça, se conectando e apoiando todos. Era maravilhoso sair de cena e dar de cara com ele, sempre com uma palavra ou uma expressão positiva.

Tudo no timing: muito mais que uma supervisão
Esse trabalho veio da vontade de Terry O'Reilly, integrante do grupo nova-iorquino Mabou Mines, de dirigir uma peça com Os Fodidos Privilegiados. Abu adorou a ideia. Eu e Terry dirigiríamos e ele faria uma supervisão. Eram seis textos curtos de David Ives, que ensaiamos

Denise Sant Anna e Ricardo Souzedo em *Tudo no timing*, 1999

durante dois meses; na última semana, Abu assumiu o material. Na verdade, resolveu a peça, que era boa e ficou genial, sem levar crédito nenhum: criou uma abertura maravilhosa, encenou totalmente o primeiro texto – uma brincadeira musical com Philip Glass, genialmente trabalhada pelo Marco Abujamra – e criou as transições que uniam a peça, com humor e sofisticação. Só hoje tenho a dimensão da generosidade dele.

Todos os atores estiveram muito bem em seus papéis, mas destaco os trabalhos de Denise Sant Anna e Ricardo Souzedo. Denise estava na companhia desde *Um certo Hamlet*. Em "Variações sobre a morte de Trotsky", um dos seis textos do espetáculo, ela e Ricardo deram um verdadeiro show. Dona de uma voz poderosa – Abu era apaixonado por vozes fortes e graves – e uma interpretação com tons absurdos, Denise fez uma senhora Trotsky do jeito que ele gostava. Havia atores na companhia que Abu adorava e em cuja criação ele, surpreendentemente, interferia pouco. Com Dani Barros era assim, com Ricardo Souzedo também. A impressão que eu tinha é que podiam fazer o que quisessem. Abu só desenhava o entorno para eles brilharem.

Esta noite se improvisa: o ator

Era a primeira vez que Abujamra estaria em cena com a companhia – sem contar *Exorbitâncias*, quando ele fez uma participação em vídeo. Nada mais pirandelliano. Ele ficava sentado em uma mesa, admirando os atores, e recitava Fernando Pessoa no entreato, o que fazia magistralmente. Não codirigi, fui apenas assistente, mas estava lá toda noite porque isso significava estar com Abu toda noite, aprendendo e aprendendo.

Michelangelo: Camila Amado e Edney Giovenazzi

Não tenho muito a falar desse trabalho, que foi uma encomenda para a comemoração dos 500 anos do descobrimento do Brasil. Abujamra e o autor, Doc Comparato, não se entenderam muito bem, por razões que não interessam aqui. O que interessava era a honra de estar em cena com Edney Giovenazzi e com uma Camila Amado flutuando em uma personagem criada por Abujamra, falando coisas que ele inventava e coisas que ela mesma trazia. Havia dias em que Camila terminava a peça cantando o Hino Nacional.

Antônio Abujamra e elenco de *Esta noite se improvisa*, 2000

Edney Giovenazzi (de costas), João Fonseca e Nello Marrese (perfil) em *Michelangelo*, 2000

As bruxas de Salem: o desencontro

Essa peça aconteceu pouco tempo depois de Abu deixar a companhia e assumir a direção artística do Teatro Glória. Talvez seja meu texto favorito, e isto talvez tenha sido o maior problema desse trabalho. Abujamra mesmo me dizia: "Você não deve gostar tanto do texto; precisa desrespeitá-lo para poder fazer bem". Pela primeira vez, eu enfrentava o mestre e achava que ele estava errado. Isso era meio previsível de acontecer alguma hora, mas, mesmo assim, hoje vejo o quanto fui bobo, infantil e vaidoso.

Eu tinha dirigido uma versão na Casa das Artes de Laranjeiras (CAL) antes, e essa foi a falha trágica. Ingenuamente, queria refazer o que tinha feito. No final, apesar das nossas diferenças, a peça ficou linda e com a cara dele. A movimentação do coro de meninas ficou deslumbrante, inesquecível. A destacar a participação especial de Suzana Faini, atriz fundadora da companhia, que emprestou a Rebecca Nurse a dignidade e a integridade necessárias.

Louca turbulência: o final

A peça era uma festa anárquica, uma colagem de cenas e vídeos, utilizando como fio condutor *A rainha do rádio*, de José Saffioti Filho. Cláudio Tizo, Marcos Corrêa e Denise Sant Anna conduziram o trabalho com muito humor e talento. Esse foi o último espetáculo que Abujamra dirigiu na companhia. Para surpresa de todos, disse que havia chegado a hora de sair, que já estávamos completando dez anos e estava na hora de acabar. Como a gente não queria acabar, ele decidiu sair. Foi difícil aceitar e mesmo entender. Mas Abujamra queria sempre buscar o novo e já tinha nos formado e transformado. Éramos uma companhia que, além de atores, também tinha diretores, cenógrafos, iluminadores, figurinistas, produtores, e agora devíamos seguir nosso caminho. Acabamos de chegar aos trinta anos, e Abu continua sendo a cola que nos une e nos ajuda a resistir. Abujamra, para sempre presente.

Eriberto Leão e Bel Kutner em *As bruxas de Salem*, 2003

Marcos Corrêa (à frente), Claudio Tizo (atrás), Anna Black e Karen Costa em *Louca turbulência*, 2000

1. Sempre quis a alma sem romantismo.

2. Não adianta Bertrand Russell ter dito que a única saída que se apresenta para este mundo ilógico é *"whistle a pretty symphony in the dark"*, assobiar uma bela sinfornia no escuro. Eu não tenho saúde para assobiar uma sinfonia. É preciso muitos músculos para se emitirem todos os instrumentos de uma orquestra.

3. Estou deixando Os Fodidos Privilegiados. Não quero nostalgia. Eles dizem que estou indo impiedosamente embora. Mas eu sei que foi o suficiente.

4. Esses jovens estão aí, fingindo que são autenticamente frívolos e fazendo explodir sua *Louca Turbulência* num estado de graça indiscutível.

5. São dez anos com esse grupo. Durante oito anos eu lutava para criar novos diretores e não conseguia. Agora entendo o que quer dizer colocar semente no sertão. Um dia, alguma coisa crescerá. Pois nestes últimos dois anos o grupo formou 9 diretores com as seguintes peças:
1. Abdallah, Rose – *Um compêndio de Kafka*
2. Bruno, Beto – *O inspetor geral*, de Nikolai Gogol
3. Castelo, Alan – *A missão*, de Heiner Muller
5. Fonseca, João – *Timon of Athens*, de William Shakespeare
6. Marques, Mauro – *Os interesses criados*, de Jacinto Benavente
7. Marrese, Nello – *Terror e miséria do Terceiro Reich*, de Bertolt Brecht
8. Sandroni, Paula – *Um compêndio de Pinter*
9. Stresser, Guta – *Sonho de uma noite de verão*, de William Shakespeare

6. Qualquer pessoa de teatro no mundo que lesse isso pensaria que esse é um dos grupos mais importantes que existe. Essa é a nossa anarquia.

7. Eu só quero que criem a sua realidade, mesmo sem uma metáfora gongórica. Sem dúvida, parece lirismo. Mas é preciso descobrir o que se quer, e é terrível descobrir o que se quer.

8. Eu não preciso de respeito demasiado. Em realidade, não quero que me respeitem. Se me respeitarem muito eu vou desprezá-los. Somos todos kantinianos. Para Kant, o sublime é nobre, grande. O belo suporta o ornamento.

9. Ponham a liberdade em ação. Enforquem-se na corda da liberdade. Não é impossível. O Rio é eterno. Não deem atenção para as definições boas ou más que abundam sobre vocês. Lembrem-se de João Cabral de Melo Neto: "É preciso não ter calos de vitória. É preciso ser torcedor do América". Todos sabem que a vida não tem roteiro. E por isso, *Louca Turbulência*.

10. *Now cracks a noble heart. Good night, sweet prince, and flights of angels sing thee to thy rest.*

Adeus,

Antônio Abujamra
Programa de *Louca turbulência*

Antônio Abujamra em *Provocações*

Provocações. 15 anos no ar. Não era *talk show* nem programa de entrevistas. Não era *duelo de titãs* nem o *palco do Abu*. Era um programa de ideias. Só. Limitava-se a ser o que outros do gênero deveriam ser, mas não eram. Suas primeiras edições tinham no mínimo cinco ou seis convidados, que não precisavam mais do que poucos minutos cada para transmitir o que pensavam de si próprios, do Brasil, do mundo, das pessoas e das coisas, fosse lá o que fosse. Um espaço democrático. [...] Aos poucos, passamos a um único convidado por programa, atendendo aos anseios de produção da emissora somados ao andar do tempo de Abu e da vida.

Gregório Bacic
Documentarista e diretor de televisão

Exposição *Antônio Abujamra, Rigor e caos*, Sesc Ipiranga, 2018/2019

ANTÔNIO ABUJAMRA, ORQUESTRADOR DE HISTÓRIAS

Mauro Alencar

A São Paulo dos anos 1940 era fervilhante, plena de pujança e dinamismo por conta da recente e rápida industrialização de sua economia. No início do século XX, a capital paulista tornava-se um grande centro urbano, comparável às maiores cidades do mundo, tanto que logo passou a atrair imigrantes oriundos de países devastados pela Segunda Guerra Mundial. Italianos, portugueses, espanhóis, japoneses foram chegando com sua inigualável força de trabalho e, também, com suas contribuições culturais, sociais, políticas e econômicas que fortaleceriam a nossa identidade.

Um desses imigrantes com nome e sobrenome era Franco Zampari, italiano de Nápoles, que chegou ao Brasil em 1922 e logo se tornou um industrial de fôlego. Ao ver a cidade que adotou tomar características de urbe cosmopolita, sentiu que era necessário contribuir para o cenário cultural de São Paulo. E, por ser apaixonado por dramaturgia, idealizou e formou, como mecenas, uma companhia de teatro, o Teatro Brasileiro de Comédia (TBC), em 11 de outubro de 1948.

Acompanharam sua trajetória artistas europeus como os encenadores italianos Adolfo Celi, Ruggero Jacobbi, Luciano Salce, Flaminio Bollini Cerri e Gianni Ratto, o belga Maurice Vaneau e o polonês Zbigniew Ziembinski. Como registra Sábato Magaldi no excelente *Depois do espetáculo*: "Não obstante algumas liberdades, a estética dominante desses artistas era a de estar a serviço do dramaturgo. Num primeiro momento, era semelhante o ideário dos brasileiros, seus discípulos".[1]

O TBC seria um catalisador dos artistas imigrantes, caracterizando-se como "empresa artística". Graças à companhia e a esses talentos, pela primeira vez a produção teatral era encarada como um negócio. Atores, diretores e técnicos passaram a ser contratados, possibilitando estabilidade financeira para o estudo de propostas cênicas e a formação de repertório com sucessos contemporâneos estrangeiros (Jean Anouilh, Jean-Paul Sartre e Tennessee Williams), clássicos (Pirandello) e autores nacionais (Abílio Pereira de Almeida,

---

1 Sábato Magaldi, *Depois do espetáculo*, São Paulo: Perspectiva, 2003, p. 7.

Jorge Andrade e Gianfrancesco Guarnieri). Não demorou para que o teatro desse guarida à recém-nascida televisão. Desse modo, ainda nos anos 1950, surgiram os famosos teleteatros, dentre os quais se destacam o *TV de vanguarda* e o *TV de comédia*, ambos da TV Tupi de São Paulo. Foram programas fundamentais para a construção de uma linguagem televisiva e que sofreram forte influência dos profissionais que passaram pelo TBC, entre eles, Antunes Filho, que se tornaria um dos discípulos de maior destaque. Nos anos 1970, Antunes Filho faria história com seus trabalhos para o *Teatro 2* (TV Cultura), com encenações como *A escada*, de Jorge Andrade, e *Vestido de noiva*, de Nelson Rodrigues. Nesse mesmo grupo, que incluía Ademar Guerra, Cassiano Gabus Mendes e Fernando Faro, estava Antônio Abujamra.

Paulista de Ourinhos, Abujamra havia muito era íntimo do teatro. Começou em 1955 como amador no Teatro Universitário de Porto Alegre. Em 1961, estreou como profissional no Teatro Cacilda Becker, após um estágio na Europa. No velho continente, tornou-se um dos mais profundos conhecedores da obra de Bertolt Brecht, Roger Planchon e outros. Nessa mesma década, sua inquietação artística o direcionou também para o veículo de comunicação que começava a se desenvolver no Brasil, a televisão.

O passo inicial foi como ator. Em 1966, integra o elenco da novela *As minas de prata*, adaptação de Ivani Ribeiro para o romance de José de Alencar – uma produção grandiosa da TV Excelsior sob a direção de Walter Avancini, com direção de arte de Isabel Pancada e trilha sonora de Paulo Herculano, que retratava com esmero a cidade de Salvador do século XVII. Em meio à excelência de toda essa produção, e dentro desse contexto de inovação em produção do audiovisual e busca de novas linguagens, emerge a verve de diretor de tevê de Antônio Abujamra.

Inaugurada em 1950 por Assis Chateaubriand, a televisão conhece grande avanço tecnológico na década seguinte, com a chegada do videoteipe em 1960 e, consequentemente, a produção da telenovela diária a partir de 1963, na TV Excelsior (*2-5499 ocupado*, adaptação de Dulce Santucci para o original argentino de Alberto Migré, *0597 da ocupado*) e na TV Rio (*A morta sem espelho*, de Nelson Rodrigues). Se a nossa nascente teledramaturgia diária, dentro de uma salada cultural brasileira, misturava teatro, literatura, originais cubanos e argentinos e intuitivamente propunha uma devoração cultural das técnicas importadas para reelaborá-las com autonomia, convertendo-as em produto nacional, como bem propunha Oswald de Andrade – fundador e teórico, com Tarsila do Amaral, do Movimento Antropofágico –, Abujamra incorporou uma trama ambientada no Japão no caldeirão de raças e estéticas culturais do Brasil ao levar ao ar a novela *Yoshico, um poema de amor*, de Lúcia Lambertini, produzida na pioneira TV Tupi entre janeiro e março de 1967. Contava a história de amor entre a japonesa Yoshico (interpretada pela cantora Rosa Miyake) e o brasileiro Luís Paulo (Luís Gustavo).

Ainda nesse mesmo ano, seu encontro com Tatiana Belinky renderia mais duas novelas para a Tupi, emissora onde ficou até praticamente o seu encerramento, em 1980. A autora e roteirista, que já havia adaptado com grande sucesso o *Sítio do Pica-Pau Amarelo*, trouxe para a tevê dois originais estrangeiros: *O pequeno lorde* e *O jardineiro espanhol*. Na primeira produção, da dramaturga inglesa Frances Hodgson Burnett, a vida e o reinado do conde de Dorincourt (Elísio de Albuquerque) às voltas com o pequeno lorde (Paulo Castelli) é o centro da trama. Na segunda, uma adaptação do romance de A. J. Cronin, *Sir* Harington Brande (Edney Giovenazzi) é o cônsul que, por imposição do consulado espanhol, vai residir em pequena cidade da Espanha, com o filho Nicholas (Luiz Carlos Trujilo). O menino, cuja saúde requer cuidados, encontra compreensão e afeto no jardineiro espanhol, José (João José Pompeo). Um detalhe interessante: nesse período, seguindo os moldes televisivos dos primórdios da televisão, Antônio Abujamra acumulava as funções de diretor e produtor do folhetim eletrônico diário.

Revoluções estéticas
O movimento de maio de 1968, na França, impulsionado pela cobertura televisiva, tornou-se um ícone e chegou ao Brasil. Renovação de valores, liberação sexual, movimentos sociais para a ampliação dos direitos civis – enfim, a revisão dos costumes não tardou a chegar à dramaturgia na tevê, ainda que lentamente, até a revolução maior que viria com *Beto Rockfeller*.

Novos conceitos estéticos e a ampliação dos gêneros literários começam a se fazer presentes na telenovela. Eis que surge *A gordinha*, comédia de Sérgio Jockyman, com Nicette Bruno, Fernando Torres, Jayme Barcellos, Alceu Nunes e Eleonor Bruno (pela primeira vez, Nicette contracenava com a mãe). A chamada da novela resume bem o estilo da produção, cujo título remete à história de Mônica Becker (Nicette), jovem que sai do interior para trabalhar como balconista em grande magazine e come compulsivamente cada vez que se preocupa com os problemas da loja. Como bem anotam Mauro Gianfrancesco e Eurico Neiva em *De noite tem...*

Um show de teledramaturgia na TV Pioneira, percebe-se que o anúncio deixava bem claras as intenções do novo produto:

> Esta gordinha não existe. Imagine, chegar do Interior e botar pra jambrar uma grande organização... Que tipo! Com o seu sucesso, tome inveja, tome ciúme, tome intriga. Mas a gordinha não dá bola pra oposição e vence alegremente todas as tramas contrárias. Acompanhe as fabulosas aventuras desse tipo humano invulgar que é A GORDINHA. Estrelando Nicette Bruno. Direção de Antônio Abujamra.[2]

A década de 1960 foi pródiga por mesclar originais estrangeiros com os acenos de nacionalidade, como veremos mais adiante com a importante presença de nosso diretor. E, após uma comédia cheia de picardia, Abujamra assume a direção de um drama mexicano de José Sanches Arcilla: *O décimo mandamento*. Com adaptação de Benedito Ruy Barbosa, a ação se passa em Nápoles, na Itália, e narra o plano do napolitano Salvatore (Lima Duarte), rico comerciante, de casar a filha Mariana (Débora Duarte) com seu antigo empregado Vitório (Germano Filho). Mas a jovem namora Marcelo (Jovelty Archangelo). Enquanto isso, Henriqueta (Maria Helena Dias), prima de Mariana e Luigi (Paulo Figueiredo), cobiça a fortuna de Salvatore.

Na sequência, Abujamra integra o projeto *As quatro estações do amor*, unindo os dois gêneros que começavam a fazer história na televisão: novela e série. Eram quatro novelas enfeixadas por um tema central: o amor. *Os amores de Bob*, *O homem que sonhava colorido*, *O rouxinol da Galileia* e *O coração não envelhece*. Abujamra ficou responsável pela direção de *O homem que sonhava colorido*, de Sylvan Paezzo, uma história de amor na vida de um garçom (Juca de Oliveira), apaixonado pela jovem Flor (Débora Duarte), e contada em dois planos: o real e o imaginário.

Transmidiação e catarse no fascínio do medo
Se houve um momento na televisão em que Antônio Abujamra pôde transformar sua imaginação em processo catártico, certamente foi na série *O estranho mundo de Zé do Caixão*.

---

2 Mauro Gianfrancesco; Eurico Neiva, *De noite tem... Um show de teledramaturgia na TV Pioneira*, São Paulo: Giz Editorial, 2009, p. 240.

O roteiro, assinado por Rubens Francisco Lucchetti e pelo próprio José Mojica Marins, trazia a cada semana histórias fantasiosas e surrealistas. Abujamra aproveitava a precariedade do cenário, a pouca iluminação e a imagem em preto e branco para imprimir o tom sombrio e o clima de terror. A série foi ao ar aos sábados, às 23h, entre julho e novembro de 1968, e sua origem estava no filme de mesmo nome, produzido no mesmo ano, e no programa *Além, muito além do além*, exibido em 1967 pela Rede Bandeirantes, mas em tom realista. O episódio de estreia foi *O açougueiro*, com Dina Lisboa. Entre outros títulos, *A incógnita* (com Juca de Oliveira), *Cartas a um desconhecido*, *O maldito*, *As mulheres do Sr. A*, *O medo*, *A vingança do além* e *A casa que o Diabo habitou*. Alguns episódios não escaparam das garras da censura federal, como *Feitiçaria* e *O homem da capa preta*.

Do ponto de vista da audiência, o diretor pôs em prática a dinâmica proposta por Theodor Adorno ao transformar o divertimento em tensão, misturando fascínio e medo pela mesma personagem, resultando num verdadeiro jogo de "sadismo à brasileira". E, do lado da estética do audiovisual, Abujamra insuflava a criação de José Mojica, que misturava com grande talento características do "terror" estrangeiro (Estados Unidos e Europa) com as assombrações de um país tropical. Cinema, televisão, histórias em quadrinhos, teatro... Todas essas linguagens foram misturadas por Abujamra para a composição da *mise-en-scène* do horror/terror. Interessante notar que a personagem Zé do Caixão funcionava como um narrador, fazendo apartes e intervenções na trama. Vinte anos depois, toda essa "teatralização" serviria de inspiração para a criação da grandiosa personagem Ravengar, da qual falaremos mais adiante.

Musicais, teatro, dramaturgia, poesia, infantil... mas sempre um eclético provocador na arte da vida
Abujamra experimentou outros estilos de programas. Coqueluche do momento, os musicais (*O fino da bossa*, *Jovens tardes*) faziam a festa e o sucesso de emissoras como a Rede Record de Paulo Machado de Carvalho. A Tupi, inexperiente nesse ramo, apostou na produção de *Divino maravilhoso*, sob a direção geral de Cassiano Gabus Mendes, com produção e direção de Fernando Faro e Antônio Abujamra. As manchetes dos jornais anunciavam a chegada de uma atração musical comandada pelos tropicalistas: "*Divino Maravilhoso*: Caetano, Gil, Os Mutantes e Jorge Ben, a turma mais avançada da música popular brasileira, num programa

deslumbrante, que honra a gloriosa Televisão do nosso querido Brasil!".[3] Gal Costa, a musa do tropicalismo, e o grupo Os Bichos também integravam o time fixo do programa. Pouco tempo depois, Tom Zé se uniu ao elenco de cantores/apresentadores. Apesar de todo o burburinho, a atração ficou no ar menos de três meses. O nome do programa (que poderia ter se chamado *Banana Especial* ou *É Proibido Proibir*) "veio do bordão do empresário Guilherme Araújo, que costumava elogiar o que gostava adjetivando de 'Divino! Maravilhoso! Internacional!'".[4] Também se popularizou pela voz de Gal Costa ao interpretar a canção *Divino, maravilhoso*, de Gil e Caetano. Entretanto, a música não era o tema de abertura; em cada edição, o maestro Rogério Duprat fazia uma abertura diferente, acompanhado dos Mutantes. A atração ia ao ar todas as segundas-feiras, às 21 h, antecedendo o famoso noticiário *Repórter Esso*. As gravações aconteciam no Teatro Sumaré, em São Paulo, o berço da televisão brasileira. Juca Chaves, Jards Macalé, Nara Leão e Paulinho da Viola foram alguns dos convidados do programa. Em dezembro, a decretação do AI-5 terminou com o banquete dos tropicalistas de fantasias, brilhos, cores e intenções libertárias. A despeito de Caetano plantando bananeira no palco e preso numa jaula e Gil encarnando Jesus numa ceia cheia de bananas, "a gota d'água foi quando Caetano cantou com um revólver apontado para a cabeça", segundo relato da pesquisadora Ana de Oliveira.[5] De qualquer maneira, o grande legado do programa foi a modernização da linguagem musical brasileira ao incorporar estéticas teatralizadas, um marco na nossa cultura.

Na sequência, e com Fernando Faro na direção, mais um programa misturando música, dramaturgia e entrevista: *Colagens*. Na área musical, Abujamra dirigiu, com destaque, um programa totalmente original, *Maysa: Estudos*, tendo como linha mestra a sua verve provocativa: "Hoje eu quero arrancar a alma e o coração desta mulher", disse ele ao cenógrafo Heraldo

---

3 "Tropicalistas na TV: 15 histórias sobre o programa 'Divino Maravilhoso'", *Tropicália Viva*, 11 ago. 2020. Disponível em: <www.tropicaliaviva.com/post/tropicalistas-na-tv-15-histórias-sobre-o-programa-divino-maravilhoso>. Acesso em: 5 nov. 2022. Cf. também Marcos Sampaio, "'Divino Maravilhoso' completa 50 anos de revolução televisionada", *Discografia* [blog do jornal *O Povo online*], 29 out. 2018. Disponível em: <https://blogs.opovo.com.br/discografia/2018/10/29/divino-maravilhoso--completa-50-anos-de-revolucao-televisionada/>. Acesso em: 5 nov. 2022.

4 *Id., ibid.*

5 *Apud* Edison Veiga; Juliana de Faria, "Programa Divino Maravilhoso da TV Tupi causou polêmica em 1968", *Veja São Paulo*, 5 dez. 2016. Disponível em: <https://vejasp.abril.com.br/cidades/programa-divino-maravilhoso-da-tv-tupi-causou-polemica--em-1968/>. Acesso em: 5 nov. 2022.

de Oliveira, já semeando o que viria a ser o célebre *Provocações*, na mesma TV Cultura de São Paulo. Para ser exato, Maysa deveria integrar o cultuado programa *Ensaio*, de Fernando Faro. Por questão de agenda, este não pôde dirigir o episódio com a consagrada cantora e, por conta disso, a emissora decidiu produzir um programa especial com ela. *Maysa: Estudos* foi ao ar em 16 de novembro de 1975, com produção de Antônio Abujamra e Dorival Dellias.

Em 1977, na TV Tupi, em preciosa equipe formada por Fernando Faro, Antônio Abujamra, Lima Duarte e Walter Avancini, o programa *Ribalta*, com produção de Carlos Queiroz Telles, aproximava o teatro da televisão. E o encontro da poesia com o teatro de Mário Chamie seria celebrado em *Dimensão 2*, mais uma produção da Cultura, em 1974, regida por Abujamra. Elza Gomes e Neuza Amaral, grandes atrizes que marcaram a trajetória de nossa telenovela, participaram do poético programa.

De 1977 a 1990, Abujamra integra o time de diretores do celebrado infantil *Bambalalão*. O cenário era idêntico a um circo e a atração recebia crianças de 5 a 10 anos. Competições, brincadeiras, teatro de fantoches, encenação de contos infantis e o bordão que encerrava o programa: "Esta história entrou por uma porta e saiu pela outra. Quem souber que conte outra". Com apresentação de Gigi Anhelli e Silvana Teixeira e direção de Ademar Guerra, Antônio Abujamra, Arlindo Pereira, Marcelo Amadei, Roberto Machado Júnior, Roberto Miller, Waldemar Jorge e Zita Bressane, *Bambalalão* foi um grande *happening* infantil na televisão.

Renovações dramatúrgicas

As mudanças de comportamento trazidas durante o ano de 1968 chegaram também à arte. O cinema novo tinha como foco o retrato da desigualdade social e os temas políticos. *Macunaíma*, de Joaquim Pedro de Andrade, em 1969, estrelado por Grande Otelo, Paulo José e Jardel Filho, recorre ao herói sem nenhum caráter criado por Mário de Andrade. No elenco, entre outros, Dina Sfat, Joana Fomm e Hugo Carvana. Filmes como *Roberto Carlos em ritmo de aventura*, de Roberto Farias, com roteiro de Paulo Mendes Campos, se aproximavam da Jovem Guarda. Ícones como Reginaldo Faria, José Lewgoy, Rose Passini e David Cardoso encantavam na tela do cinema. Já *O bandido da luz vermelha*, de Rogério Sganzerla, com Paulo Villaça, Helena Ignez e Luiz Linhares, circulava por uma São Paulo degradada e atravessada pelos meios de comunicação. O parentesco desses filmes com o tropicalismo é imediato, pois aí também se busca uma síntese dos cacos culturais de uma sociedade em mutação. Assim, temos anti-herói, cotidiano urbano e músicas de sucesso direcionadas ao público jovem.

Enfim, todo esse preâmbulo para registrar a ingerência, ainda que indireta, de Antônio Abujamra na novela que iria caracterizar-se como um divisor de águas na história da teledramaturgia brasileira.

Cassiano Gabus Mendes, diretor artístico da pioneira Tupi, buscava algo novo para produzir e movimentar a audiência do horário das 8h da noite. Cacilda Becker aconselhou-o a procurar no teatro tal inovação. Bráulio Pedroso, dramaturgo de texto crítico e ferino, estava atrás de um novo trabalho. Nem conhecia televisão, contou-me ele em encontro que tivemos por ocasião do Seminário Latino-americano de Dramaturgia da Telenovela, no Memorial da América Latina, em 1989. E quem fez a ponte entre Bráulio e Cassiano foi Abujamra, certo de que o autor de *O fardão* era o autor talhado para contar a história de Beto Rockfeller (Luís Gustavo), um homem simples que sonhava com a sofisticação da alta sociedade paulistana. Com virtudes e defeitos como qualquer cidadão, Beto era, enfim, um anti-herói.

Em 1969, Abujamra retorna à dramaturgia com *Nenhum homem é Deus*, novela de Sérgio Jockyman com Walmor Chagas no papel de Marco, um mágico de circo que se transforma em vidente. Nesse mesmo ano e do mesmo autor, dirige (com John Herbert) uma inovadora série: *As confissões de Penélope*. Com cinco minutos de duração para cada episódio (exibidos de segunda a sexta), a série estrelada por Eva Wilma era uma verdadeira sessão de terapia em que não se via o psicanalista, apenas se ouviam (na voz do ator e locutor Antônio Leite) as suas intervenções. Esteve no ar entre abril de 1969 e abril de 1970.

O viés iconoclasta, provocativo, do diretor Antônio Abujamra encontrou em Bráulio Pedroso o autor ideal para a quebra de paradigmas e a criação de novos conceitos em dramaturgia televisiva, misturando variadas linguagens narrativas. Desse modo, em 1969, a inovadora novela *Super Plá* é produzida pela TV Tupi. Encontrávamos na trama, que subvertia o folhetim como fio condutor, a influência direta de histórias em quadrinhos, desenhos animados e filmes de Hollywood, que estruturavam a novela em tom de farsa e aventura. Plácido (Rodrigo Santiago) é um bancário, pessoa comum, leitor de histórias em quadrinhos, que ao tomar o refrigerante Super Plá transforma-se num herói cheio de charme e notável inteligência. Titina (Bete Mendes) representava a mocinha em figura semelhante à florista de *Luzes da cidade*, clássico filme de Chaplin. Jonas Jazão (Jofre Soares), muito rico, era plasmado na personagem do Tio Patinhas. Destaque na trama, o casal Baby Stompanato (Hélio Souto), um mafioso ao estilo dos gângsteres americanos, e Joana Martini (Marília Pêra), dona de uma fábrica de refrigerantes, em composição inspirada na atriz Joan Crawford, saiu da novela para o teatro com o espetáculo *A vida escrachada de Joana Martini e Baby Stompanato*. Entretanto, a proposta de misturar todas essas linguagens da comunicação não foi bem aceita pelo público. De qualquer maneira, a novela, que contou com a direção de Walter Avancini e foi finalizada por Marcos Rey, representou um interessante exercício de dramaturgia e direção de atores.

Celeiro de tradição e renovação ou um laboratório de novas linguagens
Na década de 1970, dois programas se notabilizaram por adaptações da literatura e da dramaturgia teatral. Na Globo, a partir de 1971, temos o *Caso especial* (que também apresentava histórias originais); e, na TV Cultura, o *Teatro 2*, iniciado em 1974. Unindo o clássico ao contemporâneo, o tradicional às inovações audiovisuais, foram considerados laboratórios de novas linguagens dramatúrgicas. O pesquisador Rodolfo Bonventti nos conta que a criação do programa *Teatro 2* "foi da atriz e diretora Nydia Licia e a obra de estreia foi um teleteatro adaptado para a televisão baseado no conto *O enfermeiro* de Machado de Assis. O objetivo de Nydia com o programa era despertar, ao mesmo tempo, no telespectador, o gosto pela leitura e por ver teatro nos palcos nacionais".[6] Para dirigir os teleteatros, ela foi buscar nomes importantes dos nossos palcos, como Antunes Filho, Ademar Guerra e Antônio Abujamra.

Em 1974, na Globo, Abujamra dirigiu, ao lado de Oswaldo Loureiro, *Revira-volta*, de Leilah Assumpção, com Betty Faria, Marcos Paulo, Bete Mendes, Françoise Forton, Rogério Fróes e Aracy Cardoso. No ano seguinte e da mesma autora, *O remate*, com Mauro Mendonça, Norma Bengell, Odete Lara, Mário Gomes, Françoise Forton e Ruth de Souza, sob supervisão de Cassiano Gabus Mendes. Os dois temas tratavam das dificuldades de relacionamento entre casais. Depois, em 1977, *Férias sem volta*, de Janete Clair, contando o romance de uma professora Hortênsia (Renata Sorrah) com um guia turístico Manuel (Tony Correia) em Portugal.

---

6 Rodolfo Bonventti, "TV Cultura reúne grandes diretores e estreia, em 1974, o *Teatro 2*", *Cartão de Visitas News* [website], 11 nov. 2015. Disponível em: <www.cartaodevisita.com.br/conteudo/12219/tv-cultura-reune-grandes-diretores-e-estreia-em-1974-o--teatro-2>. Acesso em: 7 nov. 2022.

No *Teatro 2*, Abujamra marcou presença em inúmeras montagens, dirigindo os mais variados autores, com as mais variadas estéticas teatrais. Passaram, entre outros, pela sua batuta Eugène Ionesco (*As cadeiras* e *A lição*), García Lorca (*Yerma*), Eugene O'Neill (*Onde a cruz está marcada*), W. Somerset Maugham (*A carta*), Anton Tchekhov (*O aniversário de um banco*), Paddy Chayefsky (*A esperança*), Artur Azevedo (*O oráculo*), Carlos Queiroz Telles (*Arte final*), Giovanni Testori (*Um Hamlet*), até a última produção da série: Nelson Rodrigues com *Senhora dos afogados*, em 1985.

Em 1981, integra com Walter Avancini, Fábio Sabag e Alberto Salvá a equipe de diretores de *Obrigado, doutor*, estrelado por Francisco Cuoco (Dr. Rodrigo Junqueira), na TV Globo. Seriado médico pioneiro da televisão brasileira, escrito por Walter George Durst, Roberto Freire, Ferreira Gullar, Aguinaldo Silva e Walther Negrão, abordava a falta de recursos médicos no interior do Brasil. Compunham o elenco Elaine Cristina, Nicette Bruno e Cristina Santos.

Ainda em 1982, Abujamra participou do popular programa *Caso verdade*, na TV Globo, dirigindo, em parceria com Silvio Francisco, a história *O menino dos milagres: Antoninho da Rocha Marmo*. Com texto de Eloy Araújo, foi reapresentada duas vezes, uma delas na série *Teletema*, em 1986; no elenco, Alexandre Raymundo e Maria Isabel de Lizandra, entre outros.

Contudo, a profícua direção nos teleteatros não afastou Abujamra da telenovela. Na Tupi, em 1978, dirigira *Salário mínimo*, de Chico de Assis, com Nicette Bruno e Adriano Reys, e um ano depois brindara a plateia televisiva com um de seus trabalhos mais primorosos: *Gaivotas*, de Jorge Andrade.

O reencontro do tempo perdido trinta anos depois

Utilizando o *slogan* "A ousadia de um voo vitorioso", a novela *Gaivotas*, que teve por título original *O retrato*, narrava a trajetória de Daniel (Rubens de Falco), jovem pobre, bolsista do Externato Pacheco, e sua ascensão como engenheiro mecânico e construtor de um poderoso império industrial no parque automobilístico de São Bernardo do Campo. Vítima de um incidente envolvendo a professora Norma (Selma Egrei) às vésperas da formatura, é acusado e humilhado pelos colegas de classe. Trinta anos depois, reúne em sua fazenda, o Solar dos Negreiros, as "gaivotas" que o bicaram e também a velha professora e dona do colégio, Idalina (Márcia Real). O que fizeram de suas vidas? Como estaria a rica e tradicional Maria Emília (Yoná Magalhães), a grande paixão de sua vida? Jorge Andrade, prosseguindo com o eixo permanente de sua obra, a composição do sujeito como reflexo e consequência de suas origens e de seu passado, a reconstrução da gênese de cada ser humano contemporâneo, fez a novela aprofundar o retrato da complexa e labiríntica natureza humana. Partindo de um projeto encomendado por Walter Avancini, o dramaturgo colheu todos os louros possíveis com essa obra-prima, sob a direção geral de Antônio Abujamra, que dissecou cada personagem com um olhar artístico e antropológico. Um laboratório cênico-psicológico, repleto de símbolos e signos, foi a chave do sucesso diretivo impresso por Abujamra para apresentar ao público os dramas existenciais de personagens como Lídia (Cleyde Yáconis), inconformada com a velhice, ou a solitária Ângela (Isabel Ribeiro), eternamente apaixonada por Alberto (Altair Lima), um frei dominicano, e, claro, Daniel, "gaivota" que se destacou do bando para voar mais alto e conquistar sua vitória. Contando com Edison Braga e Henrique Martins na direção, e a primorosa abertura criada por Cyro del Nero, com o tema musical "Libertango", de Astor Piazzolla, foi, certamente, um dos projetos mais universais, em texto, criação de personagens e direção, no qual, uma vez mais, o teatro e a televisão se encontraram em perfeita comunhão artística.

A realidade como matéria-prima da teleficção
A expressiva direção de Antônio Abujamra encontrou na Rede Bandeirantes (também conhecida por Band, desde 1995) a sintonia para extrair da realidade a matéria-prima para a sua estética audiovisual. Não que isso fosse inédito em sua trajetória, mas, na emissora da família Saad, coincidência ou não, a maioria de seus trabalhos teve como pano de fundo a história social e econômica do Brasil. Em 1974, por exemplo, dirige

Gaivotas, logomarca criada por Cyro del Nero

a série *Isto é verdade*, baseada nos arquivos do Fórum de São Paulo. Histórias verídicas, de grande impacto, que tiveram a redação de Túlio de Lemos e codireção de Sérgio Mattar.

Em 1979, a Bandeirantes entra novamente no mercado de telenovelas e, em 1980, Abujamra assume a direção, em parceria com Atílio Riccó, de *Um homem muito especial*, de Rubens Ewald Filho, Jayme Camargo e Consuelo de Castro, que narrava a história do conde Drácula (Rubens de Falco), que deixa a Transilvânia e vem ao Brasil à procura de seu filho, Rafael (Carlos Alberto Riccelli). Em sua busca, apaixona-se por Mariana (Bruna Lombardi), mulher de seu filho, e enfrenta a poderosa Dona Marta (Cleyde Yáconis). Um interessante laboratório criativo onde o irrequieto diretor incorporou elementos estéticos de *O estranho mundo de Zé do Caixão*. O tema de abertura – "Que me venha esse homem" –, composto por David Tygel e Bruna Lombardi, na sensual voz de Fafá de Belém, embalava o clima erótico impresso na trama e na direção.

No ano seguinte (1981), Abujamra supervisionou duas novelas. A primeira delas, *Os imigrantes*, marco absoluto da história da teledramaturgia e a primeira novela de Benedito Ruy Barbosa a tratar do tema da imigração para a formação da sociedade brasileira. Narrando a trajetória de três imigrantes homônimos – Antonio de Salvio, italiano; António Pereira, português; e Antonio Hernandez, espanhol – que chegaram ao porto de Santos em fins do século XIX, a saga produzida pela Bandeirantes estendeu-se até a construção de Brasília. Com texto que contou com a autoria de Renata Pallottini e Wilson Aguiar Filho, foi a segunda novela mais longa de nossa televisão: 459 capítulos. Dirigida por Henrique Martins e Atílio Riccó, contou com o maior elenco reunido até então: Rubens de Falco, Altair Lima, Othon Bastos, Herson Capri, David Arcanjo, José Piñero, Yoná Magalhães, Rolando Boldrin, Norma Bengell, Lúcia Veríssimo, Maria Estela, Solange Couto, Chica Xavier, Dionísio Azevedo, Flora Geny, Luís Carlos Arutin, Riva Nimitz, Fúlvio Stefanini, Cristina Mullins, Valdir Fernandes, Isis Koschdoski, Agnaldo Rayol, Baby Garroux, Lizette Negreiros, Paulo Betti, Jussara Freire, Luiz Armando Queiroz, Ricardo Blat, João Carlos Barroso, Emílio Di Biasi e Paulo Autran, entre tantos outros.

Depois, mais um experimento narrativo. A novela *Os adolescentes*, de Ivani Ribeiro e Jorge Andrade, propunha um laboratório enfocando os conflitos dos jovens na nascente década de 1980. Novos atores – André de Biase, Júlia Lemmertz, Flávio Guarnieri, Tássia Camargo, Ricardo Graça Mello, Hugo Della Santa, Mayara Magri, Kiko Guerra e Giuseppe Oristanio – assumiam a linha de frente da história para temas como sexualidade, drogas e conflitos entre pais e filhos. Veteranos como Kito Junqueira, Roberto Maya, Selma Egrei, Paulo Villaça, Norma Bengell, Márcia de Windsor e Beatriz Segall ancoravam o elenco em novela dirigida por Atílio Riccó.

Uma aula na mansão da rua Guatemala
Em 1982, estudante de comunicação na Fundação Armando Álvares Penteado (FAAP), tive o privilégio de passar um dia acompanhando as gravações da novela *Ninho da serpente*, um precioso texto de Jorge Andrade sobre os donos do poder em São Paulo. A mansão da família Taques Penteado, no Jardim América, comandada por Guilhermina (Cleyde Yáconis, numa brilhante atuação), simbolizava um mundo poderoso. Entre os inúmeros conflitos envolvendo o jogo de interesses familiares e todas as neuroses do intrincado comportamento humano, encontramos o amor impossível entre o enfermeiro Matheus (Kito Junqueira) e a aristocrática Lídia (Eliane Giardini, em sua estreia em novelas). O desaparecimento do milionário Cândido Taques é a mola que irá impulsionar a eclosão e o digladiar da nata do empresariado paulistano. Guilhermina, apegada à tradição quatrocentona, era o símbolo da ganância, traição e preconceito, mantendo todos prisioneiros da casa e do dinheiro. Quem conseguiria libertar-se desse jogo neurótico para conquistar vida própria? A orquestrar esse serpentário humano que formava uma verdadeira rede de intrigas, o mestre Antônio Abujamra supervisionava a novela, acompanhado pelo histórico ator e diretor Henrique Martins.

Foi, portanto, uma aula de direção, de arte dramática, encontrá-los no comando de uma gravação dentro da mansão, cenário principal da trama. Com esmerada produção, o elenco era formado, entre outros, por Beatriz Segall, Márcia de Windsor, Imara Reis, Othon Bastos, Carmem Silva, Raymundo de Souza, Antonio Petrin, Denise Stoklos, Emílio Di Biasi, Kate Lyra, Laura Cardoso, Nydia Licia e Juca de Oliveira. Para imprimir mais realidade à ficção, Jorge Andrade e Antônio Abujamra trouxeram figuras da alta sociedade paulistana como Chiquinho Scarpa, que participou da novela como amigo da família Taques Penteado.

Em 1997, Silvio Santos volta a investir em textos nacionais e o SBT, dentro de um projeto capitaneado por Nilton Travesso, produz uma nova versão de *Os ossos do barão* (sucesso da Globo em 1973). O clássico texto de Jorge Andrade recebe adaptação de Walter George Durst, Duca Rachid, Marcos Lazarini e Mário Teixeira. Nessa adaptação, Durst e equipe incluíram

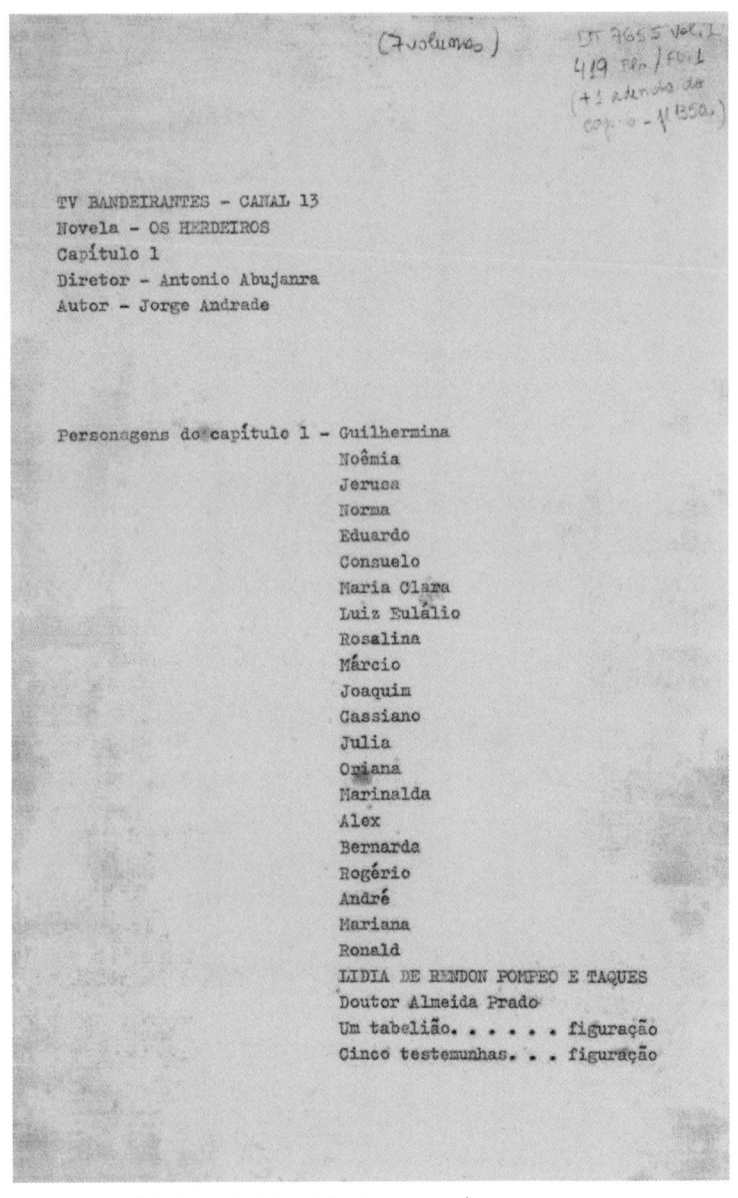

Os herdeiros (título original de Ninho da serpente)

personagens de Ninho da serpente. Desse modo, Cândido, que nessa versão recebe o sobrenome Caldas Penteado, entra em cena na interpretação de Rubens de Falco, atuando ao lado de Leonardo Villar, Juca de Oliveira, Ana Paula Arósio, Tarcísio Filho, Othon Bastos, Clarisse Abujamra, Bárbara Fazio, Jussara Freire, Imara Reis e Cleyde Yáconis. Ambientada em fins da década de 1940 e início dos anos 1950, a novela foi dirigida por Henrique Martins e Luiz Armando Queiroz, com direção geral de Antônio Abujamra, que ganhou um papel na trama: Sebastião Caldas Penteado.

O provocador entra em cena

O ano de 1987 é, particularmente, um divisor de águas na carreira de Antônio Abujamra, que aumenta sua participação como ator em diversas produções da tevê. O impulso e o sucesso alcançado em O contrabaixo, monólogo de Patrick Süskind, estendem-se para Sassaricando, comédia de Silvio de Abreu, com direção de Cecil Thiré, Lucas Bueno e Miguel Falabella. E o ar debochado, irônico e crítico entra em cena para desvelar a hipocrisia da família Abdala, que oprimia e transtornava a vida de Aparício Varela (Paulo Autran), viúvo de Teodora (Jandira Martini) e às voltas com as cunhadas Lucrécia (Maria Alice Vergueiro) e Fabíola (Ileana Kwasinski).

A entrada do ator em cena resume muito de sua *persona* e apresenta de maneira magistral seu personagem, Totó Adib, marido da escandalosa Lalume Abdala Adib (Marilena Cury).

> **Capítulo 78** – Cena 29
> *Tocam a campainha ou batem na porta ou simplesmente Ariovaldo que já está a postos abre a porta e Lalume e Totó entram. Ela é uma mulher enorme, deve ter engordado muito desde que saiu do Brasil. Muito rica, riquíssima, riquérrima, cheia de joias. O Totó, ao seu lado, é uma figura sorridente, simpática mas meio estranho porque parece um tocador de contrabaixo. Usa uma gravatinha borboleta e se veste de escuro. Todos ficam de boca aberta com a figura de Lalume que deve ter engordado uns cem quilos desde que eles a viram pela última vez. Só Fabíola segura o riso. Lalume entra e já vai reclamando. (**Atenção**: ela só fala em árabe. As falas devem ser traduzidas para o nosso idioma.)*
>
> LALUME *(reclamando e se abanando)* – Que terra quente! Devo ter perdido uns vinte quilos nesta viagem... *(Olha em frente)* Esta casa está horrorosa como sempre... Não sei que ideia você teve de vir para cá; a gente deveria ter ficado no navio... *(Falou em árabe e se abanando)*
>
> TOTÓ *(simpático, sorridente, traduz o que ela disse)* – Ela disse, bom dia!
>
> *Todos se olham absolutamente estupefatos pela curtíssima tradução que foi feita e principalmente porque Lalume não é absolutamente nada do que eles estavam esperando. Neste clima entre todos (onde devem entrar também os empregados da casa para fazerem um bom número) – o corte para o final do capítulo.[7]*

A partir de *Sassaricando*, Abujamra seguiu carreira de ator na televisão com papéis marcantes, nas mais variadas produções, entre Globo, SBT, Bandeirantes, Manchete e Record: *Cortina de vidro*, *O mapa da mina*, *Amazônia*, *A idade da loba*, *Antônio Alves, taxista*, *Andando nas nuvens*,

---

7 Acervo Mauro Alencar.

Vila Madalena, *Marcas da paixão*, *Começar de novo*, *Corações feridos*. Esteve mais uma vez em texto de Benedito Ruy Barbosa ao participar do épico *Terra nostra*, no papel de Coutinho Abreu, tendo a imigração italiana como centro da trama. Destacou-se também como o enigmático conselheiro da máfia italiana – Marco Iago – em *Poder paralelo* (Record, 2009-2010), de Lauro César Muniz, dirigida por Ignácio Coqueiro.

Porém, é inegável que seu maior sucesso em televisão foi o bruxo Ravengar de *Que rei sou eu?* (Globo, 1989), o manipulador dos destinos do reino de Avilan, comandado pela tresloucada rainha Valentine (Tereza Rachel), na cultuada novela de Cassiano Gabus Mendes com direção geral de Jorge Fernando. Ainda hoje sua interpretação é relembrada e saudada por críticos e público em geral. Ravengar, o conselheiro-mor do rei Petrus II (Gianfrancesco Guarnieri) e da rainha, tem sobre todos influência absoluta e persegue o poder a qualquer custo. Bruxo, médico, astrólogo e até hipnotizador, consegue o impossível... Sempre acompanhado de sua criada Fanny (Vera Holtz), é um verdadeiro rei sem coroa do reino de Avilan.

Em 2015, Abujamra atua em *Sonhos de Abu*, uma comédia *nonsense* criada, produzida e escrita por seu filho, André Abujamra, ao lado de Rafael Terpins, para o Canal Brasil. Mas, além do trabalho de ator, ele pôde ser visto em outras experiências televisivas. Foi o caso da leitura do poema "Molly Bloom", com interpretação de Lavínia Pannunzio, no retorno do lendário *Móbile*, programa criado e dirigido por Fernando Faro para a TV Cultura, em 2008, e quando apresentou, de 2000 a 2015, o *Provocações*, na mesma emissora, um programa anárquico por seu conteúdo, que misturava entrevistas ácidas e citações de poesias e textos teatrais. Fusão de ironia, doçura, literatura e, principalmente, ideias, o programa tornou-se um clássico. Bem como era e viveu Antônio Abujamra, criador de uma *persona* muito além de sua pessoa ou profissional. Desse modo, com inteligência instigante e provocadora, imprimindo no audiovisual os métodos de Bertolt Brecht e Roger Planchon, reelaborando técnicas do teatro contemporâneo para renovar a argamassa da teledramaturgia e dos programas de televisão, o mestre Antônio Abujamra brindou-nos com seu caldeirão repleto de histórias da arte e da vida.

Referências

LIVROS

ALENCAR, Mauro. *A Hollywood brasileira*: panorama da telenovela no Brasil. Rio de Janeiro: Senac, 2002.

DICIONÁRIO da TV Globo: programas de dramaturgia & entretenimento. v. 1. Rio de Janeiro: Jorge Zahar, 2003.

FERNANDES, Ismael. *Memória da telenovela brasileira*. São Paulo: Brasiliense, 1987.

ARTIGO

SILVA, José Aguiar Oliveira da; QUELUZ, Marilda Lopes Pinheiro. "O estranho mundo de Zé do Caixão" de R.F. Lucchetti. 5as Jornadas Internacionais de Histórias em Quadrinhos. Escola de Comunicações e Artes da USP, 22-24 ago. 2018. 15 p. Disponível em: <http://www2.eca.usp.br/jornadas/anais/5asjornadas/q_historia/jose_marilda.pdf>. Acesso em: 10 out. 2022.

MATÉRIAS – INTERNET

SITES

Acervo Antônio Abujamra. Biblioteca – Centro de Formação das Artes do Palco. Disponível em: <https://www.spescoladeteatro.org.br/biblioteca/acervo-antonio-abujamra>. Acesso em: 10 out. 2022.

Memória Globo. Disponível em: <https://memoriaglobo.globo.com/>. Acesso em: 10 out. 2022.

ABU, MEU MESTRE E AMIGO

Estávamos em 1965 e fazia apenas um ano que eu começara minha vida profissional nos teatros da vida. A escolha da profissão de ator já tinha se revelado um equívoco, só que eu não queria sair daquele mundo encantado com o qual eu tanto sonhara. Pisar num palco, representar, criar vidas dentro de mim, provar do aplauso, dentro de uma existência completamente diferente daquela que eu vivia em casa, tudo era fascinante. Vocação, vontade, força de trabalho, tudo isso eu tinha, mas talento para o ofício, infelizmente, desde a primeira vez que pisei em um tablado, já sentia que faltava. A primeira pessoa que me abriu os olhos para isso e provocou uma enorme mudança na minha maneira de planejar uma carreira foi o mestre Abujamra.

Na época, além de ator em algumas peças, eu também trabalhava como administrador do Teatro Ruth Escobar, onde Abu iria encenar com Cleyde Yáconis, Riva Nimitz e a própria Ruth uma peça de Rafael Alberti: *As fúrias*. Não me lembro se foi indicação da Ruth ou resultado de alguma conversa que tivemos, mas ele me convidou para ser o seu assistente de direção. A princípio assustado com a responsabilidade, aos poucos e com o seu apoio fui encontrando enorme prazer nessa maneira diferente de encarar a produção de um espetáculo. Apesar de ter cursado a Escola de Arte Dramática, foi com Abujamra que entendi que a vida detrás do palco, onde estudava-se profundamente um texto, criavam-se os personagens junto aos atores, indicavam-se caminhos, propunham-se exercícios, ajustavam-se as vozes, trabalhava-se junto ao iluminador, discutia-se com os profissionais os cenários e os figurinos e tinha-se uma visão completa do que seria apresentado no palco, era muito mais lúdica, mais interessante, muito mais apaixonante, do que a criação de um único personagem.

Depois desse fizemos vários outros trabalhos juntos, às vezes como seu assistente, outras como administrador e até mesmo como ator. Foi com Abu que aprendi que há uma diferença brutal entre saber como um personagem deve ser representado e, efetivamente, representá-lo. Assim a minha carreira de ator ficou para trás, conscientemente e sem frustações.

Trabalhando a seu lado, descobrindo um novo mundo, compartilhei de suas ideias, suas teorias, suas frases de impacto e ganhei acesso também à sua enorme biblioteca, e com isso um universo cultural completamente novo e excitante se abriu para mim. Abujamra, além de um homem de enorme talento e vocação, era também um excelente professor, um mestre absoluto que tinha a generosidade de dividir sua invejável cultura e o seu enorme conhecimento não só de teatro como também de cinema, música, literatura e televisão. Apesar de seu alto grau de intelectualidade, nunca o vi, como seus pares, menosprezar as formas de expressão artística mais populares, como o teatro e o cinema dito comerciais e, principalmente, a televisão.

Foi na televisão que ele, junto a Antunes Filho, Ademar Guerra e Cassiano Gabus Mendes, desenvolveu excelentes espetáculos no *Teatro 2* da TV Cultura, um dos programas mais elogiados pela crítica da época, com produção de Walter George Durst, a princípio, e depois de Nydia Licia. Com a saída de Cassiano, Abujamra e Ademar Guerra, generosamente, me indicaram para a vaga e pude estrear como escritor e diretor de muitas realizações. Depois ainda me indicou para escrever e dirigir aulas no inédito *Telecurso 2º Grau* que a Rede Globo produzia com a TV Cultura, e juntos formatamos e iniciamos essa série de programas que continua no ar até hoje.

Também jamais renegou a novela, o gênero mais popular de entretenimento da televisão brasileira. Dirigiu várias na TV Tupi e foi o responsável direto pelo meu ingresso como autor, junto com Rubens Ewald Filho, na escrita da minha primeira, *Éramos seis*.

Curiosamente, como eu, Abu também começou sua carreira sendo ator, mas, diferente de mim, além de vocação ele também tinha um talento especial que se revelou tardiamente em *O contrabaixo*, monólogo que representou em longas temporadas, e depois explodiu em um enorme sucesso popular com o icônico Ravengar na novela *Que rei sou eu?*, de Cassiano Gabus Mendes. Tive o prazer de escrever para ele uma personagem muito divertida, o Tio Tó, que era como os seus sobrinhos o chamavam, prestando-lhe uma homenagem na novela *Sassaricando*. Além disso, também na televisão se revelou um excelente entrevistador no já clássico *Provocações*, que comandou por anos na TV Cultura.

Paralelamente ao contato profissional, tive também o privilégio de conviver com sua família, seus filhos talentosos e, principalmente, com Belinha, sua esposa e seu grande e eterno amor. A dedicação e admiração dessa grande mulher para com o controverso artista eram comoventes. Belinha esteve ao lado dele em todas as horas, em todos os fracassos, em todos os sucessos, todas as honras e todas as homenagens, e quando ela se foi o mundo dele ficou infinitamente menor. Nessa época, na busca dos amigos para amenizar a solidão da grande companheira, Abu se revelou um grande sentimental, deixando o seu coração sobrepujar seu enorme intelecto, e se derramou em belas cartas que guardo até hoje com enorme carinho.

Acredito que todo profissional, seja ele autor, diretor, ator, cenógrafo, figurinista, iluminador, ou de qualquer outra atividade ligada ao teatro e à televisão, que teve o prazer e a felicidade de conviver com esse grande artista se modificou, melhorou e se engrandeceu.

Tive esse grande privilégio e humildemente agradeço, porque, se não tivesse tido a bênção de encontrá-lo em meu caminho, provavelmente hoje seria um medíocre e frustrado ator de terceira categoria, sem ter conhecido o universo cultural e todas as possibilidades de uma carreira de sucesso que Abujamra, generosamente, me apresentou.

Obrigado, grande mestre.

Silvio de Abreu
Autor e diretor de teatro, cinema e televisão

Antônio Abujamra e Zé Celso em leitura da peça *Stálin e Rei Lear*, do chileno Gaston Salvatore

ABUJAMRA I LOVE

Meu lindo e carinhoso amigo Abujamra, você nem bem morreu e já renasceu. Óbvio, você, amado, sempre foi eterno.

Entre os seres humanos, dos mais amados e grandiosos, um deus garanhão, gerador de filhos mortais e imortais, nos rastros luminosos, férteis vestígios vivos de todas suas criações, vindas do seu "Corpo Vida Obra de Arte". Isso fica mais que amor de pica.

Não me veio à mente, logo que soube da tua morte, amado, teu Ser Humano Pluridimensional: extraordinário diretor, ator de teatro, TV, cinema, internet.

Mas, ao contrário, baixou a visão do grande gênio, sábio, bruxo, amante, jogador da vida. Fui possuído pelo teu valor humano concreto como dos "Heróis de Plutarco". Escrevo esse clichê, como um tapume, por não encontrar a palavra certa.

Diante da miséria humana atual, você me revelou sua sabedoria irônica, sorridente, amorosa, talentosa de gênio, grávida de inspiração para a nossa mais que sobrevivência atual.

Enfim, tudo o que poderia dizer do máximo valor que dou a um ser humano, que consegue chegar à grandeza papal do Palhaço, do saber rir de si, me veio de volta, com valor muito mais alto do que o da Bol$a.

Nesses dias em que a direita sai do armário e, diferentemente dos gays, sai fazendo questão de mostrar sua burrice, ressentimento, ódio, mau humor, falta de educação, cultura, espírito de vingança, enfim, os sentimentos humanos mais destrutivos e medíocres, tua figura humana, Abu, virou um imenso e necessário farol.

Sábio, talentoso, engraçado, levanta-se como um Titã, um Gigante de Humanidade, diante deste bando de pobres "piolhos".

Abujamra, sabe o que vi quando soube da tua morte? Você senador, eu estava lá contigo, num Congresso, diante daquele Senador de ruivos cabelos implantados, e de um Coro d'EduArdos CÚnhÂnus. Sua Beleza posta diante de um Bando de Bostas.

Amado Abu, senti aí uma questão de teu talento pra ser humano, incomparável, mais do que nunca, neste ano 2015.

Você que ama, que praticou sempre a arte política que é o Teatro em si, diante daqueles odiadores canastrões, que nem amadores conseguem ser, nos revela que temos muito o que aprender com tudo que você nos deixou. Teu sentimento de ser é nossa maior arma pra devorar este Golpismo Pentelho.

Neste bostal, surgiu clara a epifania de sua Divindade Estelar, humilde de tanta humanidade.

Quem morre neste dia 28 é um brasileiro, um dos velhos do mundo, que mais Sabe das Coisas, que é, antes de tudo, no sentido milenar, um ser, um monstro de Teatro, um Diretor em que o *phisique du rôle* é o de um grande ator, que por isso mesmo extrapola o teatro e todas as mídias e chega à Sabedoria da Humanidade Inteligente, rara, dos que nem sei como chamar.

Mas tem a ver com a Sabedoria Carinhosa Risonha Irônica do Amor, que em seus olhos sorridentes sempre brilhou.

Você sempre soube que foi minha "musa inspiradora" para *O rei da vela*.

No comecinho dos anos 1960, no segundo ano de vida do Teatro Oficina, convidamos você, Abu, para dirigir a ótima peça de Augusto Boal *José, do parto à sepultura*. A peça não tinha personagens, mas, sim, "entidades". O Zé é, por exemplo, "todomundo", "qualquer um", "todos nós".

Tua direção, Abu, se deu perfeitamente com este teatro. E mais: radicalizou com o que você trazia de formalmente mais belo e contemporâneo, nos atores, atrizes, com seus figurinos coloridos nas marcações, desenhando no "Teatro Sanduíche" coreografias com pessoas que criavam arquiteturas cênicas Meyerholdianas. No elenco, olha só: Myriam Muniz, Fauzi Arap, Etty Frazer, Chico Martins, Ronaldo Daniel, Emílio de Biasi, Wolfgang, Geraldo Del Rey.

Era novo, era magnífico.

Mas, lembra?

Ninguém foi assistir. O público, nesta época, era viciado em realismo, e a peça teve de sair de cartaz.

Mas teve seu renascimento no "Teatro de Entidades" de Oswald de Andrade no sucesso de *O rei da vela*.

Você, coelho criador, pariu inúmeras companhias de teatro, desde uma dinastia de artistas do "Circo Abujamra": André, gêmeo-gênio do pai, Clarisse, Iara, Márcia... Até outros que nem teu sobrenome têm.

Na TV, além do seu desempenho só comparável ao de Chacrinha, fazendo seu Bruxo Xamã na tediosa Globo, deixou um filmaço no programa do Fernando Faro, na TV Cultura.

Um certo dia, o diretor Faro não pôde estar na gravação. Abu, você, gato, jovem ainda, era assistente dele. Maysa chegou completamente bêbada. O time da gravação queria adiar e não gravar devido ao estado em que estava a cantora. Mas você, *affectionate angry young man*, pôs o pau na mesa: "Sou assistente do diretor, e vamos gravar".

Tua audácia criou assim um dos programas mais belos da TV brasileira, um "filme". Maysa está maravilhosa, uma Bacante Dionisíaca, cantando, bebendo, fumando, sendo.

Nunca cantou, falou, tão bem. No clímax da emoção, em que ela dizia "as pessoas hoje têm medo de ser", em você, Abu, começou a rolar o "pré-Provocações". Logo na primeira pergunta, Maysa responde: "O Chê, eu vim aqui por Você!". Continua rolando a provocação. De repente,

Frame do especial *Maysa: Estudos* dirigido por Abujamra, TV Cultura, 1975

você, Abu, faz uma pergunta, não me lembro qual, só sei que era uma quente, de ir dentro do dentro do ser da Maysa.

Ela ouve, reage com um cigarro aceso na mão e fica buscando a resposta, numa busca vívida, real, uma cena de silêncio absoluto, eloquente, em que essa deusa o tempo todo busca o sentido de ser... Você, tendo que, diante da equipe, segurar aquele silêncio interminável, magnífico, que nem Bergman conseguiu. Aí disse, feliz: "Corta". E fez entrar os créditos do programa, sobre Maysa cantando: "Ninguém pode calar dentro em mim".

Vocês dois, a partir de hoje, são imortais, deixaram esse vestígio de fertilidade, num momento jamais visto de silêncio e beleza muda falante na TV. E você já deve ter se encontrado e perguntado à mulher da tua vida: "que te parece, Belinha?"

Lembra quando estivemos fazendo aquela leitura, não sei se de Lênin ou Stálin, mas lembro, está viva em mim, até agora, nossa amada parceria, que sempre existiu na vida e agora vai seguir na eternidade da morte.

Nosso amado gênio Hugo Rodas, eu e milhares de amigos teus estamos vivendo, enquanto estamos vivos com você vida dentro e vida afora.

Você deixa uma grande fortuna, maior que a do 1% dos trilionários, desde já dada. Para a riqueza de toda a humanidade que gosta de ser humana.

Vou te dizer o que Lili Brick disse depois que respondeu o "I love" que Maiakóvski lhe deixou em sua "carta testamento", de seu suicídio. Aos 85 anos, depois de contar tudo que sabia a uns *beatniks* com quem se encontrou em Moscou, Lili se matou. Ela entendeu o pedido do amado: de cuidar de sua memória. Foi a ela que dedicou toda sua vida.

Amado Abu, "I Love".

Mas não pretendo me suicidar, porque tua história é longa, muito longa para contar... Mas está no ar que respiramos.

José Celso Martinez Corrêa
Diretor, ator e dramaturgo

Carta publicada em 28 abr. 2015

ABU, OU A CONTRADIÇÃO COMO MÉTODO

Não vou fazer aqui um relato de "causos" do Abu, de frases famosas, das tiradas que ficaram na memória, de atitudes espantosamente engraçadas. Muita gente pode fazer isso melhor que eu.

Sobre ele outras coisas me vêm à cabeça. Tudo começava com ele contradizendo o que o interlocutor dizia. Nunca concordava em princípio, sempre retrucava com algo inesperado e de efeito. Portanto, qualquer conversa podia enveredar para um confronto não declarado, tácito, mas mortal. Que ele geralmente vencia. E para isso tinha se preparado. Fora um respeitável arsenal de frases e leituras que colecionou cuidadosamente a vida inteira, tinha uma astúcia natural para avaliar o poder de fogo do oponente num piscar de olhos, e completava com um talento muito grande para improvisar respostas que frequentemente levavam ao desconcerto e à completa rendição do interlocutor.

Vencer, porém, não era um fim. Era parte de um método. Começava por ter o interlocutor vencido a seus pés, impotente, dócil e reverente, para depois conduzi-lo lentamente, pela delicadeza e pelo carinho, em direção ao fim. O fim era ser amado. Abu queria muito que gostassem dele. Mas usava esse método estranho porque não queria que qualquer um gostasse dele. Queria o amor de alguns, alguns eleitos, que ele respeitava, sem, contudo, jamais confessá-lo.

Ao desobedecer à trajetória habitual de quase todos os relacionamentos humanos, que começam pelo carinho e terminam pela agressão, Abu invertia tudo: começava pela agressão para chegar ao carinho. Inverter tudo era sua especialidade. É claro que esse método tinha um preço. Estou certo que muita gente odiava Abu em segredo, outros também o odiavam, mas tinham medo dele, de seu sarcasmo impiedoso, e, não ousando enfrentá-lo, fingiam gostar e o adulavam, coisa que ele, aliás, não rejeitava.

Antônio Abujamra era o ser mais contraditório que jamais conheci. A contradição está na origem de seu gosto pelo confronto. Colocava-se ao lado dos poetas malditos, mas não era um deles; defensor intransigente dos marginais, dos deserdados, não era um deles; cultor do fracasso e dos fracassados, muitas vezes vencia; socialista, não hesitava em lutar neste mundo capitalista com unhas e dentes; difusor de uma visão pessimista da vida, trabalhou até a véspera de morrer com entusiasmo. Não havia nada de falso nessa profusão de contradições. Era, por certo, um homem à procura de si mesmo, por isso atirava para vários lados.

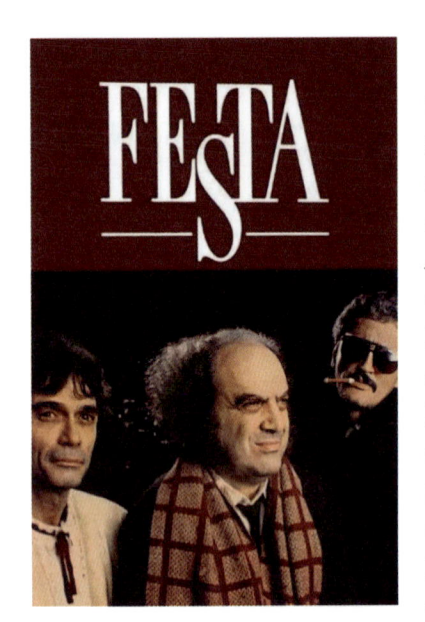

Cartaz do filme *Festa*, de Ugo Giorgetti

Em algum momento da vida deu-se conta de que representar era muito melhor que dirigir. Deu-se conta de que tinha criado na vida real, para si mesmo, uma grande personagem e que era necessário utilizá-la. Virou o ator que sempre tinha sido. O único problema desse ator é que invariavelmente se colocava acima da personagem que supostamente tinha que representar. A única personagem de Abu, e eu o dirigi em três filmes, era ele mesmo. Ou o roteirista escrevia levando em conta esse fato, ou flertava com o desastre. Ele não representava, ele era. Acho que por algumas escassas vezes ele me deu a entender que eu tinha percebido qual o jogo que estávamos jogando. Por um sorriso, logo apagado, ou uma breve observação que deixou escapar durante a leitura de um roteiro, me deu a impressão de que eu lhe tinha dito alguma coisa sobre si mesmo com a qual concordava. Mas nunca confessava. Talvez porque odiasse o sentimentalismo vulgar e, por conseguinte, o lugar-comum. Odiava a mediocridade que aceita meias-verdades ou mesmo verdades inteiras, enfraquecidas pelo uso e repetição. Por isso as vítimas prediletas de seu sarcasmo e crueldade eram os jornalistas despreparados, que vinham para uma entrevista, alegres, sem saber bem com quem teriam que lidar. Muitas vezes era bastante injusto com alguns jornalistas, mas no fundo errou pouco. Imagino que entrevistar o Abu tenha sido uma das provações mais difíceis da vida de um repórter. Mas como fazia de sua vida uma sucessão de pequenas surpresas, de repente, era muito carinhoso, e depois de certa idade, o mestre venerável, o patriarca sorridente. Não era essa sua melhor atuação. Sua melhor parte era quando encarnava o cético, o desiludido, o que sabia "que a vida era uma causa perdida".

Durante mais de trinta anos lidei com essa personagem e ainda não sei nada dela. Sei que, por razões desconhecidas, gostava muito dele, e ele, talvez pelas mesmas razões, gostava um pouco de mim. Abujamra, que amava tanto a poesia, que deixou Fernando Pessoa tão bem declamado com sua voz especial e sua dicção de mármore, pode ser, no entanto, que encontre sua definição mais precisa nos versos de Mário de Andrade, essa outra grande personagem despedaçada: "Eu sou trezentos, sou trezentos-e-cincoenta / mas um dia afinal eu toparei comigo…".

Ugo Giorgetti
Cineasta e roteirista

Marcia Abujamra e Antônio Abujamra

ASSIM EXPLODE UM NOBRE CORAÇÃO. BOA NOITE, DOCE PRÍNCIPE, E QUE REVOADAS DE ANJOS CANTEM PARA O SEU DESCANSO!

"Madrugada." Em seus últimos quatro ou cinco anos, muitos dos *e-mails* que me mandava começavam com essa palavra. Às vezes, eram feitos apenas desta palavra: madrugada. Quem o conheceu sabe que a noite era seu domínio. Seja porque, segundo ele dizia, não conseguia dormir, seja porque conhecia como poucos a noite dos homens. Também quem o conheceu sabe que sua imperiosa necessidade de se comunicar fazia com que mandasse *e-mails* a todos os amigos e conhecidos, que falasse com todos e escrevesse cartas a todos e mandasse cartões-postais de onde quer que estivesse, Botucatu ou Moscou. Tenho muitos, guardo a maioria deles.

Quando morei em Nova York e recebi a primeira de suas muitas cartas, tive uma deliciosa surpresa: ao abri-la, encontrei um papel de carta que transbordava alegria. Era um papel de carta desenhado pelo Naum, nosso querido Naum Alves de Souza, com a alegria e o talento que Naum sempre conseguia nos dar. E suas palavras para mim começavam assim: "O dia está tão lindo. Não fosse a vida eu até acreditaria em Deus". Frase que anos depois eu usei no espetáculo *Van Gogh*, que dirigi com Elias Andreato.

Pois é assim que eu o conheci. Cheio de vida e olhando os abismos de frente. "Quem gosta de abismos tem que ter asas" – e ele tinha –, frase de Nietzsche da qual ele se apropriou e frequentemente falava e muitos ouviram, amaram e até acreditaram ser dele. Como muitas outras. E ele era desse jeito mesmo, um homem exuberante em seu terror e luz. Talvez por isso tivesse inúmeros amigos, inúmeros inimigos e milhares de fãs, que nele encontraram a possibilidade de falar sem medo e por meio dele realizaram seus pensamentos.

Foram muitos anos de convívio e de provocações. Entre nós existiu um pacto de sangue e amor raro de existir. E esta era outra de suas melhores características: fazer de cada relação uma relação especial. Cresci ouvindo as mais diferentes pessoas reivindicando um vínculo especial com ele. Diziam: "Eu o conheço como ninguém"; "Tenho uma relação única com o Abujamra"; "Só comigo ele faz isso"; "É especial o que nós temos". E infinitas variações dessas mesmas frases, todos falando com orgulho que o conheciam como ninguém mais e que usufruíam de um contato especial que nenhuma outra pessoa jamais teria.

Até que um dia eu entendi que especial era ele.

Bem, esse é Antônio Abujamra, meu tio e pai. Já o Abu, o diretor responsável por trazer aos palcos brasileiros as ideias e métodos teatrais de Bertolt Brecht e Roger Planchon, é uma figura pública que se mistura com essa. Uma figura que o público conheceu e intuiu através dos mais de 120 espetáculos que dirigiu e em que atuou, das novelas, programas e séries de televisão em que atuou, dirigiu e produziu, dos filmes em que participou, do programa de televisão *Provocações* e das muitas, muitas histórias que contava e que dele ainda contam.

Um talento violentamente delicado que, a partir da década de 1960, instaurou um novo teatro no Brasil, junto com outros grandes diretores da sua geração, como Antunes Filho, Zé Celso Martinez Corrêa, Amir Haddad, Augusto Boal, Flávio Rangel e tantos outros. Criadores que inventaram um teatro brasileiro repleto de som, beleza e fúria.

Marcia Abujamra
Diretora de teatro

Foto da exposição *Antônio Abujamra, Rigor e caos*, Sesc Ipiranga, 2018/2019

Fotos de Antônio Abujamra com sua esposa Cibelia Cibelli Abujamra

Fotos de Antônio Abujamra com os filhos Alexandre (esquerda) e André (direita)

LINHA DO TEMPO

1953

teatro_ator

A corda | Patrick Hamilton
Direção Silva Ferreira **Cenário** Armando Piazza Filho
Figurinos Hélio **Iluminação** T. Toledo **Elenco** Antônio Abujamra, Heloísa Martin, Ruy Paixão, Cosmo Antônio, Yetta Moreira, Paulo Villa, Lóris Melecchi **Produção** Teatro do Estudante **Sala** Instituto de Belas Artes (RS)

A verdade de cada um | Luigi Pirandello
Direção Luiz Tito **Cenário** Nelson Boeira Faedrich **Elenco** Antônio Abujamra, Heloísa Martin, Cosmo Antônio, Yetta Moreira, Paulo Villa, Irene Ribeiro, Egy Maria, Edson Fonseca, Eunice Galeazzi, Nena Castelo Branco, Ruy Paixão Coelho, Ely Mércio, Júlio César Levy, Hélio Martinez, Cláudio Heemann, Nilton Carlos Scotti, Glecínia, Lóris Melecchi
Produção Teatro do Estudante **Sala** PUC-RS

1954

teatro_ator

Recital Fernando Pessoa | Fernando Pessoa
Direção Cláudio Heemann **Elenco** Antônio Abujamra, Francisco Bitencourt Filho, Pérola Paganelli, Manoel Celeste, Fernando Castro, Nilda Grahl, Dalmo Ferreira, Hélio, Nelson Luiz da Silva, João B. Ferreira **Produção** Teatro do Estudante **Sala** Teatro São Pedro (RS)

1955

teatro_ator

Huis clos | Jean-Paul Sartre
Elenco Antônio Abujamra, Silva Ferreira, Alba Faedrich, Wlacyra Barreto **Produção** Teatro do Estudante (RS)

O muro | Jean-Paul Sartre
Adaptação Linneu Dias **Direção** Carlos Murtinho **Elenco** Antônio Abujamra, Nilton Carlos Scotti, Paulo José, Fernando Peixoto **Produção** Teatro Universitário **Sala** Teatro São Pedro e Instituto de Belas Artes (RS)

Uma mulher e três palhaços | Marcel Achard
Direção Silva Ferreira **Cenário** Armando Piazza **Figurinos** Nilton Carlos Scotti **Elenco** Antônio Abujamra, Lígia Beatriz Carotenuto, Nilton Carlos Scotti, Fernando Peixoto, J. A. Moraes de Oliveira, Sérgio Angelo **Produção** Teatro Universitário **Sala** Teatro São Pedro e Instituto de Belas Artes (RS)

teatro_diretor

O marinheiro | Fernando Pessoa
Elenco Maria de Lourdes Queiroz de Castro, Luzia Garcia de Mello, Rhéa Silvia Frasca **Produção** Teatro Universitário **Sala** Instituto de Belas Artes (RS)

1956

teatro_diretor e ator

À margem da vida | Tennessee Williams
Cenário e figurinos Alice Soares **Iluminação** Hamilton Amabile, Vinicius Salvadori **Elenco** Yetta Moreira, Lilian Lemmertz, Paulo José de Souza, Antônio Abujamra **Produção** Teatro Universitário **Sala** Instituto de Belas Artes (RS)

teatro_ator

Hamlet | William Shakespeare
Direção Silva Ferreira **Cenário** Nelson Boeira Faedrich **Figurinos** Cladys Aranha **Elenco** Antônio Abujamra, Athayde de Carvalho, Wilson Fragoso, Gerson Luiz, Amilton Fernandes, Fábio Silveira, Ruy Paixão, Pedro Aurélio, Vinicius Salvadori, Themis Reverbel da Silveira, Beatriz Regina, Fernando Peixoto, Davi Camargo, Ricardo Hoeper, Renato Ramos, Corpo de Baile Tony Seitz Petzhold **Produção** Comédia da Província **Sala** Teatro São Pedro (RS)

1957

teatro_ator

A lição | Eugène Ionesco
Direção Linneu Dias, Milton Persson **Elenco** Antônio Abujamra, Cláudio Heemann, Yetta Moreira, Amélia Bittencourt, Marcello Bittencourt, Nilton Carlos Scotti, Ligia Dariano, Dilma Fabregas, Linneu Dias **Produção** Teatro Universitário **Sala** Instituto de Belas Artes (RS)

teatro_diretor

O caso das petúnias esmagadas | Tennessee Williams
Cenário e figurinos Armando Piazza Filho, Nilton Carlos Scotti **Elenco** Ivette Brandalise, Gilberto Tubino, Yetta Moreira **Produção** Teatro Universitário **Sala** Instituto de Belas Artes (RS)

Um gesto por outro | Jean Tardieu
Elenco Marcello Bittencourt, Amélia Bittencourt, Cláudio Heemann, Nilton Carlos Scotti, Ligia Dariano, Yetta Moreira **Produção** Teatro Universitário **Sala** Instituto de Belas Artes (RS)

1958

teatro_ator

O gesticulador | Rodolfo Usigli
Direção Carlos Miguel Suárez Radillo **Cenário e figurinos** Armando Piazza Filho **Elenco** Antônio Abujamra, Armando Piazza Filho, Felisa García Barrientos, Gabriela Boza, José Sacristán, Ricardo Merino, Juan Luis Mosquera, Bartolomé Clavero, Roberto Heredia, Vicente Sangiovanni, Jorge Zárate, Raúl Martínez, Eduardo Torreani, Raúl Molina **Produção** Los Juglares – Ciclo de Teatro Hispanoamericano **Sala** Colegio Mayor Guadalupe (Madri, Espanha)

teatro_diretor

A cantora careca | Eugène Ionesco
Elenco Amélia Bittencourt, Fernando Peixoto, Cláudio Heemann, Nilton Carlos Scotti, Linneu Dias, Marcello Bittencourt, Yetta Moreira, Dilma Fabregas, Ligia Dariano **Produção** Teatro Universitário **Sala** Instituto de Belas Artes (RS)

Woyzeck | Georg Büchner
Produção Teatro Universitário **Sala** Instituto de Belas Artes (RS)

1959

teatro_ator

Pluft, o fantasminha | Maria Clara Machado
Direção Carlos Miguel Suárez Radillo **Cenário e figurinos** Armando Piazza Filho **Iluminação** Antonio Riesco **Elenco** Antônio Abujamra, Carlos Leyra, Felisa García Barrientos, Julio Silva, Miguel García Nuevo, Paloma Hurtado Carillo, Raúl Jorge Martínez, Vicente Sangiovanni **Produção** Los Juglares **Sala** Colegio Mayor Femenino Santa Teresa de Jesús (Madri, Espanha)

1961

teatro_diretor

José, do parto à sepultura | Augusto Boal
Direção de cena, figurinos e elementos cênicos J. A. Uriartt **Música** Roberto Ribeiro **Elenco** Etty Fraser, Célia Helena, Francisco Martins, Wolfram Gunther, Ronaldo Daniel, Fauzi Arap, Jairo Arco e Flexa, Emílio Di Biasi, Clóvis Bueno, Dora Miari, J. A. Uriartt **Produção** Teatro Oficina **Sala** Teatro Oficina (SP)

Raízes | Arnold Wesker
Tradução Germana de Lamare, Antônio Abujamra **Cenário** Cyro del Nero **Iluminação** Giancarlo Bortolotti **Música** Willy Corrêa de Oliveira **Elenco** Cecília Carneiro, Walmor Chagas, Cacilda Becker, Glauco De Divitiis, Lélia Abramo, Benjamin Cattan, Fredi Kleemann, Kleber Macedo, Júlio Lerner **Produção** Teatro Cacilda Becker **Sala** Teatro da Independência (Santos/SP), Teatro Federação (São Paulo/SP)

1962

teatro_diretor

Antígone América | Carlos Henrique Escobar
Cenário e figurinos Darcy Penteado **Música** Damiano Cozzella **Elenco** Alvim Barbosa, Sérgio Mamberti, Cláudio Mamberti, Felipe Wagner, Benjamin Cattan, Carlos Ramon, Cláudio Duarte, Cuberos Neto, Homero Cappozi, Ruth Escobar, Emílio Di Biasi, Dina Sfat, Waldomiro Soares, Rubem Ribeiro, Antônio Carlos, Joel Romano, J. Carvalho, Clery Cunha, Nivaldo Rodrigues, Jesse James, Romeu Roque, Wolney de Assis **Produção** Ruth Escobar **Sala** Teatro de Arte Israelita Brasileiro (SP)

1963

teatro_diretor

Sorocaba, senhor Grupo Decisão | Antônio Abujamra (baseado em *Fuenteovejuna*, de Lope de Vega)
Cenário Ubirajara Giglioli **Figurinos** Cecília Morgantetti **Iluminação** Luiz Uchoa **Elenco** Paulo César de Campos Velho, Sérgio Mamberti, Edney Giovenazzi, Clery Cunha, Ivo Rodrigues, Luiz Soares, Ademir Rocha, Jesse James, Waldemar de Lima, Berta Zemel, Ivonete Vieira, Edgard Gurgel Aranha, Emílio Di Biasi, Wolney de Assis, Antônio Ghigonetto, Renato Dobal, Clóvis Bueno, Marcio Azevedo, Paulo Ferraz de Camargo, Luiz Uchoa, Edmundo Mogadouro, Romeu Zuliani, Vivian Mahr, Regina Guimarães, Marisia Mauritty, Ivo Carmona **Produção** Antônio Ghigonetto, Lauro César Muniz **Sala** Teatro Leopoldo Fróes (SP)

Terror e miséria do Terceiro Reich Grupo Decisão | Bertolt Brecht
Iluminação Luiz Uchoa **Música** Damiano Cozzella **Elenco** Edgard Gurgel Aranha, Emílio Di Biasi, Cecília Carneiro, Nicole Lepine, Renato Dobal, Ivo Carmona, Juarez Magno, Mario Marchetti, Homero Capozzi, Vivian Mahr, Clóvis Bueno, Sérgio Mamberti, Luiz Uchoa, Paulo F. Camargo, Ivonete Vieira, Glauce Rocha, Romeu Zuliani, Ademir Rocha, Ricardo de Lucca, Regina Guimarães, Antônio Ghigonetto, Mario Roquetti, Suzana Capozzi **Produção** Antônio Ghigonetto, Cecília Morgantetti, João Cândido **Sala** Teatro Leopoldo Fróes (SP)

1964

teatro_diretor

A pena e a lei | Ariano Suassuna
Cenário e figurinos Wladimir Pereira Cardoso **Elenco** Alvim Barbosa, Antero de Oliveira, Ary Toledo, Clóvis Bueno, Cláudio Mamberti, Edgard Franco, Fauzi Arap, Ivonete Vieira, Nilda Maria, Ricardo de Lucca, Zeluiz Pinho. Atores em substituição: Ana Maria de Cerqueira Leite, Linneu Dias, Pedro Bandeira **Produção** Teatro Popular Nacional, de Ruth Escobar **Sala** Praça da Sé (SP)

O inoportuno Grupo Decisão | Harold Pinter
Cenário e figurinos Sara Feres **Elenco** Fauzi Arap (substituído por Lafayette Galvão na temporada carioca), Sérgio Mamberti, Emílio Di Biasi **Produção** Antônio Ghigonetto, Sara Feres **Sala** Teatro Cacilda Becker (SP), Teatro São Pedro (RS), Teatro Nacional da Comédia (RJ)

1965

teatro_diretor

Electra Grupo Decisão | Sófocles
Tradução Jaime Bruna **Cenário e figurinos** Anísio Medeiros **Música** Carlos Acselrad **Elenco** Sérgio Mamberti, Emílio Di Biasi, Carlos Vereza, Glauce Rocha, Isolda Cresta, Tereza Medina, Creuza Carvalho, Norma Blum, Margarida Rey, Carlos Miranda **Produção** Grupo Decisão **Sala** Teatro do Rio (RJ)

O berço do herói | Dias Gomes
Cenário e figurinos Anísio Medeiros **Música** Edu Lobo **Direção musical** Carlos Acselrad **Elenco** Tereza Rachel, Milton Moraes, Sebastião Vasconcelos, Alberico Bruno, Josef Guerreiro, Grace Moema, Maria Esmeralda, Modesto de Souza, Germano Filho, Clóvis Bueno, Marilena Carvalho,

Ana Maria Nabuco, Ilva Niño, Lúcia Regina, Zena, Maria Rocha, Luiz Mendonça, Léo Leoni **Produção** Jorge Ayer

Preversão Grupo Decisão | Jacques Prévert
Tradução Paulo Hecker Filho, Aldomar Conrado **Cenário e figurinos** Marcos Flaksman **Direção musical** Carlos Acselrad **Elenco** Carlos Vereza, Carlos Miranda, Ilva Niño, Maria Gladys, Antônio Ghigonetto, Carlos Guimas, Thelma Reston **Sala** Teatro Miguel Lemos (RJ)

1966

teatro_diretor

As fúrias | Rafael Alberti
Cenário e figurinos Wladimir Pereira Cardoso **Iluminação** Gian Carlo Bartolotti, Antônio Santiago **Elenco** Ruth Escobar, Riva Nimitz, Stênio Garcia, Cleyde Yáconis, Dina Lisboa, Maria Isabel de Lizandra, Ênio Carvalho, Carlos Arena, Abel Moro, José Luiz Rodi, José Martins Fernandes, Eny Costa, Januário Di Sessa, Andra Cernascenco, Gentil Pernal **Produção** Teatro Ruth Escobar **Sala** Gil Vicente – Teatro Ruth Escobar (SP)

TV_ator

As minas de prata | Ivani Ribeiro
Adaptação do romance homônimo de José de Alencar
Direção Walter Avancini **Produção** TV Excelsior

teatro_diretor

Tartufo Grupo Decisão | Molière
Tradução Guilherme de Figueiredo **Cenário e figurinos** Anísio Medeiros **Elenco** Jardel Filho, Glauce Rocha, Jaime Barcellos, Aracy Cardoso, Thaís Moniz Portinho, Érico de Freitas, Carlos Vereza, Lísia Araújo, Carlos Miranda, Olavo Saldanha, Vinicius Salvadori **Produção** João Rui Medeiros, Antônio Ghigonetto **Sala** Teatro Miguel Lemos (RJ)

Tchin-Tchin | Françoise Billetdoux
Cenário e figurinos Sara Feres **Iluminação** Manoel Ribeiro **Elenco** Cleyde Yáconis, Stênio Garcia, Silvio de Abreu, Wellington W. Faria

1967

teatro_diretor

Boa tarde, Excelência | Sérgio Jockyman
Direção de cena Ítalo **Cenário e figurinos** Gilberto Vigna **Iluminação** Gian Carlo Bartolotti **Elenco** Paulo Goulart, Nicette Bruno, Lutero Luiz **Produção** Teatro Livre

O estranho casal | Neil Simon
Cenário e figurinos Wladimir Pereira Cardoso **Iluminação** Domingos Fiorini **Elenco** Juca de Oliveira, Lima Duarte, Arnaldo Weiss, Rui Rezende, Telcy Perez, Osmano Cardoso, Ana Maria Nabuco, Liana Duval

O fardão | Bráulio Pedroso
Cenário Gilberto Vigna **Figurinos** Marilda Pedroso **Iluminação** Gian Carlo Bartolotti **Elenco** Fauzi Arap, Cleyde Yáconis, Yara Amaral, Ana Maria Nabuco, Osmano Cardoso **Produção** Joe Kantor, Teatro Cacilda Becker

O jardineiro espanhol | Tatiana Belinky
Produção TV Tupi

O pequeno lorde | Tatiana Belinky
Produção TV Tupi

Yoshico, um poema de amor | Lúcia Lambertini
Produção TV Tupi

1968

teatro_diretor

As criadas | Jean Genet
Codireção Alberto D'Aversa **Cenário e figurinos** Gilberto Vigna **Elenco** João José Pompeo, Laura Cardoso, Nestor de Montemar **Produção** Companhia Nicette Bruno, Teatro Livre

Colagens
Produção TV Tupi

O olho azul da falecida | Joe Orton
Cenário e figurinos Gilberto Vigna **Elenco** Nicette Bruno, Paulo Goulart **Produção** Teatro Livre **Sala** Teatro Cacilda Becker (SP)

O pelicano | August Strindberg
Cenário e figurinos Cléo **Elenco** Cláudia Mello, Hércio Machado, Lourdes de Moraes

Os últimos | Máximo Górki
Cenário Gilberto Vigna **Figurinos** Isabel Pancada **Elenco** Nicette Bruno, João José Pompeo, Eleonor Bruno, Nilda Maria, Débora Duarte, Carlos Augusto Strazzer, Maria Isabel de Lizandra, Francisco Solano, Edney Giovenazzi, Paulo Goulart, Lucas Gião, Sônia Oiticica, Eleuza Moreira **Produção** Teatro Livre

TV_diretor

Divino maravilhoso
Direção e produção Fernando Faro e Antônio Abujamra **Direção geral** Cassiano Gabus Mendes

O décimo mandamento | Benedito Ruy Barbosa
Produção TV Tupi

O estranho mundo de Zé do Caixão
Produção TV Tupi

O homem que sonhava colorido | Sylvan Paezzo
Produção TV Tupi

1969

TV_diretor

As confissões de Penélope | Sérgio Jockyman
Codireção John Herbert **Produção** TV Tupi

Nenhum homem é Deus | Sérgio Jockyman
Codireção Benjamin Cattan **Produção** TV Tupi

Super Plá | Bráulio Pedroso
Codireção Walter Avancini, Benjamin Cattan **Produção** TV Tupi

teatro_diretor

Lá | Sérgio Jockyman
Direção de cena Norberto Fayon **Cenário** Luigi Galvani **Elenco** Paulo Goulart **Produção** Teatro Livre

O segundo tiro | Robert Thomas
Codireção Benjamin Cattan **Elenco** Ana Rosa, Maurício Nabuco, Sylvio Rocha, Benjamin Cattan **Sala** Teatro Aliança Francesa (SP)

1970

teatro_diretor

A cantora careca | Eugène Ionesco
Elenco Eudósia Acuña, José de Freitas, Paula Martins, Otávio Augusto, Regina Braga, Ivan Setta

TV_diretor

A gordinha | Sérgio Jockyman
Codireção Luiz Gallon, Henrique Martins **Produção** TV Tupi

1971

teatro_diretor

Alzira Power | Antônio Bivar
Cenário e figurinos Napoleão Muniz Freire **Elenco** Yolanda Cardoso, Marcelo Picchi **Sala** Teatro Glaucio Gill (RJ)

1972

teatro_diretor

Longe daqui, aqui mesmo | Antônio Bivar
Cenário e figurinos Anísio Medeiros **Música** Ronaldo Tapajós **Elenco** Nélia Paula, Kito Junqueira, Clarice Abujamra, Ivo Blanco, Pedro Reis, Totti Campos **Produção** Odete Lara **Sala** Teatro Brasileiro de Comédia (SP)

1973

teatro_diretor

Falemos sem calças | Guilhermo Gentile
Cenário e figurinos Heraldo Oliveira **Elenco** Buza Ferraz, Dennis Carvalho, Ítalo Rossi, Kito Junqueira, Zanoni Ferrite **Sala** Teatro Santa Rosa (RJ)

1974

TV_diretor

As cadeiras | Eugène Ionesco
Episódio do programa *Teatro 2* **Produção** TV Cultura

Dimensão 2
Encontro do teatro com a poesia de Mário Chamie, que fala sobre diversos tipos de material arquivados na emissora **Produção** TV Cultura

Isto é verdade
Codireção Túlio de Lemos, Walter George Durst, Sérgio Mattar, A. C. Carvalho, José Oscar **Produção** TV Bandeirantes

O anúncio feito a Maria | Paul Claudel
Episódio do programa *Teatro 2* **Produção** TV Cultura

O oráculo | Artur Azevedo
Episódio do programa *Teatro 2* **Produção** TV Cultura

O que leva bofetadas | Leonid Andreiev
Episódio do programa *Teatro 2* **Adaptação** Walter George Durst **Produção** TV Cultura

Yerma | Federico García Lorca
Episódio do programa *Teatro 2* **Adaptação** Walter George Durst **Produção** TV Cultura

teatro_diretor

O prisioneiro da Segunda Avenida | Neil Simon
Cenário e figurinos Denilson Catramby **Elenco** Paulo Goulart, Nicette Goulart, Eleonor Bruno, Renato Consorte, Barbara Bruno, Francisco Palmero, Goulart de Andrade **Produção** Teatro Livre, Paulo Goulart Produções Artísticas

Os efeitos dos raios gama nas margaridas do campo | Paul Zindel
Assistência de direção Francarlos Reis **Cenário e figurinos** Flávio Phebo **Elenco** Nicette Bruno, Eleonor Bruno, Beth Goulart, Tereza Teller/Barbara Bruno, Lúcia Capuani/Débora Seabra **Produção** Paulo Goulart **Produção executiva** Claudio Afonso Ferigoli **Sala** Teatro de Arena, Teatro Paiol (SP)

1975

teatro_diretor

Abajur lilás | Plínio Marcos (censurada no ensaio geral)
Cenário e figurinos Flávio Phebo **Iluminação** José Corpachini **Elenco** Lima Duarte, Walderez de Barros, Cacilda Lanuza, Ariclê Perez, Osmar di Pieri **Produção** Américo Marques da Costa Filho, Grupo Abajur Lilás

Bye bye, Pororoca | Mah Luly e Timochenco Wehbi
Cenário e figurinos Flávio Phebo **Coreografia** Clarisse Abujamra **Música** Horácio della Rousse **Direção musical** Conrado Silva, Ricardo Ibri **Elenco** Cacilda Lanuza, Walderez de Barros, Ariclê Perez, Clarisse Abujamra, Ivan Lima, Osmar di Pieri **Produção** Grupo Abajur Lilás **Sala** Teatro Aliança Francesa (SP)

Muro de arrimo | Carlos Queiroz Telles
Cenário e figurinos Elifas Andreato **Iluminação** José Gornachini **Efeitos sonoros** Suely Valente **Elenco** Antonio Fagundes **Produção** Clarisse Abujamra **Sala** Teatro Aliança Francesa (SP)

Roda cor de roda | Leilah Assumpção
Cenário e figurinos José de Anchieta **Iluminação** Iguaçu Braga **Elenco** Irene Ravache, Lilian Lemmertz, João José Pompeo **Produção** Egon Frank, Américo Marques Costa Filho **Sala** Teatro Aliança Francesa (SP)

TV_diretor

A carta | William Somerset Maugham
Episódio do programa *Teatro 2* **Adaptação** José Marques da Costa **Produção** TV Cultura

A esperança | Paddy Chayefsky
Episódio do programa *Teatro 2* **Produção** TV Cultura

A lição | Eugène Ionesco
Episódio do programa *Teatro 2* **Produção** TV Cultura

Maysa: Estudos
Produção TV Cultura

O aniversário de um banco | Anton Tchekhov
Episódio do programa *Teatro 2* **Produção** TV Cultura

Onde a cruz está marcada | Eugene O'Neill
Episódio do programa *Teatro 2* **Adaptação** Walter George Durst **Produção** TV Cultura

O remate | Leilah Assumpção
Episódio do programa *Caso especial* **Produção** TV Globo

1976

teatro_diretor

A rainha do rádio | José Safiotti Filho
Cenário e figurinos Elifas Andreato **Elenco** Cleyde Yáconis **Sala** Teatro Sesc Anchieta (SP)

show_diretor

O palavrão
Cenário e figurinos Elifas Andreato **Elenco** Francarlos Reis, Rolando Boldrin, Banda Pau e Corda

1977

TV_diretor

Amores e licores | Elísio de Albuquerque
Episódio do programa *Teatro 2* **Produção** TV Cultura

Bambalalão
Programa infantil exibido até 1990 **Diretores** Ademar Guerra, Antônio Abujamra, Arlindo Pereira, Marcelo Amadei, Roberto Machado Júnior, Roberto Miller, Waldemar Dema Jorge, Zita Bressane **Produção** TV Cultura

Dia torto | Ênio Gonçalves
Episódio do programa *Teatro 2* **Produção** TV Cultura

Férias sem volta | Janete Clair
Episódio do programa *Caso especial* **Produção** TV Globo

Ribalta
Produção TV Tupi

teatro_diretor

Crimes delicados | José Antônio de Souza
Cenário e figurinos Flávio Phebo **Iluminação e sonoplastia** Dirceu Camargo **Elenco** Cacilda Lanuza, Rolando Boldrin, Laerte Morrone **Produção** Regla Produções Artísticas **Sala** Auditório Augusta (SP)

Volpone | Ben Jonson
Cenário Flávio Phebo **Figurinos** Darcy Penteado **Coreografia** Jura Otero **Iluminação** Dirceu Camargo **Ambientação sonora** Folifonia **Elenco** Laerte Morrone, David José, Sebastião Campos, Laura Cardoso, Francisco Solano, Luiz Serra, Dante Ruy, João José Pompeo, Beth Goulart, Oswaldo Barreto, Lazinho Neto **Produção** Regla Produções Artísticas **Sala** Auditório Augusta (SP)

1978

TV_diretor

Arte final | Carlos Queiroz Telles
Episódio do programa *Teatro 2* **Produção** TV Cultura

O besouro negro | Bruno Frank
Episódio do programa *Teatro 2* **Produção** TV Cultura

Salário mínimo | Chico de Assis
Produção TV Tupi

The star | Juan Carlos Gené
Episódio do programa *Teatro 2* **Produção** TV Cultura

teatro_diretor

As cadeiras | Eugène Ionesco
Cenário e figurinos Chico Petracco **Iluminação** GCB Iluminasom **Elenco** João José Pompeo, Wanda Stefânia, Tadeu Hiroshi **Produção** Hugo Barreto, Wanda Stefânia **Sala** Teatro Paiol, Teatro Aplicado (SP)

Casal classe média, televisão quebrada | Armando Chulak e Sérgio Cecco
Cenário e figurinos Frederico Padilha **Iluminação** João B. Mereu **Sonoplastia** Ezequiel Tibúrcio **Elenco** Nicette Bruno, Paulo Goulart, Laerte Morrone, José Parisi, Eleonor Bruno, Tadeu Hiroshi **Produção** Gama e Rocha Produções

1979

TV_diretor

Gaivotas | Jorge Andrade
Direção Henrique Martins, Edison Braga **Direção geral** Antônio Abujamra **Produção** TV Tupi

Nó cego | Carlos Vereza
Episódio do programa *Teatro 2* **Produção** TV Cultura

teatro_diretor

Treze | Sérgio Jockyman
Direção de cena Tadeu Hiroshi **Cenário e figurinos** Francisco Petracco **Iluminação** GCB Iluminasom **Elenco** Rubens de Falco, Paulo Goulart **Produção** Paulo Goulart Produções Artísticas **Sala** Teatro Paiol (SP). Em 1980, em montagem no Teatro da Hebraica (RJ), Rubens de Falco foi substituído por Oswaldo Loureiro

1980

teatro_diretor

Dona Rosita, a solteira | Federico García Lorca
Cenário e figurinos Campello Neto **Coreografia** Clarisse Abujamra **Direção musical** Paulo Herculano **Elenco** Nicette Bruno, Paulo Goulart/José Parisi, Vic Militello, Márcia Real, Kito Junqueira, Eleonor Bruno, Marlene Marques, Moema Brum, Ires D'Aguia, Danúbia Machado, Rosemar Schick, Carmem Hoffman, Vera de Almeida, Lúcia Segall, José Gomes Dias, Paulo Goulart Filho **Produção** Teatro Livre, Paulo Goulart **Sala** Teatro Paiol (SP)

TV_diretor

Um homem muito especial | Rubens Ewald Filho, Jayme Camargo e Consuelo de Castro
Codireção Atílio Riccó **Produção** TV Bandeirantes

1981

TV_diretor

Obrigado, doutor | Roberto Freire, Walter George Durst, Ferreira Gullar e Walther Negrão
Codireção Walter Avancini, Fábio Sabag, Alberto Salvá, João Albano **Produção** TV Globo

Os adolescentes | Ivani Ribeiro e Jorge Andrade
Direção Henrique Martins **Supervisão** Antônio Abujamra **Produção** TV Bandeirantes

Os imigrantes | Benedito Ruy Barbosa, Renata Pallottini e Wilson Aguiar Filho
Direção Henrique Martins, Atílio Riccó **Supervisão** Antônio Abujamra **Produção** TV Bandeirantes

teatro_diretor

Os órfãos de Jânio | Millôr Fernandes
Cenário e figurinos Flávio Phebo **Elenco** Cacilda Lanuza, Francarlos Reis, Carmem Monegal, Gésio Amadeu, Clarisse Abujamra **Produção** Regla Produções Artísticas **Sala** Teatro Brasileiro de Comédia (SP)

1982

teatro_diretor

O Hamlet | Giovanni Testori
Cenário e figurinos Domingos Fuschini **Direção musical** Júlio Medaglia **Elenco** Emílio Di Biasi, Ricardo de Almeida, Armando Tiraboschi, Armando Azzari, Miguel Magno, Thales Pan Chacon **Coro** Denise Stoklos, Yeta Hansen, Zenaide, Katia Suman, Fernanda Abujamra/Paulo Yutaka **Produção** Assobradado Empreendimentos Artísticos **Sala** Teatro Brasileiro de Comédia (SP)

Madame Pommery | Alcides Nogueira
Cenário Kalil Farran **Figurinos** Leda Senise **Coreografia** Hugo Rodas **Música e direção musical** Oswaldo Sperandio **Elenco** Ciça Camargo, Rosália Petrin, João Carlos Couto, Lúcia Capuani, Márcia Corrêa, Margot Ribas, Marcelo Almada, Caio Perez, Nelson Escobar, Paulo Maurício, Marcos Galvão, Teca Pereira **Produção** A Comédia da Província

Morte acidental de um anarquista | Dario Fo
Cenário e figurinos J. C. Serroni **Assessoria musical** Paulo Herculano **Elenco** Antonio Fagundes, João José Pompeo, Serafim Gonzalez, Tácito Rocha, Sérgio de Oliveira, Ileana Kwasinski **Produção** Lenine Tavares, Fagundes Produções, Sérgio Ajzenberg **Sala** Teatro Brasileiro de Comédia (SP)

TV_diretor

Ninho da serpente | Jorge Andrade
Direção Henrique Martins **Supervisão** Antônio Abujamra **Produção** TV Bandeirantes

1983

teatro_diretor

A revolução | Isaac Chocrón
Cenário Antônio, Paulo, Plínio, Luiz **Figurinos** Sócrates **Iluminação** Chico Medeiros **Direção musical** Júlio Medaglia **Elenco** João Carlos Couto, Lu Martan **Produção** Assobradado Empreendimentos Artísticos **Sala** Teatro Brasileiro de Comédia (SP)

Pauliceia dilacerada de amor
Cenário e figurinos Hugo Rodas com Grupo Asas e Eixos

Rock and roll | José Vicente
Cenário e figurinos Julieta Lyra **Elenco** Célia Helena, Francarlos Reis, Hélio Cícero, Francisco Solano **Produção** Francarlos Reis Produções Artísticas **Sala** Teatro Brasileiro de Comédia (SP)

Um orgasmo adulto escapa do zoológico | Dario Fo e Franca Rame
Cenário e figurinos J. C. Serroni **Iluminação** Chico Medeiros **Elenco** Denise Stoklos, Miguel Magno **Produção** Assobradado Empreendimentos Artísticos **Sala** Teatro Brasileiro de Comédia (SP)

1984

teatro_diretor

A maciez amarela da batata | Carlos Drummond de Andrade
Elenco Grupo de Teatro Banespa

A serpente | Nelson Rodrigues
Cenário e figurinos Augusto Francisco **Iluminação** Francisco Medeiros, José Rubens Siqueira **Elenco** Françoise Forton, Iara Pietricovsky, Nelson Escobar, Antonio Herculano **Produção** Assobradado Empreendimentos Artísticos **Sala** Teatro Brasileiro de Comédia

O Hamleto | Giovanni Testori
Cenário Augusto Francisco **Figurinos** Domingos Fuschini **Música** Oswaldo Sperandio, Renato Primo **Iluminação** Francisco Medeiros **Elenco** Françoise Forton, Iara Pietricovsky, Tânia Bondezan, Bárbara Fazio, Denise Araceli, Eleonora Rocha, Fernanda Abujamra, Cuca Caiuby, Arlete Sbrigh, Cristina Barros **Produção** Núcleo de Repertório do Teatro Brasileiro de Comédia

O marinheiro | Fernando Pessoa
Cenário e figurinos Augusto Francisco **Elenco** Bárbara Fazio, Denise Araceli, Tânia Bondezan **Produção** Teatro Brasileiro de Comédia

O rei devasso | Serafi Pitarra
Cenário Francesc Petit **Elenco** Cláudio Mamberti, Antonio Herculano, Gilberto Caetano, Luiza Viegas, João Francisco, Nelson Escobar, Carolina Oliviero, Gisela Arantes, Júlio Sarcany, Mariana Monteiro, Sylvia Dantas **Produção** Cristina Trevisan **Sala** Teatro Brasileiro de Comédia (SP)

TV_diretor

Habeas corpus | Denise Stoklos
Produção TV Cultura

1985

teatro_diretor

Esperando Godot | Samuel Beckett
Cenário e figurinos Nelson Escobar **Movimentação/corpo** Eurípedes Borges **Iluminação** Francisco Medeiros **Elenco** Samir Signeu, Dario Uzam, José Elias, Jorge Rupp, Waldir Caldeira **Produção** Grupo de Teatro Banespa **Sala** Teatro Brasileiro de Comédia (SP)

Trilogia da louca | Harvey Fierstein
Cenário Claudio Moura **Figurinos** Madeleine Saad **Elenco** Ricardo de Almeida, Zé Carlos Andrade, Nicette Bruno/Miguel Magno, Bronie, Thales Pan Chacon, Jorge Julião **Produção** Assobradado Empreendimentos Artísticos **Sala** Teatro Brasileiro de Comédia (SP)

TV_diretor

Senhora dos afogados | Nelson Rodrigues
Episódio do programa *Teatro 2* **Produção** TV Cultura

Um Hamlet | Giovanni Testori
Episódio do programa *Teatro 2* **Produção** TV Cultura

1986

teatro_diretor

Habeas corpus | Denise Stoklos
Cenografia Luiz Carlos Mendes Ripper **Figurinos** Daniela Thomas **Iluminação** Gerald Thomas **Elenco** Denise Stoklos **Sala** Teatro Glaucio Gill (RJ)

Hair | Jerome Ragni e James Rado
Cenário Campello Neto **Figurinos** Domingos Fuschini, Luca Baldovino **Coreografia** Clarisse Abujamra **Iluminação** Mário Martini **Música** Galt MacDermot **Direção musical** Oswaldo Sperandio **Elenco** Alonso Barros, Angela Aguiar, Beto Bueno, Celia de Lima, Cherry Taketani, Creso Filho, Cristina Cordeiro, Cristina Ribeiro, Edson Cordeiro, Ilson Helvecio, Jacqueline Cordeiro, Jorge Deffune, Keila Bueno, Marcelo Galdino, Maria da Paixão, Marta Franco, Nani Braun, Ramon Coelho, Regiane Salmoiraghi, Ricardo Chedid, Rogério da Col, Rosangela Cruz, Roselita Lopes, Rubens Caribé, Sérgio de Melo, Silvio Fróes, Vanja Santos, Vivian Bizzochi, Wanderley Piras **Produção** Giba Um, Manager Espetáculos **Sala** Teatro Jardel Filho (SP)

Hamleto | Giovanni Testori
Figurinos Daniela Thomas **Elenco** Joan Wilder, Roberta Levine, Jean Gennis, Marybeth Ward, Pamela Enz, Patricia Hofbauer **Produção** Theater for the New City

Nostradamus | Doc Comparato
Cenário J. C. Serroni **Figurinos** Ninette van Vüchelen **Coreografia** Clarisse Abujamra **Iluminação** Mário Martini **Assessoria musical** Paulo Herculano **Elenco** Antonio Fagundes, João José Pompeo, Tácito Rocha, Monalisa Lins, Neusa Maria Faro, Walter Breda, Sérgio de Oliveira, Domingos Fuschini, Roberto Mars Jr., Luca Baldovino, Rita Malot, Maria Duda, Ana Kfouri, Claudia Rezende, Simone Corrêa, Marco Antônio Leão, Jarbas Toledo, Yur Fogaça, Luiz Carlos Ribeiro, Nivaldo Todaro, Célio Di Malta, Ricardo

Pettine, Pedro Saliba, Ari Janiche **Produção** Companhia Estável de Repertório **Sala** Teatro Jardel Filho (SP)

1987

teatro_diretor

A lua começa a ser real | Manoel Carlos (sobre Fernando Pessoa)
Cenário e figurinos Márcio Medina **Coreografia** Val Folly **Elenco** Antônia Chagas, Ana Maria Marinho, Antonio Herculano, Carlos Palma, Cid Pimentel, Elisabete Dorgan, José Geraldo Asas, Luiza Viegas, Marcelo Almada, Marta Vaz, Pedro Veneziani, Samir Signeu, Sueli Rocha, Wanda Estefânia **Produção** Teatro de Repertório da Cooperativa Paulista de Teatro **Sala** Teatro Markanti (SP)

teatro_ator

O contrabaixo | Patrick Süskind
Direção Clarisse Abujamra **Cenário, figurinos e programação visual** Helga Miethke **Iluminação** Jorge Takla **Elenco** Antônio Abujamra

TV_ator

Sassaricando | Silvio de Abreu
Direção Cecil Thiré, Lucas Bueno, Miguel Falabella **Produção** TV Globo

teatro/dança_diretor

Uma caixa de outras coisas | Antônio Abujamra e Consuelo de Castro
Cenário e figurinos Raul Cruz **Coreografia** Antônio Abujamra, Val Folly e elenco **Iluminação** Antônio Abujamra **Direção musical** Júlio Medaglia **Elenco** Clarisse Abujamra, Lu Grimaldi, Mariana Muniz, Leila Garcia, Geraldo Loureiro **Produção** Teatro Brasileiro de Dança **Sala** Centro Cultural São Paulo (SP)

1988

teatro_diretor

À margem da vida | Tennessee Williams
Cenário Felippe Crescenti **Figurinos** Fernanda Abujamra **Iluminação** Mário Martini **Direção musical** Paulo Herculano, Delfim **Elenco** Paulo Goulart, Antoine Rovis, Nicette Bruno, Barbara Bruno **Produção** Nicette Bruno Produções Artísticas **Sala** Teatro Paiol (SP)

teatro_ator

A cerimônia do adeus | Mauro Rasi
Direção Ulysses Cruz **Cenário** Marco Antônio Lima, Ulysses Cruz **Figurinos** Domingos Fuschini **Iluminação** Edvaldo Rodrigues, Domingos Quintiliano **Sonoplastia** Tunica **Imagem** Jetter Castro Alves, Ulysses Cruz **Elenco** Antônio Abujamra/Fernando Peixoto, Marcos Frota, Ileana Kwasinski, Rômulo Arantes, Sônia Guedes, Ângelo Lopes, Hugo Peake, Cleyde Yáconis **Sala** Teatro Sesc Anchieta (SP)

A secreta obscenidade de cada dia | Marco Antonio de la Parra
Direção Ulysses Cruz **Cenário** Luca Baldovino, Ulysses Cruz **Figurinos** Luca Baldovino **Iluminação** Edvaldo Rodrigues **Música** Zé Rodrix **Elenco** Antônio Abujamra, Antonio Calloni **Produção** Ben-Hur Produções Artísticas

1989

TV_ator

Cortina de vidro | Walcyr Carrasco
Colaboração Miguel Filiage **Direção** John Herbert, Álvaro Fugulin **Direção geral e de núcleo** Guga de Oliveira **Produção** SBT

Que rei sou eu? | Cassiano Gabus Mendes
Colaboração Luís Carlos Fusco, Solange Castro Neves
Direção Jorge Fernando, Mário Márcio Bandarra, Fábio Sabag, Lucas Bueno **Produção** TV Globo

teatro_ator

Encontrar-se | Luigi Pirandello
Direção Ulysses Cruz **Cenário** Maurício Sette **Figurinos** Rita Murtinho **Música** André Abujamra **Elenco** Antônio Abujamra, Renata Sorrah, Thales Pan Chacon, Rodrigo Santiago, Selma Egrei, Rosita Thomaz Lopes, Anna Borges, Tuca Andrada

cinema_ator

Festa | Ugo Giorgetti

Lua cheia | Alain Fresnot

Musika | Rafael Conde

Sermões: a história de Antônio Vieira | Júlio Bressane

teatro_diretor

Muro de arrimo | Carlos Queiroz Telles
Cenário e figurinos Renato Scripilliti **Trilha sonora** Tunica, Paulo Herculano **Locução** Osmar Santos **Elenco** Antonio Fagundes **Produção** Companhia Estável de Repertório

1991

TV_ator

Amazônia | Jorge Duran e Denise Bandeira
Direção Tizuka Yamasaki, Marcos Schechtman **Produção** TV Manchete **Novela de** Jorge Duran **Escrita por** Jorge Duran, Regina Braga, Anamaria Nunes, Paulo Halm, Denise Bandeira, Marilu Saldanha, Tânia Lamarca **Direção** Marcos Schechtman, Roberto Naar, Rud Lageman, José Joffily, Tizuka Yamasaki **Direção geral** Carlos Magalhães, Marcelo de Barreto **Supervisão geral** Tizuka Yamasaki

teatro_diretor

A serpente | Nelson Rodrigues
Direção artística Rosa Magalhães **Cenário** Antônio Abujamra **Coreografia** Deborah Colker **Iluminação** Jorginho de Carvalho **Trilha sonora** André Abujamra **Elenco** Ana Jansen, Antonio Grassi, Lisiclair Pereira, Marcelo Saback, Maria Adelia, Maria Salvadora, Mario Borges, Sofia Torres, Tato Gabus Mendes, Tuca Moraes **Produção** Os Fodidos Privilegiados **Sala** Teatro Dulcina (RJ)

Caça aos ratos | Peter Turrini
Cenário Hugo Rodas **Figurinos** Sônia Sanches **Trilha sonora** André Abujamra **Elenco** Guilherme Reis, Iara Pietricovsky, Hugo Rodas, Dimer Monteiro

Phaedra | Jean Racine
Direção de cena Nivaldo Todaro **Cenário e figurinos** Estevão do Nascimento **Iluminação** Hugo Peake **Trilha sonora** André Abujamra **Elenco** Anya Sartor, Cláudia Cerquinho, Deborah Evelyn, Denise Sant Anna, Helena de Lamare, Maria Salvadora, Paula Sandroni, Rafaela Amado, Sofia Torres, Suzana Faini, Tânia Loureiro, Tuca Moraes, Vera Holtz **Produção** Os Fodidos Privilegiados **Sala** Teatro Dulcina (RJ)

Um certo Hamlet | William Shakespeare
Adaptação Antônio Abujamra **Direção de arte** Rosa Magalhães **Coreografia** Deborah Colker **Iluminação** Jorginho de Carvalho **Músicas** André Abujamra **Elenco** Cláudia Abreu, Vera Holtz, Suzana Faini, Rafaela Amado, Deborah Catalani, Anya Sartor, Sofia Torres, Maria Adelia, Ana Jansen, Tuca Moraes, Maria Salvadora, Lisiclair Pereira, Denise Sant Anna, Paula Sandroni **Produção** Os Fodidos Privilegiados **Sala** Teatro Dulcina (RJ)

cinema_ator

Olímpicos | Flávia Moraes

1992

teatro_diretor e ator

O retrato de Gertrude Stein quando homem | Alcides Nogueira
Codireção Marcio Meirelles **Direção de cena** Roberto Bezerra **Cenário** José Dias **Figurinos** Kalma Murtinho **Iluminação** Aurélio de Simioni **Música** André Abujamra **Elenco** Antônio Abujamra, Vera Holtz, Suzana Faini **Produção** Os Fodidos Privilegiados

cinema_ator

Perigo Negro | Rogério Sganzerla
Um dos cinco episódios do longa *Oswaldianas*, baseado na obra de Oswald de Andrade

1993

cinema_ator

Atrás das grades | Paolo Gregori

Oceano Atlantis | Francisco de Assis

teatro_diretor

Céu de lona | Juan Carlos Gené
Cenário e figurinos Lidia Kosovski **Elenco** Paulo Goulart, Nicette Bruno **Sala** Teatro Dulcina (RJ)

ULF | Juan Carlos Gené
Elenco Nicette Bruno, Paulo Goulart **Produção** Os Fodidos Privilegiados

teatro_diretor e ator

O inferno são os outros | Jean-Paul Sartre
Cenário e figurinos Hélio Eichbauer **Iluminação** Maneco Quinderé **Música** André Abujamra **Elenco** Christiana Guinle, Antônio Abujamra, Cláudia Lira, Marcelo Serrado **Produção** Norma Dumar, Lenine Tavares **Sala** Teatro Glória (RJ)

TV_ator

O mapa da mina | Cassiano Gabus Mendes
Colaboração Maria Adelaide Amaral, Gugu Keller, Walkíria Portero, Djair Cardoso **Direção** Roberto Naar, Flávio Colatrello Jr. **Direção geral e de núcleo** Denise Saraceni, Gonzaga Blota **Produção** TV Globo

1994

teatro_diretor

A serpente | Nelson Rodrigues
Cenário e figurinos Márcio Colaferro **Iluminação** Wagner Freire **Trilha sonora** André Abujamra, Luiz Macedo **Elenco** Ada Chaseliov, Bruno Rocha, Edson Montenegro, Eliana Santana, Fernanda Abujamra, Nivaldo Todaro, Paula Sandroni, Walter Breda **Produção** Ben Hur Prado

teatro_diretor e ator

O inspetor geral | Nikolai Gógol
Cenário Túlio Costa **Figurinos** Ninette van Vüchelen **Coreografia** Mara Borba **Iluminação** Maneco Quinderé **Música** André Abujamra **Elenco** Antônio Abujamra, Francarlos Reis, Walter Breda, Abrahão Farc, Chico Martins, Fernando Peixoto, Tácito Rocha, José Carlos Machado, Ada Chaseliov, Ednaldo Freire, Cid Pimentel, Osmar di Pieri, Renato Dobal, Clarisse Abujamra, Leila Garcia, Renato Caldas, Fernanda Abujamra, Paula Sandroni, Nivaldo Todaro, Aguinaldo Gabarrão, Bruno Rocha, Daniela Jaime-Smith, Marcelo Almada, Marcelo Decária **Sala** Teatro Popular do Sesi (SP)

cinema_ator

Salamaleque | Lina Chamie

1995

cinema_ator

Carlota Joaquina, princesa do Brasil | Carla Camurati

teatro_diretor e ator

Exorbitâncias, uma farândola teatral | Antônio Abujamra
Cenário e figurinos Charles Möeller **Iluminação** Milton Giglio **Direção musical** André Abujamra **Elenco** Ada Chaseliov, Aline Casagrande, Almir Martins, André Corrêa, Andrea Cavalcanti, Angel Morsi, Antonella Batista, Antônio Abujamra, Antonio Grassi, Beth Goulart, Celso Andre Monteiro, Charles Möeller, Cláudia Missura, Christiana Guinle, Cristiana Lara Resende, Daniela Azevedo, Daniela Olivert, Daniela Sanchez, Daniele Ellery, Deborah Catalani, Denise Cabral, Denise Sant Anna, Diogo Dahl, Duda Villa Verde, Fernando Assunção, Fernando Vieira, Filomena Mancuzo, Glice Mari, Guta Stresser, Helena Fernandes, Helena Ignez, Iracema Starling, Janaína Diniz Guerra, João Fonseca, Johayne Hildefonso, Kátia Sassen, Kiko Nunes, Lincoln Oliveira, Lívia Ramos, Luís Carlos Arutin, Luiz Henrique Nogueira, Marcello Bosschar, Marcos Corrêa, Márcia Marques, Maria Nattari, Marta Jourdan, Mauricio Morais, Mauro Gorini, Mauro Marques, Micaela Góes, Paula Burlamaqui, Paula Sandroni, Paulo Tiefenthaler, Priscila Luz, Rafael Gugliotti, Rafaela Amado, Rose Abdallah, Sandra Prazeres, Sofia Torres, Tanah Corrêa **Produção** Os Fodidos Privilegiados

TV_ator

A idade da loba | Alcione Araújo e Regina Braga
Direção Jayme Monjardim, Marcos Schechtman **Codireção** Luiz Armando Queiroz **Produção** TV Bandeirantes

teatro_diretor

Outros em Pessoa | Baseada em textos de Fernando Pessoa
Trilha sonora Jaques Morelenbaum **Elenco** Caco Coelho, Rose Abdallah, André Corrêa **Sala** Caroline Café

1996

TV_ator

Antônio Alves, taxista | Ronaldo Ciambroni
Adaptação do original argentino *Rolando Rivas, taxista*, de Alberto Migré **Direção** Jorge Montero **Direção geral** Marcelo Travesso **Produção** Ronda Studios / SBT

teatro_diretor

Gertrude Stein, Alice Toklas & Pablo Picasso | Alcides Nogueira
Codireção Márcio Aurélio **Cenário e figurinos** Cuca Petit **Iluminação** Márcio Aurélio, Antônio Abujamra **Música original** André Abujamra **Elenco** Nicette Bruno, Clarisse Abujamra, Francarlos Reis **Produção executiva** Cristina Sato, Mário Silvio Gomes **Sala** Centro Cultural São Paulo

O que é bom em segredo é melhor em público |
Baseada em textos de Nelson Rodrigues
Roteiro Antônio Abujamra **Cenário e figurinos** Teka Fichinski **Iluminação** Maneco Quinderé **Trilha sonora** André Abujamra **Elenco** Rafaela Amado, Claudia Provedel, Paulo Tiefenthaler, André Corrêa, Paula Sandroni, Maria Lucya de Lima, Sandra Prazeres, Lincoln Oliveira, Filomena Mancuzo, Almir Martins, Humberto Câmara, Maria Eva Leis, Giovania Costa, Cláudio Tizo, Isley Clare, Cristina Mayrink, Thelmo Fernandes, Ricardo Souzedo, Marcos Corrêa, João Fonseca, Guta Stresser, Danielle Barros, Denise Sant Anna, Álvaro Diniz, Fernanda de Jesus, Tatiana Peres, Cândida Sastre, Ivete Rodrigues, Milena Fonte, Renata Hardy, Alessandra Flores, Kiko Nunes, Isabela Leal, Isabele Cabral, Alberto Bruno, Marta Guedes, Antônio Americano, César Padilha, Daniele Elery, Duda Villa Verde, Márcia Marques, Marco Gerard, Sérgio Pompeu, Priscila Luz, Cláudia Vigonne, Cibele Amaral, Djin Sganzerla, Eduardo Albergaria, Aline Casagrande, Tanah Corrêa, Fernando Ribeiro, Estela Carvalho **Produção** Os Fodidos Privilegiados **Sala** Teatro Dulcina (RJ)

cinema_ator

Olhos de Vampa | Walter Rogério

Quem matou Pixote? | José Jofilly

teatro_diretor e ator

Todos em Pessoa | Antônio Abujamra (baseado em poemas e fados de Fernando Pessoa)
Ideia original do espetáculo Elton Cardoso **Elenco** Maria Azenha, Antônio Abujamra, Glória de Lourdes **Produção** Mário Silvio Gomes

1997

teatro_diretor

Fedra | Jean Racine
Cenário Cuca Petit **Figurinos** Carlos Miele **Coreografia** Thales Pan Chacon **Música** André Abujamra **Elenco** Imara Reis, Tânia Bondezan, Ana Paula Arósio, Mika Lins, Barbara Bruno, Selma Egrei, Leila Garcia

Julieta de Freud | Claudia Jimenez e Fátima Valença
Cenário Gringo Cardia **Iluminação** Maneco Quinderé **Trilha sonora** Andréa Zeni **Elenco** Claudia Jimenez **Sala** Teatro do Leblon (RJ)

O casamento | Nelson Rodrigues
Codireção João Fonseca **Cenário e figurinos** Charles Möeller **Iluminação** Rodrigo Ziokowski **Direção musical e trilha** André Abujamra **Elenco** João Fonseca, Guta Stresser, Rose Abdallah, Thelmo Fernandes, Nello Marrese, Danielle Barros, Denise Sant Anna, André Corrêa, Humberto Câmara, Álvaro Diniz, Daniella Azevedo, Filomena Mancuzo, Isabelle Cabral, Márcia Marques, Lincoln Oliveira, Isley Clare, Kátia Sassen, Marta Guedes, Cláudio Tizo, Marcos Corrêa, Mauro Marques, Paula Sandroni, Alan Castelo, Marcio Rodrigues, Johayne Hildefonso **Produção** Os Fodidos Privilegiados

teatro_diretor e ator

O professor | Roberto Cossa
Concepção Omar Grasso **Cenário** Cuca Petit **Coreografia** Clarisse Abujamra **Trilha sonora** André Abujamra **Elenco** Antônio Abujamra, Petrônio Gontijo, Leila Garcia **Sala** Teatro João Caetano (SP)

TV_ator e diretor

Os ossos do barão | Jorge Andrade
Adaptação Walter George Durst **Colaboração** Duca Rachid, Mário Teixeira, Marcos Lazarini **Direção** Henrique Martins, Luiz Armando Queiroz **Direção geral** Antônio Abujamra **Supervisão geral** Nilton Travesso **Produção** SBT

1998

teatro_diretor

A resistível ascensão de Arturo Ui | Bertolt Brecht
Codireção João Fonseca **Cenário** Marcos Apóstolo **Figurinos** Kalma Murtinho **Iluminação** Maneco Quinderé **Trilha sonora** André Abujamra **Elenco** Os Fodidos Privilegiados, com participação especial de Paulo Autran na primeira semana, depois substituído por Thelmo Fernandes **Produção** Os Fodidos Privilegiados **Sala** Teatro Dulcina (RJ)

O auto da Compadecida | Ariano Suassuna
Codireção João Fonseca **Cenário** Renato Scripilliti **Figurinos** Charles Möeller **Iluminação** Maneco Quinderé **Direção musical** Marco Abujamra **Músicos** Claudio Bernardo, Claudio Frydman, Edu Krieger, Fabiano Salek, Marcelo Reis **Elenco** Marco Gerard, Thelmo Fernandes, Alberto Bruno, Nello Marrese, João Fonseca, Rose Abdallah, Cláudio Tizo, Marcos Corrêa, Ricardo Souzedo, Rafael Lourenço, Humberto Câmara, Mauro Marques, Cândida Sastre, Paula Sandroni, Marta Guedes, Johayne Hildefonso, Guta Stresser, Alan Castelo, Ana Lúcia Pardo, Marcio Rodrigues, Mauro Marques **Produção** Os Fodidos Privilegiados **Sala** Teatro Dulcina (RJ)

Tributo ao centenário de Bertolt Brecht (RJ)
45 eventos entre peças, leituras e palestras **Produção** Instituto Goethe, Editora Paz e Terra e caderno Ideias do *Jornal do Brasil* **Organização** Os Fodidos Privilegiados **Sala** Teatro Dulcina (RJ)

Tributo ao centenário de Bertolt Brecht (SP)
Única apresentação com 70 artistas entre diretores, atores e cantores **Produção** Mário Silvio, Sesi **Sala** Teatro Popular do Sesi (SP)

Tributo ao centenário de García Lorca
Espetáculo com 72 atrizes dirigidas por Abujamra, além de uma programação com esquetes cênicos, trechos de balés, peças, cantoras, palestras, leituras de poemas, performances **Elenco** Os Fodidos Privilegiados, Denise Del Vecchio, Barbara Bruno, Selma Egrei, Clarisse Abujamra, Mika Lins, Joana Curvo, Arlete Montenegro, Assunta Perez **Diretores convidados** Sérgio de Carvalho, Denise Del Vecchio, Antônio Ghigonetto, Celso Frateschi, Roberto Vignatti, Nilda Maria, Dulce Muniz **Produção** Teatro Popular do Sesi (SP)

cinema_ator

Caminho dos sonhos | Lucas Amberg
Baseado no romance *O sonho no caroço do abacate*, de Moacyr Scliar

teatro_ator

Da gaivota | Anton Tchekhov
Direção Daniela Thomas **Cenário** Daniela Thomas, Marcelo Larrea **Figurinos** Daniela Thomas, Verônica Julian **Iluminação** Daniela Thomas, Carlos Eduardo Moraes **Trilha sonora** Raul Teixeira **Elenco** Antônio Abujamra, Fernanda Montenegro, Fernanda Torres, Matheus Nachtergaele, Celso Frateschi, Nelson Dantas

teatro_diretor e ator

O veneno do teatro | Antônio Abujamra
Cenário Cuca Petit **Figurinos** Carlos Miele **Música** André Abujamra **Elenco** Antônio Abujamra, André Abujamra **Produção** Sesc-SP

1999

TV_ator

Andando nas nuvens | Euclydes Marinho
Colaboração Elizabeth Jhin, Letícia Dornelles, Vinicius Vianna **Direção** Ary Coslov **Direção geral** Dennis Carvalho, José Luiz Villamarim **Direção de núcleo** Dennis Carvalho **Produção** TV Globo

Terra nostra | Benedito Ruy Barbosa
Colaboração Edmara Barbosa, Edilene Barbosa **Direção** Jayme Monjardim, Carlos Magalhães, Marcelo Travesso **Direção geral** Jayme Monjardim, Carlos Magalhães **Produção** TV Globo

Vila Madalena | Walther Negrão
Colaboração Ângela Carneiro, Elizabeth Jhin, Júlio Fisher, Paulo Cursino, Vinicius Vianna, Thelma Guedes **Direção** Jorge Fernando, Roberto Naar, Marcus Alvisi **Direção geral** Roberto Naar, Jorge Fernando **Direção de núcleo** Jorge Fernando **Produção** TV Globo

teatro_diretor e ator

Anos de Fausto e fausto | Goethe
Elenco Antônio Abujamra, Cláudio Marzo, Priscila Luz

teatro_diretor

As fúrias | Rafael Alberti
Cenário Antônio Abujamra, Nello Marrese **Figurinos** Leda Senise **Elenco** Rose Abdallah, Liliana Castro, Paula Sandroni, Alan Castelo, Denise Sant Anna, Guta Stresser, Cláudio Tizo **Produção** Os Fodidos Privilegiados **Sala** Teatro Dulcina (RJ)

2000

cinema_ator

Coda | Flávio Barone

teatro_diretor

Crimes delicados | José Antônio de Souza
Cenário Renato Scripilliti **Música** André Abujamra **Elenco** Paulo Goulart, Nicette Bruno, Barbara Bruno **Produção** Bruno Produções Artísticas **Sala** Teatro Ruth Escobar

Diário secreto de Adão e Eva | Mark Twain
Cenário Gringo Cardia **Figurinos** Kalma Murtinho **Iluminação** Maneco Quinderé **Trilha sonora** André Abujamra **Elenco** Ana Paula Arósio, Marcos Palmeira

Louca turbulência | José Saffioti Filho e Antônio Abujamra
Cenário Nello Marrese, Antônio Abujamra **Figurinos** Filomena Mancuzo **Música** André Abujamra **Iluminação** Daniela Sanchez, Antônio Abujamra **Elenco** Cláudio Tizo, Marcos Corrêa, Ana Levla, Ana Paula Black, Chico Villa, Karen Costa, Ana Lúcia Pardo, Marcela Barbosa, Sérgio Peçanha, Claudia Provedel **Produção** Os Fodidos Privilegiados **Sala** Teatro Dulcina (RJ)

Michelangelo | Doc Comparato
Cenário J. C. Serroni **Figurinos** Kalma Murtinho **Iluminação** Jorginho de Carvalho **Direção musical** André Abujamra **Elenco** Edney Giovenazzi, Camila Amado, Leon Góes, Alan Castelo, Alexandre Pinheiro, Eduardo Nobre, Eduardo Fraga, Henrique Lima, João Fonseca, Mário Marques, Mauro Marques, Nello Marrese, Nil Neves, Rafael Gugliotti,

Ricardo Souzedo, Rose Abdallah, Thelmo Fernandes, Vinicius Cattani **Participação vocal** Marcos Bowie, Júlio César de Araújo **Produção** Os Fodidos Privilegiados **Sala** Teatro João Caetano (RJ)

teatro_diretor e ator

Esta noite se improvisa | Luigi Pirandello
Cenário Antônio Abujamra, Marcos Apóstolo **Figurinos** Filomena Mancuzo **Coreografia** Silvia Sotter **Iluminação** Jorginho de Carvalho **Elenco** Antônio Abujamra, Alexandre Pinheiro, André Corrêa, Carol Cantidio, Claudia Provedel, Daniella Olivert, Eduardo Nobre, Humberto Câmara Netto, Isley Clare, João Fonseca, José Maurício, Karen Costa, Ana Lúcia Pardo, Márcia Marques, Mário Marques, Nil Neves, Paula Sandroni, Ricardo Souzedo, Rose Abdallah **Produção** Os Fodidos Privilegiados

TV_ator

Marcas da paixão | Solange Castro Neves
Colaboração Maria Duboc, Marcelo César Fagundes, Enéas Carlos **Direção** Atílio Riccó, Henrique Martins, Fernando Leal **Produção** TV Record

TV_entrevistador

Provocações
O programa foi ao ar até 2015 **Direção** Gregório Bacic **Produção** TV Cultura

cinema_ator

Villa-Lobos, uma vida de paixão | Zelito Viana

2001

teatro_diretor

Hamlet é negro | William Shakespeare
Adaptação Antônio Abujamra **Cenário e figurinos** Marcos Apóstolo **Coreografia** Johayne Hildefonso, Antônio Abujamra **Iluminação** Aurélio de Simoni **Música** André Abujamra **Elenco** Cadu Carneiro, Johayne Hildefonso, Iléa Ferraz, Sérgio Menezes, Jorge Eduardo, Antônio Manso. **Coro** Aires Jorge, Daniel Tenório, Darla Férr, Cândida Lopes, Cláudio Gomes, Jorge Nevis, Kita Ribeiro, Leandro Nunes, Pablo Henrique, Pedro Paulley, Val Abrantes, Tâmara Reys **Produção** Barata Comunicação e Marketing **Sala** Teatro Glória (RJ)

cinema_ator

O branco | Angela Pires e Liliana Sulzbach

Parusia | João Levy

teatro_diretor e ator

O grande regresso de Paulo Sérgio Cortez | Sergio Kribus
Adaptação Antônio Abujamra **Cenário e figurinos** Gringo Cardia **Elenco** Antônio Abujamra, André Corrêa **Produção** Prefeitura do Rio de Janeiro/RioArte

provocador@ | Antônio Abujamra
Elenco Antônio Abujamra, Cláudio Tizo, Marcos Corrêa

2002

teatro_diretor

Chuva de bala no País de Mossoró | Tarcísio Gurgel
Codireção Alan Castelo **Cenário** Marcus Vinicius **Figurinos e adereços** Carlos Sérgio Borges **Músicas** Marco Abujamra, Leandro Muniz **Elenco** Cícero Dias, Marcos Leonardo, Augusto Pinto, Nonato Santos, Cícero Lima, Railson Paulino, Roberlilson Paulino, José Américo **Apresentadores** Antônio Abujamra, Renilson Fonseca, Toni Silva, Lenilda Souza **Produção** Prefeitura de Mossoró **Sala** Teatro a céu aberto

cinema_ator

Dez dias felizes | José Eduardo Belmonte

2003

cinema_ator

A esperança é a última que morre | Ugo Giorgetti
Um dos cinco episódios do longa documental *Umas velhices*, realizado pelo Sesc São Paulo

teatro_diretor

As bruxas de Salem | Arthur Miller
Codireção João Fonseca **Cenário e figurinos** Nello Marrese **Iluminação** Daniela Sanchez **Música original** Daniel Belker **Elenco** Bel Kutner, Eriberto Leão, Cláudia Lira, Roberto Lobo, Rubens de Araújo, Thelmo Fernandes, Danielle Barros, Denise Sant Anna, Dja Marthins, Nello Marrese, Ricardo Souzedo, Carolina Dória, Daniela Abreu, Mariana Domingues, Juliana Rodrigues, Keli Freitas, Susana Faini, Carolina Portes, Karen Coelho, Paula Campos **Sala** Teatro Glória (RJ)

teatro_diretor e ator

Máquina de pinball | Clara Averbuck
Adaptação Antônio Abujamra, Alan Castelo **Cenário** Angélica Auricchio, Douglas Nogueira **Figurinos** Gringo Cardia **Iluminação** Alan Castelo **Música** Alexandre e Diego Wiltshire **Vídeos** André Scucato, Luiz Fernando Barreto **Elenco** Antônio Abujamra, Alan Castelo, Patrícia Nidermeier, Leandro Muniz, Alexandre Lino, Cláudio Tizo **Produção** Cláudio Tizo **Sala** Teatro Glória (RJ)

Mephistópheles | Antônio Abujamra (adaptação livre do *Fausto* de Goethe)
Cenário Antônio Abujamra, Hugo Rodas **Figurinos** Leopoldo Pacheco, Fábio Namatame **Iluminação** Wagner Freire **Música** André Abujamra **Elenco** Antônio Abujamra, Selma Egrei, Mariana Muniz **Produção** Teatro Popular do Sesi (SP)

2004

TV_ator

Começar de novo | Antônio Calmon e Elizabeth Jhin
Colaboração Álvaro Ramos, Eliane Garcia, Lílian Garcia, Mauro Wilson, Leandra Pires, Maria Helena Nascimento, Márcia Prates **Direção** Marcelo Travesso, Gustavo Fernandes, Edson Spinello, Paulo Silvestrini **Direção geral** Luiz Henrique Rios, Carlos Araújo **Direção de núcleo** Marcos Paulo **Produção** TV Globo

Contos da meia-noite
Direção Éder Santos **Produção** TV Cultura

teatro_diretor e ator

O que leva bofetadas | Leonid Andreiev
Adaptação Antônio Abujamra **Codireção** Hugo Rodas
Cenário Renato Scripilliti **Figurinos** Chico Spinoza **Elenco**
Adriano Stuart, André Corrêa, Antônio Abujamra, Clarisse
Abujamra, Duda Mamberti, Kito Junqueira, Luiz Amorim,
Miguel Hernandez, Miguel Magno, Natalia Correa, Paulo
Herculano **Produção** Teatro Popular do Sesi

2005

cinema_ator

Concerto campestre | Henrique de Freitas Lima

Quanto vale, ou é por quilo? | Sérgio Bianchi

teatro_diretor e ator

A voz do provocador | Antônio Abujamra
Elenco Antônio Abujamra

2006

teatro_diretor

A senhora Macbeth | Griselda Gambaro
Adaptação Antônio Abujamra **Codireção** Hugo Rodas
Cenário J. C. Serroni **Figurinos** Hugo Rodas **Iluminação**
Wagner Freire **Música** André Abujamra **Elenco** Marília
Gabriela, Selma Egrei, Natalia Correa, Danielle Farnezi,
Eduardo Leão, Patricia Niedermeier **Produção** Sesc-SP

O escrivão | Herman Melville
Adaptação Marília Toledo **Cenário** J. C. Serroni **Figurinos**
Kléber Montanheiro **Iluminação** Kléber Montanheiro
Música André Abujamra **Elenco** Miguel Hernandez,
Marcelo Galdino, Adriano Stuart, Abrahão Farc, André
Corrêa **Produção** Santander Banespa **Sala** Teatro Aliança
Francesa (SP)

2007

cinema_ator

Alphaville 2007 d.C. | Paulinho Caruso

cinema_ator

Brichos | Paulo Munhoz

teatro_diretor

Cantadas | Denise Stoklos
Codireção Hugo Rodas **Cenário e figurinos** Hugo Rodas
Técnica de luz Evelyn Silva **Técnico de áudio** Azul Smith
Elenco Denise Stoklos **Produção** Marco de Almeida (MdA
International)

Os demônios | Fiódor Dostoiévski
Adaptação Antônio Abujamra **Codireção** Hugo Rodas
Cenário e figurinos Hugo Rodas **Iluminação** Dalton
Camargos **Trilha sonora** André Abujamra **Elenco** Abaeté
Queiroz, Ada Luana, Adriana Lodi, Alessandro Brandão, Alex
Souza, Bidô Galvão, Carmem Moretzsohn, Catarina Accioly,
Chico Sant'Anna, Denis Camargo, Diego Bresani, Guilherme
Reis, Jones Schneider, Marcio Minervino, Natassia Garcia,
Rodrigo Fischer, Rogero Torquato, Roustang Carrilho, Sergio
Fidalgo, William Lopes, William Ferreira

Tchekov e a humanidade | Anton Tchekhov
Codireção Hugo Rodas **Cenário** Antônio Abujamra, Hugo
Rodas, Renato Scripilliti **Figurinos** Hugo Rodas, Paulo de
Moraes **Iluminação** Wagner Freire **Música** André Abujamra
Elenco Eduardo Leão, Virgínia Buckowski, Antônio Duran,
Maria João Abujamra, Pâmela Wendy, João Victor d'Alves,

Marcia Abujamra, Sebastião de Souza, Natalia Correa, Tatiana de Marca, Márcia Corrêa, Miguel Hernandez, Danielle Farnezi, Luiza Viegas, Renata Ferraz, Priscila de Oliveira, André Corrêa, Camila Lima, Daniel Graziani, Frida Takats, Maura Hayas, Zémanuel Piñero, Camila Castelucci, Mauro Schames **Produção** Os Fodidos Privilegiados

teatro_diretor

Os possessos | Albert Camus (baseado no romance *Os demônios* de Dostoiévski)
Espetáculo de fechamento do programa Geografia da Palavra, da Funarte, que reuniu 29 atores de 11 estados do país depois de quatro meses de oficinas diversas **Adaptação** Antônio Abujamra **Assistência de dramaturgia** Marcelo Almada, Miguel Hernandez **Cenografia e figurinos** Cyro del Nero **Iluminação** Wagner Freire **Direção musical** Marcelo Amalfi **Elenco** André Corrêa, Daniela Smith, Germano Melo, Mauro Schames, Michelle Ferreira, Ramiro Silveira, Renata Guida **Produção** Funarte (SP)

2008

cinema_ator

Ao vivo | Antônio Guerino e Pepe Siffredi

teatro_diretor e ator

Começar a terminar | Samuel Beckett
Adaptação Antônio Abujamra, Gregório Bacic, Miguel Hernandez **Codireção** Hugo Rodas **Cenário** J. C. Serroni **Figurinos** Hugo Rodas **Iluminação** Wagner Freire **Direção musical** André Abujamra **Elenco** Antônio Abujamra, Natalia Correa, Miguel Hernandez **Produção** Cia. Anjos Pornográficos **Sala** Teatro São Pedro (RS)

TV_ator

Móbile | Fernando Faro
Leitura do poema "Molly Bloom" com interpretação de Lavínia Pannunzio **Direção** Fernando Faro **Produção** TV Cultura

2009

cinema_ator

É proibido fumar | Anna Muylaert

Solo | Ugo Giorgetti

TV_ator

Poder paralelo | Lauro César Muniz, Aimar Labaki e Dora Castellar
Colaboração Mário Viana, Newton Cannito, Rosane Lima **Direção** Ignácio Coqueiro **Produção** TV Record

2011

teatro_diretor

Paraíso | Dib Carneiro Neto
Cenário J. C. Serroni **Figurinos** Theodoro Cochrane **Iluminação** Wagner Freire **Música** André Abujamra **Elenco** Miguel Hernandez, Natalia Correa **Coro** Alex Bartelli, Aline Assis, André Souza, Bel Brand, Caio Leal, Deni Carvalho, Felipe Velasque, Fernanda Metidieri, Flávia Araújo, Glaucia Helena, Irun Gandolfo, Joyce Salomão, Juliana Savioli, Lara Dezan, Ludmila Corrêa, Márcia Corrêa, Maurício Ludewig, Mayara Dellacarmo, Renata Hallada, Ricardo Mancini, Vanessa Corrêa, Victoria Moliterno **Produção** Cia. Anjos Pornográficos **Sala** Sesc Belenzinho (SP)

teatro_diretor e ator

Uma informação sobre a banalidade do amor | Mario Diament
Cenário J. C. Serroni **Figurinos** J. C. Serroni, Telumi Hellen **Iluminação** Antônio Abujamra, Pedro Paulo Zupo **Música** André Abujamra **Registro audiovisual** Pedro Paulo Zupo **Elenco** Antônio Abujamra, Tatiana de Marca **Produção** Abufelou-se Produções e Promoções Artísticas

2012

TV_ator

Corações feridos | Íris Abravanel
Colaboração Caio Britto, Carlos Marques, Fany Pires Higuera, Grace Iwashita, Gustavo Braga, Marcela Arantes **Supervisão de texto** Rita Valente **Direção** Del Rangel **Produção** SBT

2015

TV_ator

Sonhos de Abu | Rafael Terpins e André Abujamra
Direção Rafael Terpins, André Abujamra
Produção Fantástica Fábrica de Filmes **Exibição** Canal Brasil

—

Sobre os autores

André Dias
Professor associado de Literatura Brasileira e do Programa de Pós-Graduação em Estudos de Literatura da Universidade Federal Fluminense (UFF), do qual é também coordenador; na mesma universidade, é líder do Grupo de Pesquisa Literatura e Dissonâncias (LIDIS/UFF) e pesquisador associado do Programa de Internacionalização (Print). Coordena o Grupo de Trabalho de Dramaturgia e Teatro da Associação Nacional de Pesquisa e Pós-Graduação em Letras e Linguística (Anpoll), é Jovem Cientista do Nosso Estado da Fundação de Amparo à Pesquisa do Estado do Rio de Janeiro (Faperj), desenvolvendo o projeto "Antônio Abujamra: a literatura encontra o teatro".

Antonio Herculano
Antonio Herculano Lopes é um carioca da gema que viveu 20 dos seus atuais 72 anos fora do Rio, dividindo-se entre Brasília, São Paulo e Nova York. Desde 1994, é pesquisador e professor de História da Fundação Casa de Rui Barbosa, onde ocupou diversos cargos de direção e chefia. Neste momento (fevereiro de 2023) é vice-coordenador do Programa de Pós-Graduação em Memória e Acervos. É doutor em Estudos de Performance pela New York University, mestre em Sociologia pela Universidade de Brasília (UnB), bacharel em Direito pela então Universidade do Estado da Guanabara e formado pelo Instituto Rio Branco do Ministério das Relações Exteriores. Antes da carreira de pesquisa, foi diplomata, bailarino, ator e diretor de teatro, tendo o privilégio de trabalhar com Antônio Abujamra entre 1983 e 1989.

Edélcio Mostaço
Edélcio Mostaço é professor titular aposentado da Universidade do Estado de Santa Catarina (Udesc). Pesquisador do Conselho Nacional de Desenvolvimento Científico e Tecnológico (CNPq). É crítico, investigador e docente reconhecido no país e no exterior, integrando organismos internacionais da área. Autor de vários estudos, destacam-se *O espetáculo autoritário* (1983), *O pós-modernismo* (coautor, Perspectiva, 2008), *Sobre performatividade* (org., Letras Contemporâneas, 2009), *Para uma história cultural do teatro* (org., Design, 2011), *Teatro e política: Arena, Oficina e Opinião* (Annablume, 2016), *Soma e sub-tração: territorialidades e recepção teatral* (Edusp, 2018), *Cena e ficção em Aristóteles: uma leitura da Poética* (Appris, 2020), *Da economia à ecologia das atenções* (coautor, Cais, 2022).

João Fonseca

Diretor de teatro, cinema e televisão. Iniciou sua carreira como ator em São Paulo no Centro de Pesquisas Teatrais (CPT) de Antunes Filho. Em 1993 mudou-se para o Rio de Janeiro e estreou como diretor de teatro na companhia Os Fodidos Privilegiados, grupo fundado por Antônio Abujamra, onde codirigiu com seu mestre os espetáculos: *O casamento*, de Nelson Rodrigues (Prêmio Shell 1997), *O auto da Compadecida*, de Ariano Suassuna (1998) e *Tudo no timing*, de David Ives (1999). Nos seus 25 anos de carreira tem em seu currículo mais de 70 espetáculos e diversas indicações/premiações como melhor diretor, entre os quais Prêmio Shell, Prêmio Bibi Ferreira e Prêmio Cesgranrio. Dirigiu sucessos dos palcos e da TV, entre eles os musicais *Tim Maia: Vale tudo*, de Nelson Motta (2011), *Cazuza: Pro dia nascer feliz, o musical* (2013), de Aloísio de Abreu, *Cássia Eller, o musical*, de Patrícia Andrade e codirigido por Vinicius Arneiro (2014), e os espetáculos *Minha mãe é uma peça,* de Paulo Gustavo (2006), que se tornou filme, e *Maria do Caritó*, de Newton Moreno (2010), com Lilia Cabral, que lhe deu seu segundo Prêmio Shell. No momento está dirigindo o musical de Carla Faour intitulado *Céu estrelado*, uma nova montagem de *Alzira Power*, de Antônio Bivar, e uma série jovem para a Netflix intitulada *Sem Filtro*.

Marcia Abujamra

Marcia Abujamra é diretora de teatro, roteirista, curadora e produtora de seus próprios espetáculos e de eventos nacionais e internacionais. É mestre em Estudos da Performance pela New York University, doutora pela Escola de Comunicações e Artes da Universidade de São Paulo (ECA-USP) e pós-doutora pela Universidade Federal do Estado do Rio de Janeiro (Unirio). Autora de *A alma, o olho, a voz – as autoperformances de Spalding Gray* (Annablume, 2018) e do livro infantojuvenil *Os 7 Reinos dos Espelhos* (Astrolábio, 2023). Dirigiu: *O corpo estrangeiro*, de Marguerite Duras; *Sra. Lenin*, de V. Khlebnikov; *Van Gogh*, a partir das cartas do pintor a seu irmão Theo, *A comédia dos homens*, de Griselda Gambaro; *A bruxinha atrapalhada*, de Eva Furnari; *Carícias*, de Sergi Belbel, entre muitos outros. Foi curadora e produtora da exposição *Antônio Abujamra – Rigor e caos*, da *Mostra de Documentários de Teatro e Performance – Entre realidades e ficções*, do ciclo de leituras *Contemporary Theatre from Brasil – Bilac, Mizrahi, Moreno e Spadaccini*, entre outros eventos.

Mauro Alencar
Consultor e pesquisador de teledramaturgia no Brasil e no exterior. Atuou na Globo (1992-
-2021), no SBT e em emissoras do Chile; além de presença constante em produtoras do continente asiático. Doutor em Ciências da Comunicação pela Universidade de São Paulo (com especialização em Teledramaturgia Brasileira e Latino-Americana). Membro da Academia Internacional de Artes e Ciências da Televisão de Nova York, que concede o Prêmio Emmy. Autor de *A Hollywood brasileira: panorama da telenovela no Brasil* (laureado na Feira de Frankfurt), entre outros títulos.

Paula Sandroni
Paula Sandroni é atriz e diretora. Mestre em Artes Cênicas pela Unirio (2004) com a dissertação *Primeiras Provocações: Antônio Abujamra e o Grupo Decisão*, atualmente é doutoranda no Programa de Pós-Graduação do Departamento de Letras da Universidade Federal Fluminense. Começou a carreira profissional em 1991 no grupo Os Fodidos Privilegiados, dirigido por Antônio Abujamra. Foi indicada ao Prêmio Shell de melhor direção por *Édipo Unplugged* em 2005 (codireção de João Fonseca). Desde 2012 ministra cursos livres de leitura dramatizada e desde 2022 é professora de Interpretação Teatral e de História do Teatro Brasileiro no curso profissionalizante da Escola de Atores Wolf Maya/RJ.

Sara Mello Neiva
Sara Mello Neiva é doutoranda no Programa de Pós-Graduação de Artes Cênicas da USP, com pesquisa sobre teatro estudantil no Brasil, nas décadas de 1940, 50 e 60. Foi pesquisadora visitante da Universidade de Glasgow, no Programa de Estudos Teatrais. É autora do livro *O Teatro Paulista do Estudante nas origens do nacional-popular* e faz parte do grupo de pesquisa do Laboratório de Investigação Teatro e Sociedade (LITS). Além disso, é atriz, educadora e integra a Companhia Kambas de Teatro.

Sérgio de Carvalho

Sérgio de Carvalho é dramaturgo e encenador da Companhia do Latão. É professor livre-docente de Dramaturgia na Universidade de São Paulo. Tem mestrado em Artes e doutorado em Literatura Brasileira (2003). Tem graduação em Jornalismo, colaborou com diversos veículos de comunicação e foi cronista em *O Estado de S. Paulo*. Fez conferências em países como Argentina, México, Espanha, Portugal, Grécia e Alemanha, em instituições como Universidade de Frankfurt, Teatro São Luiz de Lisboa, Brecht Haus e Akademie der Kunst em Berlim. Entre seus espetáculos estão *O nome do sujeito* (1998), *A comédia do trabalho* (2000), *Ópera dos vivos* (2010). Realizou trabalhos audiovisuais para TV Cultura e TV Brasil. Foi premiado pela União dos Escritores e Artistas de Cuba pelo espetáculo *O círculo de giz caucasiano*, de Brecht, em 2008. Dirigiu a ópera *Café* sobre o libreto de Mário de Andrade (Theatro Municipal de São Paulo, 2022) e o espetáculo *Ensaios da paixão* (Assentamento Santana, Ceará, 2023). Entre seus livros estão *Introdução ao teatro dialético* (Expressão Popular, 2009), *Companhia do Latão 7 peças* (Cosac Naify, 2008), *O pão e a pedra*, *Lugar nenhum* e *Os que ficam* (Temporal, 2019), e *O drama impossível* (Edições Sesc, 2023)

Tania Brandão

Tania Brandão é bacharel e licenciada em História pela Universidade Federal do Rio de Janeiro (UFRJ – 1973/1974), doutora em História Social (UFRJ). Professora de História do Teatro da Escola de Teatro da Unirio (1989-2002); professora aposentada colaboradora do PPGAC/Unirio, orientadora de dissertações, teses e pesquisas desde 2002. Crítica de teatro (1982-2014) em vários veículos, tais como revista *IstoÉ*, jornal *Última Hora*, jornal *O Globo*, atualmente crítica do *blog* Folias Teatrais. Autora dos livros *Uma empresa e seus segredos: Companhia Maria Della Costa (1948-1974)* e *A máquina de repetir e a fábrica de estrelas – Teatro dos Sete*. Integrou a curadoria do Festival de Curitiba (2000-2015). Coordena o projeto de pesquisa "Teatro brasileiro – A história e a invenção do moderno" (Unirio).

Crédito das imagens

Empreendemos todos os esforços a fim de obter o licenciamento dos direitos autorais das fotos deste livro. Caso recebamos informações complementares, elas serão devidamente creditadas na próxima edição. As fotos que não contemplam créditos pertencem ao acervo Antônio Abujamra.

p. 10 José Sebastião Maria de Souza
p. 12 © by herdeiros de João Cabral de Melo Neto
p. 17 Gualter Limongi Batista
p. 18 Teca Cunha Santos
p. 20 Cláudia Ribeiro
p. 23 João Caldas
p. 28-9 Djalma Limongi Batista
p. 33-4 Patrícia Ribeiro
p. 36-7 Gualter Limongi Batista
p. 38 José Sebastião Maria de Souza
p. 40 Fredi Kleeman
p. 43 Arquivo/Estadão Conteúdo
p. 44 reprodução
p. 45 CPDoc JB
p. 46 Ruth Toledo
p. 47 acervo Walderez de Barros
p. 48-9 Ruth Toledo
p. 50 acervo Nicette Bruno
p. 51 Djalma Limongi Batista
p. 53 Emídio Luisi
p. 54 Djalma Limongi Batista
p. 57-9 João Caldas
p. 60-62 Ruth Toledo
p. 63 *acima* acervo Nicette Bruno *abaixo* Derly Marques
p. 64 Ruth Toledo
p. 65 acervo Walderez de Barros
p. 66 José Sebastião Maria de Souza
p. 73-4 reprodução
p. 76 reprodução

p. 78 Arquivo/Estadão Conteúdo
p. 80 José Sebastião Maria de Souza
p. 81-3 João Caldas
p. 95 Fredi Kleeman
p. 101 reprodução
p. 108 Ruth Toledo
p. 111 José Sebastião Maria de Souza
p. 114 Gal Oppido
p. 121 Gal Oppido
p. 122 João Caldas
p. 124 Emídio Luisi
p. 126 João Caldas
p. 127-9 Sylvia Masini
p. 130 João Caldas
p. 132-3 Teca Cunha Santos
p. 134 reprodução
p. 136 Teca Cunha Santos
p. 142-3 Gal Oppido
p. 152 Cláudia Ribeiro
p. 166 reprodução
p. 168-71 Cláudia Ribeiro
p. 172 CPDoc JB
p. 175-9 Cláudia Ribeiro
p. 180-1 Marcos André Pinto/Agência O Globo
p. 183 Jorge Araújo/Folhapress
p. 185 Jorge Rodrigues Jorge/Agência O Globo
p. 186 Selmy Yassuda/Agência O Globo
p. 187-8 João Caldas
p. 189 Agência O Globo

p. 190 Lenise Pinheiro
p. 191 Marcio RM
p. 192 *esquerda* Greg Vanderlance *direita* reprodução
p. 193-4 Mario Castello
p. 195-6 Chico Lima
p. 197-9 João Caldas
p. 200 Otávio Dantas
p. 201-2 José Sebastião Maria de Souza
p. 209-211 Cláudia Ribeiro
p. 212 CPDoc JB
p. 213 Cláudia Ribeiro
p. 223 Cláudia Ribeiro
p. 225 Agência O Globo
p. 226-236 Cláudia Ribeiro
p. 238 Cláudia Ribeiro
p. 242 Chico Lima
p. 245-6 Cláudia Ribeiro
p. 249 Cláudia Ribeiro
p. 251 Cláudia Ribeiro
p. 253 Cláudia Ribeiro
p. 255 Cláudia Ribeiro
p. 257-8 Cláudia Ribeiro
p. 260-1 Cláudia Ribeiro
p. 266 Patrícia Ribeiro
p. 277 reprodução
p. 288-9 reprodução
p. 292 reprodução
p. 293 João Caldas
p. 295 Patrícia Ribeiro

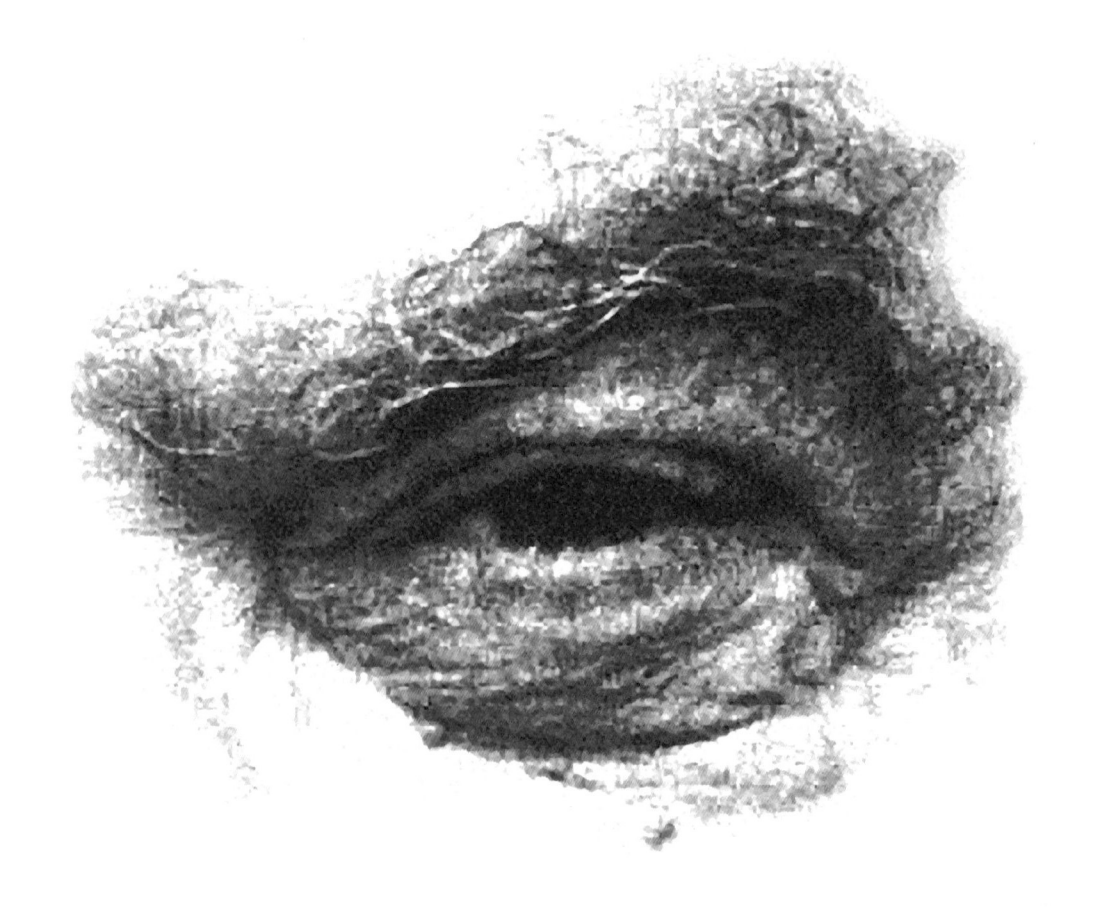

Fontes: **Bennet Text Three e Tenon**
Papel: **Alta Alvura 120 g/m², Supremo Alta Alvura 250 g/m²**
Gráfica: **PifferPrint**
Data: **Dezembro de 2023**